維新暗殺秘録

平尾道雄

講談社学術文庫

暗殺談議――序に代えて

1

ライシャワー博士が、駐日アメリカ大使として、高知を訪問したとき、私たち地方史研究の仲間数人が昼食をともにし、食後閑談を交える時間を与えられた。そのさい、期せずして土佐の近代史と民権運動が話題になって、博士はつぎのような問題を出したのである。

「板垣と坂本は、日本民主化の問題で私は興味をもっているが、なぜ坂本に人気があって、板垣は、それがよわいのだろうか」

これについて、いろいろ意見が出たが、要するに坂本は将来を期待されながら暗殺された。板垣もその危機はあったが、無事に生涯を送ることができた。坂本へ寄せる大衆の期待と同情が人気の要素になっているのではないか、というのが私たちの一致した意見であった。

「すると、日本の政治家は暗殺されなければ、人気が高まらないというわけですね」

ライシャワー大使はちょっとさびしげだった。私はふと暗殺された大統領とそのアメリカにおける人気についてたずねてみたのである。大使は手をふって笑いながら「これは、私が負けました」という挨拶であった。それからリンカーンのすばらしい生涯の魅力に座談の花が咲いたことだったが、若いケネディ大統領の暗殺が伝えられたのは、その後まもなくのことだったのである。そればかりでなく、ライシャワー大使自身が東京で凶漢に襲われて負傷した報道が、私たちをおどろかせた。暗殺という、この野蛮な非合法殺人を私たちはあらためて考えてみたくなった。

2

私が『維新暗殺秘録』を発表したのは昭和五年五月のことで、当時の日本はけわしい世相を見せていた。それを裏づけるように、大正十年十一月四日には首相原敬が暗殺せられ、同十二年十二月二十七日には虎ノ門事件が起こり、同十四年四月には治安維持法が布告された。昭和期をむかえて普通選挙が実施されると無産政党の結成、共産党への弾圧が相次ぎ、財界の不況と社会の不安はひとしお深刻さを加えた。「なにかが起こりそうだ」というのが、当時の国民の心おびやかす不安であった。昭和維新の声を聞きながら、私は人に勧められて『維新暗殺秘録』を民友社から出版したのだが、まもなく、昭和五年十一月十四日に首相浜口雄幸が東京駅で狙撃され（翌年八月二十六日死亡）、翌六年九月には満州事変が突発、七年には団琢磨や井上準之助などの財界の巨人が凶刃に消え、同年「五・一五事件」が発生して首相犬養毅が殺された。十一年には「二・二六事件」で内大臣斎藤実、蔵相高橋是清、陸軍教育総監渡辺錠太郎らが凶弾にたおれた。それから支那事変、太平洋戦争へ日本の悲劇の歴史が積みかさねられていったのである。

3

明治維新とか、昭和維新とか、変革を呼ぶ時代に暗殺の頻度の多いことは既に歴史が証明している。思想と思想との対立、勢力と勢力との抗争、それに人間の感情と打算が織りこまれて非合法的な殺人事件が頻発するのだが、私は「暗殺」を通して明治維新をながめ、そして考えてみたかったのである。

王政復古後、維新政府は明治元年（一八六八）正月二十三日つぎのような暗殺禁止令を布告した。

近来処々に於て暗殺致し候内には、罪状相認め死骸に添えこれあり候も少からず、何れ陰悪陰謀等を憤り候ての所業にこれあるべく、全体不埒の者共はとくと吟味の上刑典を以て厳重の御裁許仰せつけらるることにつき、大政御一新の折柄、なおさら御為筋を心懸け公然と申し出づべき処、其儀これなく、私に殺害致し候は朝廷を憚からざる致し方につき、右等の者これあるに於ては、吟味の上きっと厳罰に処せらるべく候間、心得違いこれなき様致すべき事。

幕藩体制下における法秩序のゆるみや、言論の抑圧を暗殺の原因と維新政府は解釈したのである。非合法的な死刑の執行とも見られるが、維新政府の成立は、法秩序の強化を要求して、必然的に暗殺行為を法令をもって禁止した。これは、明治維新史の異様な特色ともいえそうである。

暗殺が文明と野蛮とを問わず、古代から現代にかけて人間社会の一現象として起こることは、ライシャワー大使の例話で知ることができたが、これを明治維新の場でも一度考えてみたい。——本書はそのためのささやかな資料として執筆した。

平尾道雄

目次

維新暗殺秘録

大老 井伊直弼

「桜田門外の変」ほど維新史に大きな衝動と影響をあたえた事件はない。これは井伊《いい》掃部頭《かもんのかみ》直弼《なおすけ》が大老《たいろう》という絶大の要職にあって他をいれぬ専制ぶりを発揮していたとき、「暗殺」という手段によってたおれ、三百年近くつづいた幕藩体制および江戸幕府の没落を暗示したからである。

井伊大老要撃の陰謀は安政五年（一八五八）八月、水戸藩へ幕政改革の密勅降下のときから、すでにきざしている。薩摩藩士―有馬新七らがその主唱者であった。有馬は時の左大臣―近衛《このえ》忠熙《ただひろ》から勅書の写しと三条実萬《さねつむ》の密書をうけて九月十日に京都を立ち、十六日に江戸へつくと、十七日には鍛冶橋の土佐藩江戸屋敷へ出むき、山内豊信《とよしげ》（容堂《ようどう》）に伝達、その後は江戸を中心に諸藩の有志と往来をかさねて反幕勢力の結集をはかった。この有馬新七の同志には越前の橋本左内、三岡《みつおか》石次郎（由利公正）、長州の山県半蔵（のち宍戸璣）、土佐の橋詰明平などがおり、井伊大老暗殺が企てられたのもこのころであった。

斯くてあらむよりは、十月朔日、井伊掃部頭が登城を待ち伏せ、前後左右より斬り入りなば、彼を討取ること必定なり。かゝらば少しく大義を天下に伸べ、四方の義気を鼓舞するに足りなむ。

これは有馬新七が、その志をのべた〔都日記〕の一節である。

大老暗殺の決行のかたわら、挙兵の策も立てられた。有馬と同藩の堀仲左衛門《ほりちゅうざえもん》は京都に入り近衛忠熙の旨をうけ、江戸に向う筑前藩主―黒田斉溥《なりひろ》を伏見と大坂の間で足どめする。有馬は水戸郷士―桜仁蔵と大坂城代―土屋采女正《うねめのしょう》にはたらきかける計画である。采女正は土浦藩主であり、黒田斉溥は松平美濃守《みののかみ》とも称し薩摩藩主―島津斉彬《なりあきら》の大叔父にあたる。ともに勤王派の大名として注目されていた。

西上してみると黒田は参府を延期、土屋はすでに東下の後である。すっかり計画がくいちがい、桜は因州《いんしゅう》遊説の途につき、有馬は伏見辺で井伊の片腕になっている間部下総守詮勝《まなべしもうさのかみあきかつ》をねらったが、警戒がきびしいため、あきらめて帰国した。

越前藩士中には、間部下総守の居城鯖江《さばえ》、井伊直弼の居城彦根を焼き、藩主松平慶永《よしなが》を擁して上京し、朝廷を守護して檄《げき》をつたえようというものもある。長州では吉田寅次郎（松陰）が同志をあつめて間部をおそい、義挙の先駆《さきがけ》をしようとくわだて、薩摩では西郷吉之助（隆盛）が彦根襲撃をもくろんだが、とても実行できそうもなかった（「徳川慶喜公伝」）。

このころまで水戸藩がわでは、とくに計画の相談をうけなかったが、こちらはこちらで勅諚を回達するとかしないとか、あるいは勅書奉還の幕命に応ずるとか応ぜぬとか、大もめにもめて多勢が小金ケ原にくりだしたり、長岡に屯集したりである。

高橋多一郎と鮎沢伊太夫とは、薩摩藩の樺山《かばやま》三円（資之）から、安政六年の正月ごろ、井伊大老暗殺の相談をうけたことがある。二人とも安島帯刀《あじまたてわき》や烈公（徳川斉昭）から、

「慮外なことをする」

と言って国もとへ追いかえされたが、高橋はあきらめなかった。十一月（安政六）ごろになると、おいおい少壮激論家は、幕府や藩府の態度をふんがいして、佐野竹之助のごときは、

「幕府の奸賊《かんぞく》原、かたつぱしからぶった斬ってくれる」

と伝家の宝刀をもってとびだし鈴木恒次郎もとびだす始末。この連中が長岡駅に屯集して、大いに気勢をあげることとなった。

そこで機が熟したとみてとった水戸藩の木村権之衛門、金子孫二郎、佐野竹之助らは江戸にいた薩摩藩士―堀仲左衛門、有村雄助、弟―治左衛門、田中直之進（謙助）と相談して、いよいよ井伊大老暗殺決行の手段を講じた。

その計画というのは、江戸にいる水戸・薩摩両藩の志士が、大老をほうむると同時に、在国の薩摩藩士―大久保正助（一蔵のち、利通）、有村俊斎（雄助、治左衛門の兄、のち海江《かいえ》田信義《だのぶよし》）ら四十九人は決起して脱藩、京都へはせのぼって義兵をあげる、というのである。ほぼ約束もまとまり、いよいよ万延一年（一八六〇）となった。

正月、出兵催促に堀仲左衛門、高崎猪太郎（五六）らが帰国してみると、すっかり同志の態度がかわっている。機密がもれて藩主島津忠義から慰諭《いゆ》され、親書のあて名に「精忠士面々へ」とあったので、大久保らは感激して水戸志士との約束をなげてしまったのである。

片方では斬奸期日が二月二十日ときまり、また田中直之進が督促に帰国したが、これもだめであった。

この真相を知らない江戸では、予定にしたがって計画をすすめ、高橋多一郎は、その子—荘左衛門と挙兵準備のため二月二十日水戸を去って上坂、金子孫二郎は江戸へ出て二月二十五日、有村雄助のもとに潜伏、佐野竹之助、黒沢忠三郎は有村兄弟のはからいで「安政戊午《ぼご》の大獄」に刑死した日下部《くさかべ》伊三次《いそうじ》の後家の家にかくれることとなる。野村楽之助《いのすけ》は目的を達してから諸藩に公布する檄文をたずさえて出府する。

おいおい同志もあつまったので、三月三日、上巳《じょうし》の節句を期して井伊大老の登城を待ちうけ要撃することに決定、薩摩の同志は、有村兄弟だけなので「われらもぜひとも義挙にくわわる」というのを金子孫二郎がさえぎった。

「大老の首をあげたのちに、まだ御藩を頼り、兵をあげるという大事がある。おふたりに万一のことがあっては困る」

一理あることばなので、治左衛門だけが水戸藩士と行動をともにすることとなった。

三月朔日《ついたち》、日本橋河岸の佐野屋に会合があった。出席者は有村雄助、金子孫二郎、木村権之衛門、斎藤監物《けんもつ》、稲田重蔵、佐野哲三郎らである。議案は当日の一般方略についてであった。人数が少なくはないか、と案ずるものがある。稲田がいきり立ち

「奸賊を不意に討つのに、なんの人数がいるものか。ぐずぐずするうちに大事が発覚したら、なんとせられる」

と、わめく。金子が手を打ってこれに応ずる。

「御説ごもっとも。万一、手不足とあらば老いぼれながら、拙者がまっさきに斬りこんでごらんにいれよう」

一同はこれに勇気百倍して一議もない。そこで金子から当日の計略として、つぎの五ヵ条を提出し、一同は異議なく決定した。

一、各自武鑑をたずさえ、諸侯の道具見物の体をなすべし。
二、五、六人ずつ組合をなし、路の両側に立ち互に応接すべし。
三、一人最初に先供に打掛り、駕籠《かご》脇《わき》の狼狽《ろうばい》する機を以て元兇を打ち取るべし。
四、元兇を十分討留めたりと認むるも必ず首級を取るべし。
五、負傷せるものは自殺、又は閣老に至って自訴し、創傷なきものは皆上坂して義兵に加入すべし。

大老要撃にあたる水戸志士は左記の十七人、いずれも脱藩届けをだしているが、もとの身分とともに列記してみよう。

二百石小姓　佐野竹之助（光明）　　矢倉方手代　森山繁之助（政徳）
五百石馬廻り　森五六郎（直武）　　矢倉方手代　蓮田市五郎（正実）
二百石小普請組　山口辰之助（正）　　百石小普請組　広岡子之次郎（政則）

百石　増子金八郎(誠)　町方同心　広木松之助(有良)
神職　鯉淵要人(珍陣)　郡方元締　稲田重蔵(正辰)
百五十石大番　大関和七郎(増美)　郷士　海後嵯磯之助
鉄砲師　杉山弥一郎(当人)　元与力　関鉄之助(遠)
百石大番　黒沢忠三郎(勝算)　百石小普請組　岡部三十郎(忠吉)
神職　斎藤監物(一徳)

これに薩摩の有村治左衛門がくわわって総計十八人。

金子孫二郎は有村雄助とともに、同志の成功を見とどけると、さっそく西上して挙兵にあたることになり、要撃現場へは出ないことになっていた。

三月二日は品川の妓楼《ぎろう》―相模屋で、同志の最後の会合をひらき、水戸十七士のほかに木村権之衛門、野村桑之介も加わり訣飲《けついん》した。

翌日、万延一年（一八六〇）三月三日朝、夜どおしの雪がふりしきっていた。

所定の愛宕山《あたごやま》にあつまった十八人、いよいよ最後の顔合せがすむと、たがいに袴を払って三々五々、掛茶屋《かけちゃや》の前から山をくだった。ちょうど五ツ刻（午前八時）前で、まだ時刻がはやい。そこで桜田門の付近を行列見物にまぎれ、ぶらぶら歩いていた。

斎藤監物は、大老要撃には手をださず同志が目的をとげたなら、ただちに老中《ろうじゅう》屋敷へ出頭し、斬奸趣意書をだす約束である。青地に紋付《もんつき》の割羽織《わりばおり》、袴をはき高足駄《たかあしだ》、からかさをかたむけ、たたずんでいた。佐野竹之助は股引《ももひき》き脚袢《きゃはん》、たすきをかけ着物の上に黒木綿の羽織をかけ、白ひもをぶらさげている。山口辰之助と海後嵯磯之助《かいごさきのすけ》は、木綿の半合羽、そのほかには野袴《のばかま》もあり、立付《たてつ》けもあり、服装はそれぞれ一定していない。

なかでも二十二歳の佐野竹之助は、からだが小さいが非常な熱血児、二尺九寸の長刀をたばさみ、ひとり焦れていた。

辰刻（午前八時）になって井伊邸（現国立劇場付近）の大門が開かれた。行列の先手が姿をあらわすと、これをはるかに眺めていた年少の佐野竹之助は、はやくも羽織をぬぎかける。かたわらにいた大関和七郎がそれを見て、

「まだ、まだ！」

と、ひくいが力強い声で注意した。

そのうちに大老の駕籠をかこんだ行列が、しだいにすすんでくる。ようやく桜田門にちかづくと、米沢藩上杉家の屋敷の前に、野袴をはき立っていた森五六郎が「時分はよし」とみたか、用意していた短筒《たんづつ》を打放《ぶっぱな》した。

「曲者《くせもの》あり！」

と、行列の者が刀の柄《つか》に手をかけるころには、森がいちはやく羽織をはねあげて、先供へむかって斬りこんでいた。おどろいた従士たちが、

「狼藉者、召し捕れ」

と、はせあつまるすきをみて、埋伏《まいふく》していた面々が、いっせいに抜きつれ、ひたひたと大老の駕籠脇にせまった。

大関、黒沢、増子、海後は堀端から、佐野、斎藤、森山らは松平大隅守の長屋下から、そのほか一時に斬りこんだので、井伊の供方は周章狼狽した。柄ぶくろをはずそうとあせる者あり、鞘のまま防戦しようとする者もある。

このとき生き残った〔海後嵯《さ》磯《き》之《の》助《すけ》・談話〕がある。

駕籠がわれわれの前にくると、だれか知らぬが先箱へ斬りこみ槍をうばい取ろうとすると、駕籠わきの侍が、それっ！　と言っておどろいて、みな先にかけだすとき、森が鉄砲を一発打った。そこでみな奮躍して、いっせいに駕籠へ向かって斬りこんだので、時間がかかったわけではない。たばこを二、三ぷくのむくらいで、どうもよくは覚えぬが、大老は駕籠から出たらしい。それを夢のように覚えている。有村治左衛門が「天下の奸賊を打ち取った」という声を発したのは耳に残っている。関が「しめた、しめた」と言ったのも聞いた。斎藤監物もたまらなくなって斬りこんだらしい。関はいっさい手をださなかった。大老の首を斬ったのは有村であったか、だれであったか、よく覚えておらぬ。三、四人かかってやったらしい。あまり急いで首が落ちなかったということを、あとできいた。

と、その状況をかたっている。

行列の供立ちが狼狽して、右往左往するありさまを知った大老は、駕籠の中から、「駕籠わきをはなれるな、はなれるな！」と注意した。

それでも供の者は散々になり、神免《しんめん》二刀流師範役の河西忠左衛門が、ひとりで四方八方に気をくばっている。そこへかけこんだ有村治左衛門ほか二、三人が、双刀をふるってけんめいに防戦している河西を取りかこみ斬りふせ、それっという間に、駕籠の中へずぶりと一刀を突き刺した。手ごたえがあったので、引戸をおしあけ、瀕死の大老を引きずりだした。

かさねてその背中へ一刀をあびせ、首を討ったが、あせったために駕籠の屋根にさまたげられて斬れない。やっと引き刀ですり斬るように斬り落とし、有村がその首を高くささげ大声で名乗りをあげた。

「薩州の浪士有村治左衛門、国賊井伊掃部が首を討ちとった」

薩摩弁で高らかに呼ばわると、あたりで刀を交えていた同志も、どっと歓声をあげる。ここで本懐《ほんかい》をとげた。一同はそれぞれ退路をもとめて逃げ去ったのである。

同志のうちで斬死したのは稲田重蔵ただひとりであった。

有村治左衛門は、名乗りをあげると、大老の首を引っかかえ、鯉淵要人《こいぶちかなめ》、広岡子之次郎とともに意気揚々と引きあげ、毛利邸の下にかかってくる。大老の扈従《こしょう》——小河原秀之丞は、はじめ負傷して雪の中に気絶していたが、有村の名乗りを耳にして気をとりなおし、あとを追いかけ、全身の力を一刀にこめ背後から有村の頭へ斬りつけた。

不意を討たれた有村は、どうとたおれる。

「卑怯な！」

これをみて取ってかえした鯉淵と広岡は、小河原めがけてかかり、ついに斬り伏せた。

有村は、この日、稽古用の籠手《こて》をつけ金色に家紋を打った皮具足で身をかため、関兼光《せきかねみつ》の二尺六寸の業物《わざもの》をかざして縦横にはたらいた。それだけに満身瘡痍《そうい》、馬乗り袴もずたずたに敵の切先にあてられていた。そのうえに小河原の一刀を後頭部にうけたので、しょせん逃げのびられぬとあきらめたのか、辰《たつ》ノ口、遠藤但馬守辻番所までくると、

「拙者はもうだめだ。きみらはできるだけ逃がれ、かねての計画を果たしてくれ。たのむ」

と後事をたくし、その場でみごとにのどを突きさし自殺した。同時に広岡も辰ノ口で自殺している。

鯉淵要人は山口辰之助といっしょになったが、これも同じようにかなりの傷を負うていた。それでも行けるまではと気を張って、八代洲河岸《やよすがし》までやってきたが、もう動けない。

「捕手にかかって生きはじをかくより、いっそ、この場でやるか」

二人は相談したうえ、雪の大地に腰をすえてから「愉快、愉快」と連呼しながら、壮烈に腹を切った。（『水戸藩史料』『桜田門』）

大関和七郎、森五六郎、杉山弥一郎および森山繁之助の四人は、肥後藩主細川越中守邸へはしりこんだ。

「頼む。頼む。――」

おとなう声に応じて出てきたのが、御小姓《おこしょう》組の大島五郎八であった。血にまみれた四人の姿を見て、

「いずれより参られた」

と問うと「水戸の浪士、ただいま井伊大老を討ち果たした」という。大島がおどろいて奥へ取ってかえし、同役と相談のうえ、とりあえず御坊主詰所へ四人をまねき入れ、きずの手あて、衣服のあらためなど、ねんごろにした。

同家の古賀喜三太らも出邸して、いっそうていねいに取りあつかい、表座敷へうつして朝膳などもだし、大老刺殺のもようをきき取った。大関は、左肩から切先さがりに小袖まで切りさかれ、見たところよほどの深傷である。森はひたいに傷をうけ、杉山は右手首の上に二、三ヵ所の手負い、森山だけは無傷であった。

「昨夜から食事いたさず、空腹ゆえ、えんりょなくちょうだいつかまつりまする」

四人は、こう言い、四五椀ずつ朝食をたいらげた。応対もいささかのよどみもなく、並居る細川家の家臣も、ことごとく感服したようである。同家の中川平八郎が、ただちに馬をはせ小石川の水戸屋敷へ報告に向かった。

いっぽう佐野竹之助、蓮田市五郎、黒沢忠三郎および総帥《そうすい》の斎藤監物は、和田倉門外辰ノ口、脇坂中務大輔屋敷へかけこんでいた。いずれも相当の手傷をうけており、ことに佐野は瀕死《ひんし》の重傷、玄関に腰をおろすと、うつむきかげんにふらふらねむる。同家の侍たちがよりつどい、

「お傷が痛まれるか」

とたずねると、にっこりして、

「いや、痛みはしませせぬが眠くてこまります」

と答えた。一同が介抱して広間へ入れたが、そのまま絶命した。二十一歳である。さっそく幕府の獄医—望月寿仙がやってきて検視すると、下着の両袖には「誠、忠」二字を朱書し、中央に、

敷島の錦の御旗もちさゝげ皇御軍《すめらみいくさ》の魁《さきがけ》やせん
桜田の花と屍は散らすともなに撓《たゆ》むべき大和魂

の二首がしたためてあった。

のこる三人は、月番老中—松平和泉守のさしずで脇坂家から細川家へ引きとられた。佐野の遺骸とともに四梃の駕籠にのせ、百人ちかくの細川家の人数で道中、他からは一指もふれさせぬものものしさであった。

斎藤監物は背に深さ一寸、長さ一寸五分ほどの切先きず、頭に一ヵ所、胸と手に数ヵ所のきず、指二本も切りおとされており、ふとんのまま座敷へはこばれた。黒沢忠三郎は耳から鼻へかけて深手一ヵ所、肩から背へかけ深さ一寸、長さ九寸のきず、蓮田市五郎は右肩からひじまで斬られた深手である。斎藤は八日までもったが、ついに傷にたえず三十九歳で絶命した。

細川家のあずかり人待遇は、いたれりつくせりであった。囲い牢というのも名ばかりで、備後おもての新しい畳、三度の食事も料理をこらし、すこしも不自由させなかった。

井伊家から復讐に押しよせてくるという風説もあって、そのそなえのために相州浦賀警衛に出ていた大砲隊を三日の午後によびかえし、白金屋敷による定府の二男三男など若侍を上屋敷へあつめ、大砲二十門を邸内のしげみに伏せ、西洋銃二十梃を床の間にそなえ、いつでも応ずることができる警戒であったという。

そのうち、吟味もすすみ大関和七郎、黒沢忠三郎は松平稠松《しげまつ》家来へ、蓮田市五郎は本多主膳正家来へ、杉山弥一郎は村松藩堀大和守（直休）家来へ、森山繁之助は田村警次郎家来へ、森五六郎は稲葉伊豆守へ、それぞれおあずけということになった。

要撃現場から逃げのびたのは、広木松之助、増子金八郎、岡部三十郎、関鉄之助、海後嵯磯之助の五人である。

岡部はしばらく江戸府内にひそみ、再起のときをうかがっていたが、ついにとらえられて豊後岡藩、中川修理大夫家来へあずけられ、翌文久一年（一八六一）七月二十六日、斬首に処せられた。四十四歳である。

これが一党断罪の日で、さきに自首し各家へあずけられていた大関和七郎（二六歳）、黒沢忠三郎（三一歳）、蓮田市五郎（二九歳）、杉山弥一郎（三八歳）、森山繁之助（二六歳）、森五六郎（二三歳）の六人、また大坂挙兵のため西走中に伊勢四日市でとらえられ、伏見奉行の手から、稲葉伊予守家来に引きわたされていた金子孫二郎（五八歳）らも、同じ日にことごとく斬首されている。

関鉄之助は、いちじ水戸にひそみ、閣老安藤信正をねらっていたが、身辺の急を察して越後岩船郡上関の雲母温泉に滞在中とらえられ江戸へ送られ、翌文久二年（一八六二）五月十一日に斬罪、三十九歳であった。

広木松之助は加賀にのがれ僧形に変じ、さらに越後から鎌倉上行寺にうつって寓居中、同志の処刑をきき、文久三年三月三日、二十五歳で自刃した。生きのこって天寿をまっとうしたのは増子金八郎と海後嵯磯之助の二人だけで、海後は明治三十六年（一九〇三）五月に病死している。

万延一年（一八六〇）三月三日、大老暗殺の首尾を知った金子孫二郎、有村雄助は同志の佐藤哲三郎、畑弥平と江戸鮫《さめず》州川崎屋に会合し、離宴をひらいた。畑弥平には在国同志への伝言をたのみ、ほかの三人は駕籠をつらねて西上した。この吉報をもたらせば大坂で薩藩の同志が挙兵するはずである。そのために水戸からもすでに高橋多一郎が出張していたのである。

道々、井伊大老の異変を報ずる早追いに追いこされながら、伊勢路に入って同月九日、四日市の旅宿にはいると、その夜中に、「御上意、御上意――」と、するどく捕手がまくら辺にせまってきた。刀をとるすきもない。三人はそのまま縛《ばく》についた。これは有村兄弟の脱藩届けをみた江戸の薩摩屋敷では、二人を幕吏《ばくり》に渡してはならぬと、目付―坂口勇右衛門に部下二十人をつけ、三人のあとを追うて急行させ捕縛させたものであった。

十二日には伏見まで護送、十五日には金子と佐藤とが伏見奉行の手にとらえられ、稲葉家へあずけられた。

水戸殿家来　金子孫二郎

右の者吟味を遂げ候処、外夷へ対せられ候御処置振《ぶり》等品々相唱へ、重き役人へ乱暴に及ぶ手筈等同志の者へ申付、其身は存念有之候とて、同藩西軒四男佐藤哲三郎を召連れ、松平修理大夫家来有村雄助倶々《ともども》身分を偽り上京致候段、公儀を恐れざる仕方不届《ふとどき》に付死罪申付候事。

これが金子孫二郎の罪案である。翌年七月二十六日、同志とともに伝馬町の獄舎で斬首され、千住回向院《えこういん》へ埋葬された。

金子孫二郎が、三月十二日（万延一年）に伏見薩摩藩邸で同藩の有志にあてて、したためた手紙がある。

一昨年非常の叡慮《えいりょ》を以て幕府並に水藩へ勅諚御下げ相成候に付、両寡君《かくん》は勿論、闔国《こうこく》の有志頗る尽力候得共、幕府より厳重の咎《とが》を蒙り、勅諚伝達も不㆓相成㆒候に付、右冤罪洗雪、勅意奉行の儀周旋の志願にて、去月十八日国元出発仕候。尊藩には先公の御遺志継述、専ら勤王の御精忠被尽候段、兼々欣慕候間、京摂之間に潜匿し、尊藩に頼り本意相遂げ申度、抑々《そもそも》将軍家幼年に乗じ幕府の権臣我意を専《ほしいまま》にし、正義の宮公卿を初め貴戚の方を罪し、忠義の士を殺し、恐多くも天朝を奉㆓蔑如㆒、外夷に親しみ、交易の条約を定め、国体を辱しめ候儀にて実に天下の大事に候間、勅諚を奉行し叡慮を奉安し国体を維持し候様、英断の御事業奉二至願一。至難の世態、老軀空敷《むなしく》死途に就くも難測、志願の趣は諸君御酌取《くみとり》、宜敷大守公へ被二仰立一、猶御周旋尽力の程奉レ願候。頓首

三月十二日　　西《せい》存《ぞん》

星月夜御同志様御中

「星月夜」は薩摩藩のこと、金子孫二郎がせっかくの依頼も薩摩の同志はわすれたようにかえりみず、歯がみしてくやしがる有村雄助（兼武）は、むなしく鹿児島へ送られ、藩議によって同月二十三日に自刃、二十六歳であった。

二月二十日、水戸を出て上坂、挙兵周旋中の高橋多一郎（愛諸）とその子、荘左衛門（諸徳）も、せっかく桜田門の快報を耳にしながら、かんじんの薩藩の同志がなりをひそめてうごかないので、たよるところがない。幕府の探索は日ごとにきびしくなってくる。ついにたえかねて有村雄助自刃の当日、すなわち三月二十三日、かくれ家の四天王寺坊官―小林励次兵衛に後事をたくし、二人ひざをならべて切腹した。

父の多一郎は四十七歳、子の荘左衛門は十九歳。これで「桜田門外の変」の関係者はすべてかたづいたのである。

「桜田門外の変」の当日は、井伊家の供方《ともがた》百二十人余の応戦も見のがせない。雪のふる朝であり、いずれも菅笠に桐油《とうゆ》合羽《かっぱ》といういで出ち、刀には柄袋《つかぶくろ》をかけていた。不意の事件で身

じたくもとどのわず斬られた者も多い。同家の届けには、井伊大老は負傷ということにして、次のようにしたためられている。

今朝登城がけ外桜田松平大隅守門前より上杉弾正大弼辻迄の間にて、狼藉者鉄砲打掛、凡二十余人抜連て、駕籠目掛け斬込候に付、供方の者供防戦いたし、狼藉者一人打留、其余手疵深手を為負候に付、悉く逃去り申候。拙者儀捕押方等指揮致処、怪我いたし候に付、一と先帰宅いたし別紙の通御座候。此段御届申達し候。以上

三月三日　　井伊掃部頭

深手	供頭　日下部三郎右衛門	手疵	片桐権之丞
即死	河西忠左衛門	同	供目付　沢村軍六
手疵	桜井秋三郎	同	小河原秀之丞
同	柏原徳之進	即死	加田九良太
即死	永田太郎兵衛	手疵	松井貞之丞
手疵	越石源次郎	薄手	渡辺藤吉
薄手	藤田忠蔵	手疵	永岡直吉
手疵	岩崎徳之助	薄手	取持甚之丞
手疵	草刈鍬太郎	同	萩原善右衛門
手疵	水谷求馬	同	松居猪三郎

同草履取　吉　田　太　助　薄手　陸尺　政　右　衛　門
手疵　陸尺　勝　五　郎

井伊家の家老の岡本半助、相馬隼人《はやと》は翌四日に上書して浪士下付をもとめた。だが家臣一統の亢奮《こうふん》は容易におさまらない。そのため即日、幕府からは塩谷豊後守《しおやぶんごのかみ》を上使に、医薬としてにんじん十五づつみ同七日には酒井右京亮、薬師寺《やくしじ》筑前守を上使に病気見舞いとして氷砂糖一台と鮮鯛一折をさげ、ねんごろに家臣を慰諭《いゆ》している。

ありのままに発表すれば井伊家改易《かいえき》は幕府従来の規律である。そのために一時をあざむき、追って病死ということにして同月九日、世田ケ谷豪徳寺《ごうとくじ》にほうむり、その子―愛麿が相続し所領も、もとのごとく三十九代掃部頭直憲となる。しかし文久二年（一八六二）の幕政改革によって、同年十一月二十日に追罰され、三十五万石の所領のうち十万石をけずられた。このとき酒井、間部、堀田、内藤、久世、安藤らの閣老以下の蟄居《ちっきょ》、謹慎《きんしん》、削禄《さくろく》がおこなわれたが、井伊家の十万石はその筆頭だと言われている。

土佐藩参政　吉田東洋

吉田東洋《とうよう》については、今日ではかなり世間的にその名を知られている。身分の上からいえば土佐藩の一参政《さんせい》（仕置役）にすぎず、事蹟の上からみると一藩の革新にとどまっている。長州の長井雅楽《うた》のように「航海遠路」の大策をひっさげて天下の舞台に立つこともなかったけれども、しかし胸のうちには、汽船の数隻を手に入れて海外にのりだし、無人島でも開拓して殖産興業に資するほどの経綸《けいりん》はもっていたであろう。

土佐藩校「致道館」の建設、大坂住吉陣営の経営、「海南政典」の編さんなどの事業のほかに私塾をひらき、人材育成につとめたことは、とくに注目にあたいする。後藤象二郎、岩崎弥太郎、福岡孝弟などはその門下生として、いずれも東洋の遺策をつぎ明治維新前後に活躍した。この意味で彼も井底の蛙としてほうむられるものではないようである。

その吉田東洋について、こういう話がある。容易に人をゆるさなかった水戸藩の藤田東湖も、

「吉田元吉すこしく才あり」

と、一目おいていたという。それだけに東洋自身、おのれの学識を信じて、いささか自負にすぎるような傾向もみられた。かつて藩主山内家の親戚にあたる幕府旗本の松下嘉兵衛とい

う者が、酒宴の席で、たわむれに東洋の頭へ手をかけた。

「いやしくも一国の参政の頭に、酔狂とは申せ手をふれるとはけしからぬ」

東洋は、ふんぜんと松下をなぐりつけたのである。そのために国もとへ追いかえしのうえ、謫居《たっきょ》のうきめをみた。その後まもなく起こった「安政戊午の大獄」で、藩主山内容堂（当時、松平土佐守豊信）は「条約勅許・将軍継嗣」の問題に関係して、隠居のうえ謹慎を幕府から命ぜられた。これは、まかりまちがえば山内家二十四万石の社稷《しゃしょく》をうしなうかもしれない形勢である。こうなると凡庸な門閥家老では手も足もでない。

ここで吉田東洋がふたたび引きだされ復職後、江戸に出て縦横にはたらきかけ、かろうじて土佐二十四万石を危地からすくっている。

万延一年（一八六〇）三月三日、雪の桜田門外で水戸浪士たちが井伊大老の首をあげた。この一挙はたちまち全国の不平の志士を刺激した。土佐では武市瑞山（半平太）が決起し、同志を糾合して「土佐勤王党」を結成した。

これは、山内容堂の憂国の志を無視し罪におとしいれた幕府を弾劾《だんがい》し、また薩摩の樺山三円、長州の久坂玄瑞らとむすんで三藩協力して尊攘運動をすすめようと企図したものであった。

文久一年（一八六一）八月に、「土佐勤王党」の趣旨を宣言してから、土佐七郡の下級藩士たちが、武市半平太の下に誓を立てた。その数は二百名におよんでいる。

平井収二郎、間崎哲馬（滄浪）、弘瀬健太、坂本龍馬、中岡慎太郎、大石弥太郎、松山深

蔵らがその主たるもの、また維新後に名をなした田中光顕、土方久元《ひじかたひさもと》、河野《こうの》敏《と》鎌《がま》も参加した。

文久一年が暮れ翌二年の春をむかえると、はやくも江戸坂下門で、水戸や下野《しもつけ》の浪士らが老中《ろうじゅう》安藤対馬守（信正）を要撃する事件が起こった。西国の情勢は急をつげ、京都の田中河内介、出羽の清河八郎らの九州遊説、これに策応する筑前の平野次郎、筑後久留米藩の真木和泉《いずみ》（和泉守・保臣）らの挙兵運動があった。

土佐の大石団蔵、山本喜三之進、坂本龍馬、吉村虎太郎、沢村惣之丞らは、みな時勢探索のために長州から九州へ出張している。武市半平太は、薩長との内約やこれら同志の報告によって、藩庁の要路を説きまわり土佐藩の奮起をうながす役に当った。そのためには執政の凡庸家老はおいて、まず参政の要職にあって土佐藩の全権をにぎる吉田東洋をうごかさねばならない。

しかし、吉田東洋は、大の自重論者である。さきに前藩主の山内容堂が幕府の政策に抗したことから隠居、謹慎をこうむったとき、みずから江戸におもむき上下に周旋して、かろうじて山内家の社稷をすくったやさきである。いま武市半平太らの進言をとりあげ、その軽挙を幕府からにらまれては、もう助からない。ここは鳴かず飛ばず、隠忍して「富国強兵策」を講じ、おもむろに天下の時機をまとうというのが、けっきょく東洋の胸のうちであった。「土佐勤王党」の所論は、これとはまったくちがう。いまこそ天下の策をおしすすめる機会であり、この期におよんで「富国強兵策」を講ずるなどは、盗人をとらえて縄をなう迂《う》愚《ぐ》の沙汰である。長州の久坂玄瑞は坂本龍馬に託して武市あてによこした書中に、

「失敬ながら、尊藩も弊藩も滅亡しても、大義のためならば苦しからず」

とまで、焦慮を示してきた。武市半平太も必死になって東洋を説きたてたが、しょせん立場と考え方のちがいから、東洋は受けいれようとしない。しかも武市半平太の熱意を持てあました吉田東洋は、

「貴公、それでは自身で西国のもようを見てきてはどうじゃ」

と、いちじは敬遠の策にでたが、武市は、

「前年、剣道修行かたがた形勢はつとに見きわめてきている。いまさら、その必要はない――」

と、ことわる。

「それまでに申すなら、貴公たち存分にするがよい。薩州からも長州からも表だっての交渉もないのに、参政の身分としてみだりに浮浪輩の妄動に賛同することはできるものではない」

と、東洋も腹をきめる。

そのうち薩摩の島津久光上京説がつたわると、気のはやい壮士は矢も楯《たて》もたまらず、吉村虎太郎、坂本龍馬らは相たずさえて脱藩した。一藩勤王主義の立場をとっている武市は脱藩もできなかった。それで東洋を藩庁から追い、あらためて藩論をさだめようと藩主一門の山内大学《だいがく》（豊栄）、同じく山内民部《みんぶ》（豊誉）、そのほか家老の柴田備後《びんご》らと結んで吉田東洋排斥をくわだてたが、東洋の「新おこぜ組」は固く根をおろしていた。

このころ、さきに脱藩した吉村虎太郎の紹介で国境を潜入し、高岡郡檮原《ゆすはら》村の那須信吾の家に足をとどめた越後の浪士、本間精一郎が、ぜひ武市半平太に面会したいと申しこんできた。武市は同志の河野万寿弥（敏鎌）と上田楠次を代理に会わせた。

その話によると、中国、九州を主とする西国の志士は、決起討幕の策がすでに成り、島津久光を擁《よう》して挙兵の日も目前にせまっているという。本間精一郎は巧弁の人物、うかにつその弁舌には乗じられないが、時機を逸しては「土佐勤王党」の結束がゆるんでくる。

「斬ろう――」武市半平太も、ついに覚悟を定めた。そう決すると猶予はできない。その年（文久二）四月十二日は、藩主が江戸参勤のため出発となっていたので、それまでに目的をとげ、藩論を確定し勤王派の結束をかためねばならない。

三月晦日《みそか》の夜、武市は、叔父であり「土佐勤王党」の長老―島村寿之助の家に、島村衛吉、弘瀬健太、川原塚茂太郎、河野万寿弥ら腹心の同志をあつめ、暗殺の方法を考えだした。

合議の結果、刺客《しかく》の選に入ったのが岡本猪之助と岡本佐之助である。もしこれが失敗したときは、予備として島村衛吉、上田楠次、谷作七が実行にあたることになった。この第一組、第二組はしきりに東洋の虚をつけねらったが、容易に手をくだす機会がない。これでは心もとないということから、さらに刺客の人選をこころみ、あらたに那須信吾、安岡嘉助、大石団蔵の三人をえらび、これを第三組としてあてた。

そのうち吉田東洋の身辺をうかがっている間者から、四月八日の夜、東洋が藩主に「日本外史」の進講をする。参勤をひかえて講義納めとなるだろうから夜もふけよう、という内報がとどいた。のがすことのできない好機である。那須、安岡、大石の第三の刺客は、この機会にという意気込みで、しかも目的を果たしたのちは脱走のための旅装をととのえ、暗殺の場所、首級の始末、その他いっさいを同志と連絡して、その日を待った。

四月八日、予定のごとく吉田東洋は、城内二の丸で日本外史信長記「本能寺凶変」の一節を進講すると、講義納めの酒肴が出された。ほろ酔いかげんで退出した東洋は城外に出ると陪席の五、六人とわかれ、夜暗にけむるぬか雨の中を傘をかたむけながら自宅へと歩をはこんだ。

先に立つのが提灯持ち、あとに若党一人をしたがえて追手筋をくだり、右折して帯屋町の下一丁目、前野久米之助の屋敷前にかかると、まっさきに飛びだした安岡嘉助、無言のまま提灯を、さっと斬り払った。つづいて出たのが那須信吾である。

「元吉どの、国のために参る」

と呼びかけて傘越しに肩へ一刀。東洋は傘を投げながら声に応じて二尺七寸、藤原行秀の新刀を抜き合わせた。

「狼藉者、名乗れ」

剛気の東洋、げたをぬぐとそのまま那須へ斬りかかる。一、二歩しさった那須が、折りかえし横に薙《な》いだ太刀先を、東洋は柄《つか》でがっきと受けとめ、つづいて二三合した。

東洋は文学を主としたが武芸にも執心があった。江戸にいたときには、剣客浅利又七郎らとまじわり頼母子講《たのもしこう》にも出席したことがあり、土佐に筑後柳川の剣士大石進をまねいて神影《しんかげ》流の教授をうけたこともある。

したがって気鋭の那須信吾を相手にしても容易に屈しなかったが、そのうち若党を追っていた安岡と大石が引きかえし、東洋の背後から袈裟《けさ》がけに斬りおろした。さすがの東洋も、

「残念――」

と一声、その場にうちたおれた。折りかかって那須が首を斬りおとすと、そばの溝《みぞ》で血をあらい、用意した白木綿につつみ、脱兎《だっと》のように走りだした。

城下の西はずれ、長縄手観音堂には同志の河野万寿弥らが首尾を気づかいながら待っていた。那須はかれらに首級をわたすと、そのまま他の二人と国境用居口《もちいぐち》から伊予にのがれ、長州から京都へのぼり潜伏した。

那須と安岡は、翌文久三年（一八六三）八月の「大和挙兵」に殉じたが、大石は鹿児島に籍をうつして高見矢一郎と名を改め、明治の後まで生きていた。

河野万寿弥は、那須から東洋の首級をうけとると、付近の雁切河原へさらし、かねて用意していた罪案を傍示して、そのまま姿を消した。

此元吉事重役に在りながら、心儘成《ままなる》事を取行ひ、天下不安時節をも不ㇾ顧《かえりみず》、一日も安気に暮度所存を以て、御国次第に御窮迫之御勝手に相成候をも乍ㇾ悟《さとりながら》、表は御余金有ㇾ之候様都合宜《よろしく》布飾り、既に先年より御囲ひ相成候籾米《もみまい》追々存分に摺《すり》尽し、御国内御宝山等不ㇾ残《のこらず》切剝、何に不ㇾ寄《よらず》、下賤之者よりは金銭夥敷《おびただしく》取上候。御国民上を親み候心を為㆓相隔《あいへだてさせ》㆒独

り自分には賄賂《わいろ》を貪《むさぼ》り、無数の驕《おごり》を極め猶《なお》江戸表軽薄之小役人へ申付、御名をたばかり、結構なる銀の銚子を相調《ととのえ》、且《かつ》自分の作業平常の衣食、弥々《いよいよ》華美を極め候事、其儘に閣《おき》候はば士民の心弥々相放れ、御用に立候者一人も無㆑之《これなき》様相成、終《つい》に御国滅亡の端にも相成候に付、不肖之我輩共、無㆓余儀㆒、上は国を患《うれ》ひ、下は万民の難苦を救はん為め己の罪を忘れ、此の如く取行ひ、尚又晒置《さらしおく》者也。

この罰文を読むと、東洋の私生活の専横驕奢《せんおうきょうしゃ》をせめ日常のおこないを指摘しただけで、政治的な問題にふれていない。

これは「土佐勤王党」が、藩庁の探索の目標からのがれようとする周到な用意であって、東洋が平ぜい殖産に重きをおいて重税をほどこし、奢《おご》りをきわめて衆人のうらみを受けていたので、暗殺の原因をそこにおいたものである。

このとき東洋は四十七歳。若党の報告によって隣家の末松務左衛門が現場へかけつけたが、手おくれであった。死骸は本来なら藩庁の検視がなければ手もふれられないのだが、世にときめく参政の死屍《しし》を衆目にさらすのも浅ましいと、末松が、おりから来あわせた平瀬保之進と相談のうえ、そのまま吉田家へ収容し、翌日、親族から藩庁へてん末をとどけ出た。

吉田元吉

右は昨八日夜、於㆓途中㆒狼藉者有㆑之、以㆓刃傷㆒相果申候故、早速右狼藉者尋合候得共、

逃げ去今以て相分不レ申候。然に死体其儘指置候儀、御作法に御座候処、源太郎父子の情に於て、屍を道途に露《さらし》候儀難レ忍《しのび》、不レ得レ止自宅へ取寄御座候。此段御届仕候。

四月九日　百々《どど》幸弥《ゆきや》

さらに一通は――

先刻御届仕候死体相改申候処、疵三箇所之内、肩五寸深二寸、開き一寸五分、右脇かすり疵四寸計、首腮より放、行衛相分不レ申候処、雁切堤に封状相添へ有レ之取寄候。右封状の儀は、其儘目付へ指廻申候、以上。

四月九日　吉田次郎左衛門

幅八寸竪一尺板に書記、首、雁切堤に油紙にて包有レ之候由。

源太郎は吉田東洋のひとり息子であり、当時十一歳の若年であった。長じて正春と称し、のち後藤象二郎をたすけて自由党で活やくした人物、大正十年（一九二一）七十一歳で病死している。

刺客の那須信吾、安岡嘉助、大石団蔵は京都へのぼり、久坂玄瑞をたよって長州屋敷へかくまわれていた。しかし藩庁すじのきびしい探索で、このことがわかり小監察の下許《しももと》武兵衛が足軽をつれて長州屋敷へ、三人の引渡しを談判した。だが久坂は、

「近ごろめいわくな、さような者はさらに存じません」

と、しらをきり追いかえす。しかしここまで感づかれると、放っておくわけにはいかない。そこで薩摩の海江田《かいえだ》信義（有村俊斎）に相談し那須ら三人をひそかに京都薩摩屋敷へうつしてしまった。三人も自重し、垂《た》れこめて容易に外出しないので捕縛《ほばく》はできない。

このとき吉田東洋の学塾で恩顧をうけていた井上佐市郎と岩崎弥太郎の二人が、下横目《したよこめ》という警吏《けいり》の職責もあり、東洋の恩義にもむくいたい考えから、刺客捕縛のため土佐を立ち、京坂にするどく目をくばっていた。もっとも岩崎だけは途中、大坂から引きかえしてしまったのである。

吉田東洋暗殺の後の「土佐勤王党」は所期のとおり藩論をさだめ、藩主山内豊範を擁して入京、洛中警備の朝命をうけて、薩長とならび三藩の名をほしいままにしていた。

こういうとき井上佐市郎が、刺客追捕の目的で京・坂をうろついているのは非常な脅威である。武市半平太をたすけ、一党の牛耳をとっている平井収二郎が、「佐市郎をやっつけろ」と言いだしたのがもとで、血気の連中がさっそく、その計画にとりかかった。

同役の吉永良吉と小川保馬（のち平川光伸）が、大坂の下宿に、つれづれに詩作などしていた井上佐市郎を、心安だてに誘いだしたのが、八月二十二日（文久二）の夕ぐれ、大坂心斎橋へでて「大与《だいよ》」という料亭で酒をのんでいるうちに、かねて打ちあわせたのか、久松喜代馬、岡田以蔵、村田忠三郎、田内《たのうち》喜多治も来あわせた。

むりに井上佐市郎を酔わせてから「大与」をでた。まだ宵で人通りが多い。さらにべつの料亭へあがり、夜をふかしてから、足もとのあぶなくなった井上をうながして外へでたのは、八つ半時（午後十一時）であった。

心斎橋から九郎右衛門町の河岸へでると、もう通行人のかげはなかった。岡田以蔵は月のひかりで田内、村田にめくばせしながら、「ああ、酔うた、酔うた」と井上佐市郎にしなだれかかり、そのまま両腕を井上ののどもとへまきつけた。田内と村田がさらに手足へからみつく。

岡田が、ぐいと手に力をくわえると井上は声もたてられず、もがきもできず、ぐったりと絶息する。さらに久松が脇差をぬき井上の横腹をぐっと一刺しにして、死体を川の中へ投げこんでしまった。

ことの首尾を気づかい、平井収二郎と広瀬健太が一行のあとをつけてきたが、首尾よく目的をはたすと、うちつれだって引きあげたのである。

また十一月二日になって、下横目の広田章次も伏見で同様の目にあい川へ投げこまれていた。

慶応一年（一八六五）に「土佐勤王党」の断獄《だんごく》があり、岡田以蔵は獄門、村田忠三郎、久松喜代馬が斬首の刑に処せられたのは、井上佐市郎殺害が、その罪を構成している。広田章次殺害の一件は河野万寿弥（敏鎌《とかま》）などが下手人として疑われたが、河野は最後まで口を割らず、時勢が移って明治一年（一八六八）五月二十七日に釈放された。

島田左近と宇郷玄蕃

開鎖（攘夷開国）問題や将軍（徳川家茂）継嗣問題で、安政以来とかく京都の朝廷と江戸幕府のあいだは離隔しがちであった。そのなかで関白—九条尚忠だけは、ひとり親幕派として、幕府の支持をうけていた。

安政五年（一八五八）幕府から堀田備中守（正睦）が上京して「条約勅許」を請うたとき、朝廷の意向を無視して幕府に一任させるよう伝奏—東坊城聡長に勅答案を起草させ、これが朝廷がわの不興をまねいた。そこで議奏の久我建通が朝命により岩倉具視、大原重徳らの諸卿と相談して同年三月十二日、八十八名の公家が参列した席上で、九条尚忠にせまり勅答案を改ざんさせたことがある。

同年八月になり、幕府の態度に変化がみられなかった。そこで朝廷では天皇（孝明天皇）の退位をほのめかせると同時に、近衛忠熙《ただひろ》、三条実萬《さねつむ》が、水戸藩へ幕制改革の密勅降下を運動したときも、九条はこれに反対し、彦根（井伊直弼）あたりの入説にうごかされ、幕府擁護の立場をとった。そのために九条は上下の弾劾をうけ、九月一日に辞表を朝廷に出した。

そのうち、関東から間部下総守《まなべしもうさのかみ》が上京して京都所司代の酒井忠義と協力し、いわゆる「安政戊午の大獄」をおこした。これによって反幕派の公卿、浪士にいたるまでが弾圧されたのである。いっぽう九条尚忠は所司代の酒井忠義の力により関白に復職することになった。

ここで九条尚忠は、さらに公武融和をはかるために、幕府の井伊大老に皇妹—和宮《かずのみや》の将軍家への降嫁をもちかけている。はじめは皇女—富貴宮《ふきのみや》ということであったが、富貴宮は同年六月の降誕である。あまりにも幼少であるということから、和宮がえらばれたのである。

しかも、その和宮はすでに有栖川《ありすがわ》宮熾仁《たるひと》親王と婚約があった。そこで和宮はもちろん朝廷でも同意はなく、生母—勧行院の兄にあたる橋本実麗《さねあきら》なども積極的に反対した。しかし井伊大老が江戸桜田門外で横死した後、老中の安藤信正、久世広周らは引きつづき和宮の降嫁をつよく要望したのであった。ここに朝廷側内部でも意見の相異が生じ、久我建通、岩倉具視、千種有文、富小路敬直らは九条尚忠に接近した。

文久一年（一八六一）十月、ついに和宮は東下の途につき、翌二年二月十一日に将軍家茂（十四代）との成婚式が挙げられた。

関白—九条尚忠が親幕派であるということは、尊王派の志士に、非常な不満をいだかせたのである。なかには廟堂の大奸として、かれを刺そうとするものもあったが、尊貴の身分ということで、それは不可能となった。

そこで狙われたのが九条の謀臣であった島田左近《さこん》（竜章）と宇郷玄蕃《げんば》（重固）のふたりである。ことに島田左近は井伊大老の謀臣—長野主膳（義言）と通じて、朝廷側の機密をさぐりこれを幕府に通じていたことが伝えられていたので、刺客の目はまずかれにそそがれた。

伝説によると、島田左近は美濃国の山伏のせがれである。上京して報恩寺に食客しているうち、もちまえの智謀を利用して烏丸《からすま》家に取りいり、そのうち縁あって九条家の家令であった島田家をついだものという。『官武通紀』には、つぎのようにみえている。

出生は美濃国神主の子供にて、初は京地商人伊勢屋東兵衛と申者之所へ手代奉公に相出、商人不得手にて宮家青士奉公仕、追々九条殿へ取入り、御同殿御老女千賀浦の養子に罷成《まかりなり》、島田左近と名改、彦根様御在職中御出入に罷成、六位之諸大夫に昇進仕、公辺へ御目見被二仰付《おおせつけられ》一、重拝領もの等仕、永々御扶持方三十人分被二下置《くだしおかれ》一、二十人分は其身一代被二下置一、彦根様より永々百俵御出入扶持被二下置一、随ては不二一方《ひとかたならぬ》一分限者と罷成、御当地には今太閤と唱居《となえおり》候者之由。

また同書に、島田左近の蓄財十万金以上とつたえられ、なにしろ今太閤の名にたがわぬ栄華をきわめていたのである。

そこで清河八郎、村上俊五郎、小河弥右衛門など「寺田屋騒動」の残党が島田左近をねらっていたが、しかし左近のほうも警戒して中国辺にのがれたり、あるいは彦根にひそむなどして、容易に姿を見せなかった。

文久二年（一八六二）六月二十日、豊後岡藩の小河弥右衛門が、ふとしたことから島田左近が京都伏見にあらわれたのをかぎつけ、これを薩摩藩の藤井良節につげたのである。

藤井はこれを同藩の激派、田中新兵衛につげた。田中はこおどりし、すぐに島田左近を追跡した。同藩の服部政次郎、井上弥八郎、鵜木《うき》孫兵衛、志々目《ししのめ》献吉《けんきち》、豊後岡藩の広瀬友之允、礼原武三郎らもそれに同行した。だが、どう逃がれたのか島田の行方がわからず、むなしく引きあげている。

それから一ヵ月すぎた七月二十日の夜、島田左近は京都木屋町二条下ル山本ゆうという者の寮で、君香《きみか》とかいうなじみの女と夕食の膳に向かって酒をのんでいた。

これを偵知したのが薩摩の田中新兵衛であった。さきに長蛇を逸したうらみがある。こんどこそは、という意気込みで、同藩の鵜木孫兵衛と志々目献吉をかたらい、ただちにその寮へふみ込んだ。

「なにやつだ、不届きな――」

おどろいて島田左近が腰を上げようとするのを、すきをあたえず抜き打ちをくわす。よろめきながら椽をとびおり、泉水を回って木立ちをぬけ、戸外にのがれようと塀にとびついた島田を、間一髪に追いつめた田中新兵衛が、「逃げるのか、卑怯者」と、大喝し斬りおろした。もんどり打って落ちた左近の首をかきとると、そのまま刺客たちの姿は闇に消えた。

同二十三日になると、京都加茂川筋四条を一町ほどのぼる先斗町《ぽんと》川ぎわに、青竹でつらぬいた首が東向きにさらされていた。

島田左近兵衛大尉《ひょうえのだいじょう》

此島田左近兵衛大尉事、大逆賊長野主膳へ同腹いたし、奸曲を相巧み、
不レ可レ容二天地一之《てんちにいるべからざるの》大奸賊なり。依レ之加二天誅一《これによっててんちゅうをくわえ》、令二梟首一《きょうしゅせしむる》者也《ものなり》。

七月　日

このとき島田左近は三十八歳とも三十五歳とも言われた。正確なところはよくわからない。洛中の人びとは寄りあつまり、島田左近の奸曲をののしったそうである。（『宮武通紀』）

島田左近の同僚である宇郷玄蕃は、もと内大臣―三条実萬にかわいがられていたが、「安政戊午の大獄」以後は九条尚忠に仕え、すっかり左近の同腹になっていた。その左近が殺害されると、九条家は異常な警戒と恐怖にみまわれた。とくに宇郷玄蕃は自宅にはかえらず、主家の邸内から一歩も外へ出ないという警戒ぶりであった。

「いつかは、帰宅するだろう」

刺客たちは根気よく、九条家と宇郷の住居に注視していた。

その後、二ヵ月もすぎた閏八月二十二日、宇郷の住居へ魚屋が岡持ちをはこぶのを見とどけたものがあった。

「かえっているな」

見込みどおり刺客が乗りこむと、宇郷は妻子と一家だんらん中であった。そこへ有無を言わせず刺客が斬りこんだ。すると頑是《がんぜ》ない子どもが、おびえきって、いきなりふとんをかぶり、

「おっかさん、坊はこうしておれば大事ないかい」

と、おろおろ声をたてたときには、さすがの刺客も、ふっと胸をつかれた——、これはそのときの刺客の実話だと、土佐藩士—五十嵐敬之《いがらしよしゆき》（幾之進）の口述筆記にみえている。

しかし刺客のがわでも猶予はならず、宇郷玄蕃の首を打ちおとすと、楣間《なげし》にかかっていた二間柄の槍をとり、それで首を突きさしてすばやく引きあげた。

翌二十三日になると、京都加茂川筋松原から半丁ほどかみ、宮川町のしもに当って、槍の穂に刺さった宇郷玄蕃の首がさらされていたのである。

九条殿諸大夫

此者儀、島田と同腹、主家をして不義に陥らしめ、其罪彼より重し。依レ之加ニ天誅一《これによりててんちゅうをくわうる》者也。

閏八月廿三日

玄蕃の名は重国《しげくに》、このときの刺客は肥後藩の堤松右衛門その他といわれ、また一説には土佐の岡田以蔵、岡本八之助、村田忠三郎の三名によるものともなっている。（『幕末史概説』『幕末斬奸録』）

島田左近とともにねらわれていた幕臣—加納繁三郎は、江戸へのがれて富士見御宝蔵番となった。井伊大老の腹臣とみられた長野主膳は、同年八月二十七日、彦根において斬罪になった。「彦根侯届書」には、つぎのように見えている。

私家来長野主膳と申者、公儀へ対し品々不届之儀御座候に付、御吟味可レ被ニ仰付《おおせつけらるべく》一候処、格別之思召を以私へ御任せ被ニ成下《なしくだされ》一候に付、屹度《きっと》仕置申付候様可ニ取計《とりはからうべき》一旨《むね》、去三日御達を以被ニ仰付一候趣致知候。然処、右主膳儀は家政を犯し、品々不届之儀有レ之《これあり》候に付、去月廿七日、於ニ在所《ざいしょにおいて》一斬罪申付候。右は御達以前取計候儀に御座候得共、被レ仰渡《おおせわたされ》候趣も有レ之候間、此段御達申達候。以上。

閏八月廿八日　　井伊掃部頭

このころ井伊家は、井伊直弼横死後であり、直憲《なおのり》が当主となっていた。長野主膳は伊勢飯高郡滝野村の生まれで、「桃の舎《や》」と号し、和歌にたくみだった。歌道をもって先代井伊直弼にかかえられたものであり、「古今集姿鏡」「小倉百首姿鏡」などの著書がある。また史記にも通じており、直弼のふところ刀になって働いたのである。斬首されたとき、主膳は四十八歳であった。(『殉難事蹟』『官武通紀』)

九条尚忠は、勤王派の勢力がさかんになってくると、関白の職をやめられ、閏八月二十五日(文久二年)佐幕の罪によって落飾謹慎となった。これに協力し和宮降嫁につくした岩倉具視、久我建通、千種有文、富小路敬直らは「四奸」と呼ばれ、はげしい弾劾をうけた。かれらは洛中住居を禁じられ、その翌年二月十三日には、さらに重謹慎に処せられている。また朝廷の寵をうけていた少将内侍（今城重子）、衛門内侍（堀河紀子）も、和宮降嫁に加担したということで、「二嬪」の悪称をあびせられ退職隠居していたが、このときさらに剃髪を命ぜられている。

〔付記〕彦根で長野主膳に一味した宇津木六之丞は、文久二年十月二十七日、獄中で斬首され、大塚六郎、同新蔵兄弟は家老木股氏の家来だったが、これも翌文久三年四月十三日に、主家の別邸で斬首されている。

本間精一郎

本間精一郎は、奸物か否かで毀誉を一身にあび、幕末史上では疑問の人物と目されていた。しかし大正十三年（一九二四）二月に、従五位をおくられてから志士として世に浮かんだ。

越後の三島郡寺泊が精一郎の出身地である。本間辻右衛門の子であり、字《あざな》は「至誠」号は「不自欺斎」と称し、斎藤石城のもとでおよそ六ヵ年、学問をつんだもので、覇気のある人物であったと伝えられる。

黒船渡来によって、鎖国を維持してきた幕藩体制がゆらぎ世情がさわがしくなったころ、本間精一郎は越後から江戸へ出奔して川路左衛門尉（聖謨）にとりいり、その信任をえたものであった。

安政五年（一八五八）老中―堀田備中守（正睦）が京都にのぼったさい、その一行に本間精一郎もくわわっている。その当時、かれは昌平黌《しょうへいこう》に入り、安《あ》積《さか》艮斎《ごんさい》にも学んでおり、また密勅事件に関連していた日下《くさか》部《べ》伊三次とも知友のあいだがらであった。文学、武芸そして弁舌についても奇才とみられた人物だっただけに、ひろく知友をえていたものとみられる。

（『本間正高伝』）

本間精一郎の伝記を編集するさい、その遺族本間健四郎氏の請に応じて東久世通禮伯が答えた、明治四十四年（一九一一）四月十六日付の手紙がある。つぎがその要略である。（『維新史料』）

拙者方へ、文久二年頃だったか、月日は慥《たしか》に記憶致さぬが、両三度入来、面会して勤王の旨趣を色々承った事がある。これも年月日は分らないが、拙者の隣家、国事係を勤めた豊岡随資《ずいし》卿の子息で健資朝臣《あそん》が、会津から馬を牽《ひい》て来て稽古致された事があった。其時も本間氏が色々周旋して居る様子を見受けたが、会津藩へ薩長離間の運動したなどの流言は、全く会津へ入込んで居た故かと思う。三条公、其他公家方へお出入なされた事もあろうと存ずるが、慥に誰の家へと云う事は承知せぬ。本人は身体魁偉強壮で、衣類も頗《すこぶ》る立派なものを装い、言論流暢、咳唾珠《がいだたま》を成すと申すべき弁舌家であった。

本間精一郎の風采がりっぱだったことと、言論が東久世伯のいわゆる「咳唾珠をなす」ほど雄弁だったことが、当時、諸藩の浪士の人気をあつめた原因であろう。また「虚喝漢」の名をあびて擯斥《ひんせき》された理由でもある。

文久二年（一八六二）の四月に「伏見の挙兵」運動では清河八郎などと策応しており、中国、九州から四国にまで遊説している。土佐を訪問したのは土佐藩士―吉村虎太郎の紹介によるものとみられる。はじめ土佐高岡郡檮原《ゆすはら》村の那須信吾をたずね「土佐勤王党」の武市瑞山（半平太）に面会を申し入れた。しかし瑞山は本間を忌避《きひ》して、門下の上田楠次、河野万寿弥らに用向きをきかせただけであった。

「寺田屋騒動」（文久二年四月）がおこる直前には大坂にいて、吉村虎太郎とともに住吉の土佐藩陣営に遊説に出向いた。そのときの本間の服装は紫ちりめんの羽織に白の太紐《ふとひも》、ものものしいほどの大髻《おおたぶさ》で朱色の太刀という構えであった。陣営づめの土佐藩士たちはその本間の風采をめずらしがり、障子のかげから隙見したという。

そのときの応対も、すべて本間精一郎ひとりがしゃべり、そばで吉村虎太郎は黙していたようである。

「伏見の挙兵が目前にせまっている。貴藩でも機におくれぬよう出兵を願いたい」

と本間がのべると、応接係の松下与膳は、

「われわれは藩命次第、どんなことが起ころうと、主命のないうちはご返答のかぎりではない」

と、はねつけた。

「お若いのに、なかなか見あげた意見でござる」

と本間は相手をほめるのか、それとも茶化すのか、こう言って陣営を出た。すべてこの調子で人を食っている風であった。

この本間精一郎は、土佐ばかりではなく薩摩や長州でもきらわれていた。「伏見の挙兵」からはずれた後は、清河八郎とともになお奔走《ほんそう》をつづけた。薩摩の藤井良節に書をおくり、壅弊《ようへい》の害を痛論し、三奸二嬪排除の説をのべている。

一日、中山大納言忠能《ただやす》に面会したとき、

「方今、醜夷陸梁、幕府は朝命を無視し、主上は寝食を安んぜられぬとうけたまわるに、公卿方は袖手傍観、ただ貨財をむさぼり酒食にふけるばかり、これでは半文銭にもあたいせぬではござらぬか」

と大声叱呼して一座の堂上方のいろをうしなわせたこともあった。このように国事に心をはせていたが、かれのはで好みの気質と能弁すぎる口舌の裏には、種々の風説がたっていた。

本間が、かつて薩摩藩へ七百両の借財を申しこんだ。しかし、そんな金は浪人には不要だとことわられた。それが癪だったのか堂上方へでて、いろいろ薩長の悪口をつき両藩を離間しようとしたといううわさも出た。(『官武通紀』)

こういううわさが出ると、三藩(薩・長・土)の者も本間精一郎の言動をだまってみてはいられない。生かしておいてはどんなことを仕出かすかわからない。

「本間を斬ってしまえ」ということになった。

三藩の勤王派の浪士たちは、その機会をねらっていたのである。

閏八月二十日(文久二)の雨の日、本間はそのころ昵懇になっていた阿波―蜂須賀家の京都宿所―南禅寺へ出かけた帰途、木屋町二条上ルところに住まいをもつ知人、江州木之本の郷士―安達湖一郎をたずねた。要談をおえて、その家の玄関口から出ようとする本間に、顔なじみの大音《おおと》竜太が、

「あんたもこのごろ危いといううわさじゃ。傘をさして行くより、かぶとでもかぶって行きなされ」

と冗談まじりに声をかけた。

「かぶとは、よかったな」

と本間も笑いながら豪語し、しのつくような大雨の中を出て行った。

その夜、この冗談が事実となった。本間は先斗《ぽんと》町付近で斬殺されたのである。翌朝、かれの首級は四条橋上の川原にさらされ、つぎのような咎《とがめ》書きがあった。

此者之罪状申迄も無レ之、第一虚喝を以衆人を惑し、其上高貴之御方へ致二出入一、佞弁を以薩長土之三藩を様々讒訴《ざんそ》いたし、有志之間を離間いたし、姦謀を相巧み、非理之貨財を貪り、其外不レ謂姦曲難レ尽二紙上一、此儘差置候ては、無限禍害可レ生に付、依レ之如レ此令二梟首一者也。

閏八月

右の咎書きは長さ一尺二、三寸、幅六寸ばかりの横板にしたためられ、首は七、八尺の青竹の先に南向きにつるされていた。胴体は縞のきものに更紗の襦袢をつけて川原の浅瀬につかっていた。（『天誅組天誅録』）

しかし、これには異説がある。

〔黒川秀波・筆記〕には、本間精一郎殺害の場所は四条御旅町であり死体は高瀬川へ投げこんだのが、一夜のうちに流れて高瀬橋の下にかかっていたとある。小倉縞の野袴をはき、紺たびに黒絹の羽織を着用し、ひざぶしのあたりに小柄《こづか》を一本ぐっと刺してあったとみえている。

また「伊藤家文書」には、本間精一郎の死体は三条と四条のあいだ、高瀬川を流れていたのを引きあげてあった。よくみると丸はだかに破れたなりの伊賀袴を着用し、はなはだ見ぐるしいありさまだった、とみえている。もっとも、それぞれ筆記者のみた時刻に前後の相違があったろうし、本間の死体の位置に多少のちがいがあったのも、あやしむにたらない。

だれの筆記であるかわからないが、右の本間精一郎暗殺の状況を詳細にのべたものが、この「伊藤家文書」にのせられている。つぎにそれを引用する。これが事実であったとすれば、本間も死物狂いで応戦したようである。

右事跡は廿日の夜、祇園町一力屋へ参り、げい子連出し、夫よりぽんと町（女郎町也）大文字屋へ連込み、種々の遊楽時を過し、四時《どき》過にも相成る頃、一力屋より提灯付け、迎に男参候を兼て付覗居候哉、八人組、迎と見受候より、右提灯持を差押へ、男に成替り候様相談し、遂に八人の内一人、大小を同勢へ相渡し、右提灯を持、迎の者になりて、彼大文字屋へ参候と申入、暫して精一郎、悠々と大酔之体にて立出候処、戸口に同勢控居候て、出合頭に双方より両腕ねぢ上げ、大小をもぎ取候へども、流石強気之精一郎故、酔中なれども、数人を相手に、組んづころんづ揉合《もみあい》し中に、八人之中二人程あてられて、たぢたぢと致し候人も有レ之由《これあるよし》。一人は組敷き、是は余程危き事に相成候時も有レ之、然共《しかれども》透間《すきま》見合、片腹を指《さし》通し、くたばり懸るを、大げさに一太刀参らせ、夫より打首に致し、前件の通行ひ候様に相聞申候。

またそのころのはやり唄に、本間精一郎の虚喝ぶりを皮肉ったものがある。

　柄が長いとてかんたいぶるな
　　本間精一郎が首を見よ

この刺客として、土佐の吉村虎太郎と安岡嘉助だという説（北畠治房男）もあるが、これは当時の事情からおして信じがたい。一般には、薩摩の田中新兵衛と土佐の岡田以蔵、平井収二郎、島村衛吉、松山深蔵、小畑孫三郎、広瀬健太、田辺豪次郎らだということになっていて、武市瑞山の〔在京日記〕閏八月二十日（文久二）の条に、左のように記されている。

　晩方田中新兵衛来る。四ツ頃迄談じ帰る。同夜、以、豪、健、熊、□、収、孫、衛、用事ありとあるのは、暗に本間精一郎刺殺の密事にふれたものではないか。

このとき岡田以蔵の使った刀は坂本龍馬の佩刀《はいとう》——肥前の「忠広」で、これを門の扉へ切りかけて鋩子《きっさき》が折れたそうで、この刀はいちじ九段の遊就館に陳列されてあった——と、土佐藩士―五十嵐敬之の口述筆記にみえている。

岡田以蔵は武市瑞山の取りたての門弟で一刀流の使い手、安政三年（一八五六）に瑞山とともに江戸の浅蜊河岸、桃井春蔵について「鏡新明智流」の目録を授与された腕前である。

田中新兵衛は薩摩藩士であったが、瑞山に心服し、「当時、洛西の人物で瑞山にくらぶべき人物は見あたらない。しいて求むればわが藩の大島吉左衛門（西郷隆盛）ぐらいのものか」と評したという。

また武市瑞山の〔在京日記〕八月十八日（文久二）には、つぎの記事がある。


田中新兵衛来る。腹中を談じ義兄弟の約を致す。

田中新兵衛が瑞山に兄事していたことがわかる。この田中と岡田以蔵とは当時、激派中の激派で、薩摩の藤井良節も、「薩の田中と土佐の岡田は、かえって大事をあやまらざるかと気づかいにたえず」と言ったくらいである。武市瑞山は、このふたりをたくみに使いこなしていたのであった、と伝えられる。

目明し　猿の文吉

島田左近《さこん》、宇郷玄蕃《げんば》とともに武市瑞山の〈在京日記〉に「大姦」と記された人物に「猿《ましら》の文吉」というのがいた。

この男は洛北（京都北部）御菩提池《みどろいけ》村の百姓の生まれである。若いころ博徒のむれに投じて諸方を流れているうち、目明しに取りたてられた。小才のきく男で、養女の君香《きみか》という舞子を島田左近の妾にし、その引立てで仲間うちでもはばをきかすようになった。

「安政戊午の大獄」の当時は、とくにリスのようにすばしこく立ちまわり、勤王派の志士たちの機密をさぐり幕吏に通報した。そのため文吉の行動によって犠牲になった志士たちは数しれない。そこで尊攘派が京都を制するようになると、その激派からにらまれる素性の男であった。

また文吉は金もうけにも油断のない男で、そのころ京都二条新地に妓楼《ぎろう》を設け大勢の男女をこき使い、大尽《だいじん》風をふかしていた。そういう男だから世間の評判もよくなかった。

この「猿の文吉」が殺害されたのは文久二年（一八六二）閏《うるう》八月二十九日である。下手人は土佐の岡田以蔵、阿部多司馬、清岡治之助の三人となっている。同じ土佐藩の五十嵐敬之も、この事件に関係しており、これについて詳しく語りのこしている。

〔五十嵐敬之・談話〕

八月（文久二）末日の晩の目明し文吉絞殺一件、これには少し私も関係しております。瑞山先生の木屋町の宿所に集まりまして協議をしましたが、斬りに行くという人が多くて仕方がない。そこでくじ取りをしてきめますと、清岡治之助、阿部多司馬、岡田以蔵の三人が当たりました。島村衛吉が、

「あのような犬猫同然の者を斬るのは刀のけがれである。絞め殺すがよろしい」

と申しますと、皆、それがよいということになりました。さて、絞めるには行李《こうり》をゆわえる細引きがよろしいということになりますと、私と上田宗児（茶坊主あがり、のちに長州へはしって木戸孝允などに気に入られ、遊撃隊の参謀となる。伏見の戦争で、ひょうたん酒を飲みながら、まっ先に打死した）が、その買い手にえらばれました。皆のものより一足先に出て、ある店で細引きを買い、待っていますと清岡などがまいりましたから、細引きを渡したのであります。このときに細引きの絞め方についていろいろ詮議がありましたが、絞めるには、結んでは決して絞まるものではありませぬ。ただ回したままで両方から引っぱれば、それでよろしいとのことでありましたが、果たしてそうしたそうでありま す。三条川原へむりに引っぱってきて絞め殺し、柱を三本立て、それへかの細引きで結びつけてさらしました。

実見者の記述によると、まるはだかにして木綿晒屋《さらしや》の杭《くい》に、下腹胴中を男おびでくくりしめ、また首と両腕を細引きでしばりつけてあった。朝方はまだ目をあけていたようであり、まったくのなぶり殺しである。これでは一刀のもとに斬殺されるより苦痛だろう。高札には、次のような罪文がしたためられてあった。

高倉通押小路上ル町
目明し文吉

右之者先年より島田左兵衛え随従いたし、種々姦謀の手伝いたし剰《あまつさえ》戊午年以来種々姦吏之徒に心を合、諸忠志之面々を為レ致二苦痛一《くつういたさせ》、非分之賞金を貪り、其上島田所持いたし候不正之金を預り、過分之利足を漁し、近来に至り候迚《とて》も様々の姦計を相巧み、時勢一新之妨《さまたげ》に相成候間、如此加二誅戮一《ちゅうりく》、死骸引捨にいたし候。同人死後に至り、右金子《きんす》借用之者は、決して不レ及二返弁一《へんべんにおよばず》候。且又其後迚も、文吉同様之所業働候者有レ之候は、高下に不拘、随時可レ令二誅戮一《せしむるべき》者也。
文久二戊年九月

この書面は、久留米藩の松浦八郎が起草したもので、この当時、松浦はいろんな捨文《すてぶみ》を書いていたという。

平野屋寿三郎と煎餅屋半兵衛

京都相国寺門前に住む人入れ稼業—平野屋寿三郎と鞍馬口に住む煎餅屋半兵衛、このふたりは奸商のうわさが高かった。

文久二年（一八六二）五月、勅使—大原侍従が江戸下向のさい、世なれた稼業が道中で重宝に使えるということで、臨時雇いの「青侍」に取りたてられたのである。もちろん帯刀もゆるされたが、これが同業の桶屋市蔵とはかり、宿役人から賄賂《わいろ》を取ったり、人夫の上前《うわまえ》をはねたりした。このような悪業によって、世人から「かたらい侍」などと評された。

同年十月の再度の勅使、三条実美、姉小路公知に、かれらは、ふたたび随従することになった。しかしこのとき勅使護衛の長州、土佐の志士のあいだで、

「あのようなやつを御供の列にくわえては、天朝の威光にかかわる。同類のみせしめに天誅してやれ」

と話がでた。事あれかしの連中のあいだだから、すぐに相談がまとまった。（『幕末史の研究』）

文久二年十月九日のこと、土佐から岡田以蔵、千屋寅之助、五十嵐敬之の三人と長州から寺島忠三郎ほか二、三の者がでた。このときのもようは五十嵐敬之の体験談にある。

〔五十嵐敬之・談話〕

——それから、そのつぎが十月九日の晩に、もと相国寺門前におった平野屋重（寿）三郎という者を引っぱってきて、加茂川筋二条上ル所へ生きさらしにしたことでございます。

従来、勅使方が関東御下向のさいに人夫の周旋をする者がある。いわゆる人入れというものである。この重三郎という者も人入れを稼業としておって、大原卿の勅使の時分にお供をして、宿役人から賄賂をとり、人夫の上前をはねたりして種々の不都合をはたらいたものである。そのほかに鞍馬口の煎餅屋半兵衛という者、これも重三郎同様の悪事をいたしたものである。こんど三条、姉小路の両卿が関東へ御下向になるについては、主として従来の弊習《へいしゅう》をあらためたい。かようなものをそのままにしておいては、はなはだよろしくない。一つ天誅をくわえようということになりまして、長州と土佐の壮士が手分けをして両方へ向かうことになりました。

私は千屋寅之助、岡田以蔵の三人と、長州から寺島忠三郎、ほかに同藩士が二、三人と共に御室《おむろ》の近所に平野屋重三郎が潜伏しているところへまいりました。大勢の者は外に張り番をしている。私と以蔵とが中に入って引きだそうとしますと、容易にでてこない。いろいろ押し問答しているうちに、ひとり土足で踏みこんでまいり、うしろから襟がみを取って引きたおしたものがある。そうすると、七、八歳の女の子どもが、ちょろちょろ出てまいりました。

「どうぞ、おとうさんをお助けください」
と紅葉のような手を合わせてたのむと、さすがに鬼のような壮士も目に涙をもった。
それから「殺すもかわいそうだ、生きさらしにしようではないか」ということになりまして、二条上ル所、加茂川端まで引きたててまいりますと、ほかの同志が煎餅屋半兵衛をつれてまいっている。よって河原の木綿をさらす柱へしばりつけ、にぎりめしを首に、生きさらしにいたしておきましたのでござります。

いっぽう煎餅屋の方は、だれだれが刺客として向かったのか、わかっていない。二名の生きさらしの建て札には、つぎのようなことが書いてあったのである。

相国寺門前　平野屋寿三郎
鞍　馬　口　煎餅屋半兵衛
此者共、数度重き御方関東御下向之御供内に加はり、長者町通烏丸西へ入南側桶屋市蔵と申合、宿々において無理非道に莫大の金銭を貪取、不㆓容易㆒迷惑せしむる段、不届之至、向後是等之始末相働き候者、可㆑加㆓誅伐㆒、こらしめの為め此者一日晒し之上、ゆるし遣す者也。

裏　書

此者共へ役向より食物を与へ、明十一日申《さる》の刻免し家に帰すべし。其後召捕置に於ては曲事たるべし。

この両者の生きさらしの状は、ふたりとも裸体にされ、磔《はりつけ》のかたちをとっていた。手首をしばったところに、いま一枚の紙片に「明十一日申の刻前に解き免す者があったら、追々同様の目に合わせるぞ」という意味の文句をしたためてあった。

国学者　塙次郎・鈴木重胤・中村敬宇

塙《はなわ》次郎は、盲人学者として名高い塙保己一《はなわほきいち》の子、忠瑶《ただたま》というのがその名である。父―保己一がその学識を世に知られ、惣検校《そうけんぎょう》となり和学講談所にもちいられてから文政四年（一八二一）病死後、次郎は引きつづいて幕府につかえていた。学績の上では父におよばず、つとに忘れられてよい人物だが、幕末、維新前夜に廃帝の故例《これい》調査のうたがいを受けて非業の最期をとげた。これが維新史に深い印象をとどめている。

幕府の廃帝説は、それが根拠のない風説であったにしても、当時の勤王派の志士たちの血をかきたて、討幕論につよい理由をあたえたことは否定できない。

安政（一八五四～一八五九）の末年に「条約勅許」について幕府と朝廷側の雲行きが悪化したころ、廃帝説は一部庶民の間にも伝わっている。

幕府の堀田備中守（正睦）が上京するとき、時の大老―井伊直弼が、もし勅許が出なければ主上を廃して祐宮《さちのみや》（睦仁親王、のち明治天皇）を擁立するか、さもなければ主上を伊勢の祭主にうつすよう内意をもらしたとの説もあった。この堀田備中守の上京に随行した川路左衛門尉が、承久の例を引いて朝廷を威嚇《いかく》したとか、禁裡《きんり》付きの都築峰重が川路と同様の放言をしたとかいう風説があった。そこで大老井伊直弼が上京するという噂が京都に伝わったとき、孝明天皇も宸翰《しんかん》のうちに、「上京候えば、もはや地獄と存候間、鬼のこん間に逃げたく存候」と自ら退位の内意をもらしたという。つまりは「安政戊午の大獄」などがおこり、江戸幕府の勤王派弾圧に人心恟々たるものがあったのである。

井伊直弼が万延一年（一八六〇）江戸城「桜田門外の変」にたおれてまもなく、その年の七、八月ごろにも、ふたたび幕府内に廃帝説の陰謀があるという噂が出た。そして文久一年（一八六一）の夏ごろになると、この風説はいっそう具体的になっている。時の老中—安藤対馬守（信睦）が和学講談所の塙次郎に命じて、その故例を調べさせたというのが、それを裏づける噂として伝わった。この結果、勤王派の志士を刺激し「坂下門外の変」を引きおこし「伏見挙兵」の計画を誘発したのである。

だが、右の一説には同じ和学者の鈴木重胤《しげたね》が『日本書紀伝』に、「次郎、前田夏蔭と老中安藤信正（信睦）の命を以て廃帝の典故を按ず——」と書いたのが世上にもれたのであり、じっさいには風説の根拠はなく、老中—安藤の意をうけて寛永以前幕府が外国接待の式例を調査したものだ、ということになっている。

事の真否はどうであれ、とにかく当時の勤王派の志士たちのあいだでは、廃帝説が拡大視され、塙次郎らが刺客におそわれたのも是非ないことであった。

その塙次郎を斬ったのは長州の伊藤俊輔（博文）と山尾庸三の二人であった。これは後年、伊藤博文が告白したものだと、田中光顕（顕助）が伝えている。

文久二年（一八六二）十二月二十一日のことである。塙次郎は知人の中坊陽之助を江戸駿河台の屋敷にたずね、夜に入ってから三番町の自宅へかえってきた。伊藤俊輔ら二人の刺客は、その門前に待ちかまえていた。提灯の明りに塙次郎の顔をたしかめると、

「奸賊、覚悟！」

と抜き打ちに斬って捨てる。その場で首を落とし麹町九段上まで持ち走った。その首をその辺の黒板塀の忍返《しのびかえ》しにさらしたのである。

塙次郎儀、御国体を弁《わきま》へながら幕府に加担して承久の故事を調査し、その陰謀に与れること明白なり。今月今日、天に代って成敗を加ふるもの也。

この咎書《とがめがき》は伊藤俊輔が自ら板ぎれに書いたものと言われ、翌十二月二十二日には日本橋、麹町三丁目にもほとんど同趣旨の罪状がかかげられていたのである。

塙　次郎

此者儀、昨年逆賊安藤対馬守同腹致、兼て御国体をも弁へながら、前田健助と両人にて恐多くも無レ謂《いわれなき》旧記を取調候段、大逆之至、依レ之昨夜三番町において加ニ天誅一者也。

戌　十二月廿三日

塙次郎の首級は、ただちに遺族のもとへ引きさげられたが、一説には塙と同行だった加藤

一周もともに殺害されたとなっている。時に塙次郎は五十六歳であった。（『桜田門』『官武通紀』）

　この塙次郎と同時にねらわれていた前田健助は「夏蔭」とも号し、清水浜臣の門人として歌学にも長じていた。かれは当時七十の老齢であり、翌々年、元治一年（一八六四）八月に病死している。

　また、この事件に関係していて殺害されたと伝えられる鈴木重胤は、淡路の生まれで通称は勝左衛門である。十五歳のときに江戸へ出て苦学をかさね、国学については平田篤胤とその名声をひとしくした、という人物でもあった。

　この鈴木重胤がおそわれたのは、文久三年（一八六三）八月十五日の夕刻である。江戸本所小梅の僑居へ、松平山城守の使者として刺を通じてきた二人の武士があった。べつに不審も持たず座に招じ、一、二言の応答のあと、抜き打ちに斬りつけられた。

「心得ちがいを致されな――」

と逃がれようとしたが急所に深傷をうけており、刺客が立ち去ったのち家人の介抱も甲斐なく絶命した。五十二歳である。翌八月十六日、江戸土橋辻の制札場に、次のようなはり紙が見いだされた。

　　　　　　　　鈴木重胤

此者儀、年来皇国之学を奉じ、口には正名を唱へ、御国体を乍レ弁《わきまえながら》、奸吏共に通し正義之者を害せんと致候段、不届至極に付、昨夜踏込、加二天誅一者也。

月　日

向後此者に同腹致候者、改心不致に於ては追而加二天誅一可レ申事。

但此罪状書三日之内差置可レ申、若万一取捨候者は行二同罪一者なり。

鈴木重胤は『日本書紀伝』四百有余巻をものし、語学、歌学の造詣も深かった。孝明天皇にも謁見したことがあり、非常な名望家であったとみられる。その子の鈴木重兼も、刺客に踏み込まれたさい刀をとり父を助勢しようとかまえたが、逆に傷をうけ、そのため翌年に死去している。その当時は、はたして刺客が何者であったか判明せず、あるいは幕吏の仕業であるとも言い、また平田学派の嫉視による結果ではないかとも噂があったのである。(『官武通紀』)

ところが一説には、刺客は肥前島原藩士―梅村真一郎とも伝えられている。梅村は武州中瀬の儒者―桃井儀八がくわだてた上州赤城山の旗挙げに、権藤真卿、川股茂七郎、伊藤益荒、池尻嶽五郎、東田行蔵らと参加した男でもある。この赤城山の旗挙げにやぶれたのちの潜伏中に、鈴木重胤が廃帝の故例調査のある風説を耳にして、この挙に出たものだという説である。

そこで梅村真一郎は鈴木重胤を斬りすてると、その足で常州府中へ乗りこみ、同所の新地遊廓金子楼において、ちょうど京都から帰り途「筑波山挙兵」を画策中の藤田小四郎に会って委細をつげた。同座の竹内百太郎、岩谷敬一郎、木村久之丞なども「これは陣門の血祭ができた」と手を打って大喜びしたが、藤田小四郎はこれを聞いて深く考えた後に、

「これで塙と鈴木はかたづいたわけだが、まだ中村敬介（敬宇）が残っている。――だれか敬介をやる者はいないかな」

と一座を見まわした。それに応じて「おれがやる――」と水戸の高畠孝三が出た。しかし藤田は「きみは人を斬ったことがないから、だめだ」とおさえ、とくに同志のうち腕の立つ薄井督太郎（竜之）を指名した。むろん薄井も即座に承諾したのである。

薄井督太郎は藤田小四郎の注意をうけ江戸に出ると、すぐ小石川の水戸屋敷へ行き関口権介に相談した。関口は、万一にも手ぬかりがあってはならぬと考えたのであろう。本郷で有名だった剣客岡田重松に手紙を通じて、武州太田の油屋上りで、小太刀をとっては並ぶ者がないと称された小林捨松を呼び、事情をつげたうえ同行させることにした。

文久三年八月二十一日、薄井督太郎、小林捨松の二人は決死の勢いで中村敬介の住居へ乗りこんだのである。中村敬介は江戸麻布丹波谷の生まれであり、漢学で立身し聖堂付きの儒者となり、三十人扶持を給されて聖堂近くの役宅に住んでいた。薄井と小林の二人は刺を通ずると案内を待たずに、晩酌をかたむけていた中村の居間へ踏みこんだ。

「ご貴殿、聖学を講ずる身でありながら、塙次郎、鈴木重胤らと幕命を奉じ、恐れ多くも承久の故事を取調べたという噂、はたして真実でござるか。とくとご事情を承りたい」

こう薄井がつめかける。中村がこれに顔色を変え、たじろぐところを「それ！」と、めく

ばせすると、小林が鯉口を切り一刀両断の勢いを示した。このとき、隣室からころびでた中村の母が、せきたつ刺客二人をなだめ必死でわが子、中村敬介のための弁護につとめた。

「ご嫌疑のことは、はたして証拠あってのことか。確証があることならば人手は借らぬ。この母が成敗いたします。もし埒《らち》もない世上の風説ゆえのご立腹ならば、今いちど事実のお調べをお願い申したい」

と、つめよる。刺客二人はもとより事実の有無をたしかめた上でのことではない。理をつげる母親の言に「しからば――」というわけで引きあげたのである。

薄井督太郎は水戸へかえり、事の顚末《てんまつ》を藤田小四郎に報告した。

「薄井さんもおろかなことをなされた。天誅をやるのに、その場にのぞんで理非曲直は問わんでもよい。こうと見こんだら最期の断は一字あるのみ。ことにあの中村の母親は江川太郎左衛門の婢《こしもと》をつとめ門番といっしょになり一生けんめいで金をため、せがれを教育したうえ、五十両で御家人株を買ってあれまで仕上げたという女。それくらいのことは朝めし前の仕事だ。――まあよい、中村はそのままにしておけ」

と、現代流に言えば、その教育ママぶりをあげて、藤田は苦笑したと言われる。（『桜田門』）

この中村敬介（敬宇）は後年に文学博士、貴族院議員となり『西国立志編』『自由之理』などの翻訳がある。明治の文運にも一役かったことは知られており、明治二十四年（一八九一）六月七日、六十歳で病死した。

播州家老森主税と用人村上真輔

京都、江戸において斬奸あるいは天誅がひんぱんになるにつれ、これが政局を刺激し民間志士の与論をあおりたてる。この風潮は地方にもおよび藩論の転向、藩政の改革のために権臣暗殺という事件が、しばしばくりかえされた。

土佐藩では吉田東洋（元吉）が暗殺され、壬生藩（栃木）では鳥居志摩、因州藩（鳥取）では建部権之助、早川卓之丞、筑前藩では牧市内、富山藩では山田嘉膳、維新後の明治に改元されてからも讃州高松藩で松崎渋右衛門、加賀藩（石川県）で本多政均《まさひら》などが要殺されている。このほかにも物色すればこれに類する事件は、いくつか見いだされるであろう。

播州の赤穂事件もその一例である。西川升吉以下十三名が、家老―森主税《ちから》と用人―村上真輔を暗殺して脱藩、一時その罪をゆるされ帰藩したのだが、明治になり被害者の遺族によって西川升吉らは高野山で仇討されている。

播州赤穂はそのむかし（元禄年間）忠臣蔵で高名な浅野家の治めた小藩でもある。以後藩主は交代し、当時は外様《とざま》柳の間詰―森美作守忠典《みまさかのかみただつね》の領地であった。わずか二万石の小藩であり、明治維新に関しての功業があったわけでもなく幕末・維新前夜の波をうけて動揺していたのである。

藩内の争いの遠因は、お家騒動によくみられる相続問題であった。先代、越中守忠徳が隠居したのち、かれの意旨によって二男の扇松丸（忠儀）を藩主にたてようとしたのが家老の森継之丞である。これに反対する同席の森内膳と用人の村上真輔は、

「御長男を差しおいて、御二男をたてるというのは人倫上おもしろくないのみならず、一般庶民への示しにもならぬ。これはぜひ再考あられたい」

と、わざわざ出府して先代忠徳をいさめたのである。この結果、扇松丸を排して長男の遊亀丸を藩主にたてた。この遊亀丸が美作守忠典となった。

しかし扇松丸を藩主にしようとして敗れた森継之丞は、内心はなはだおもしろくなかった。そのため軽輩のなかから才物だった鞍掛寅次郎を勘定奉行に抜擢し、専断で藩政改革をくわだてた。ところが同じ家老格の森主税がこれに反対して先代忠徳に入説し、森継之丞一派をしりぞけようとこころみたので、両者はしぜん対立することになる。

森主税を補佐したのが七十石取りの用人、村上真輔（允修）である。かつて村上は京都東洞院の遵古堂で岩垣龍渓《りゅうけい》の学をうけ、岩垣松苗、猪飼敬所《いがいけいしょ》、岡田南涯らについて修行した経世的な人物であった。森主税もその門人という格になっている。だから村上真輔は衆望をあつめ権勢をはっていたが、反対派の森継之丞一派にすれば邪魔な存在であった。

この両派のあいだに頭をもたげてきたのが、勤王を標榜する西川升吉の一党であった。これはすべて足軽か、これに類する軽格の士の集まりであり、西川がかれらの牛耳をとっていたのである。西川は同藩の学者、河原駱《らく》之助から「四書五経」の素読を習ったくらいだが、

才力はたくましく維新前夜にあって、大いに驥足《きそく》をのばそうとする野心家であった。また姫路藩の傑物、河合惣兵衛や薩、長、土の志士ともまじわり相当の信用をえていたところを森継之丞が見込んで引き入れ、利禄によって継之丞一派の爪牙とした。それがこの事件の原因と伝えられる。

また西川升吉が何かの不行跡によって幽閉されていたとき、そのことを耳にした薩、長、土の志士のうち、薩摩の海江田武次が、「ご当節、西川のような勤王家を幽閉するなどとは、もってのほか」と申し込んだことから、ついに釈放されたこともあった。

さらに文久二年(一八六二)十一月十九日、赤穂藩の家老—各務《かがみ》兵庫《ひょうご》が所用あって江戸へ行くことになり伏見まで出ると、当時京都にいた西川升吉が早追いでかけつけ、つぎのようなことを言った。

「各務殿ご出府のことが聞えて、三藩(薩、長、土)ではこれを差しとめ、京都へのぼり勤王させるということである。おっつけ藩のほうへも遊説の者が出張するとのこと故、早々お引きとりあって、そのご用をお願い致します」

これには各務兵庫も不審をいだいたのか、ただちに村上直内(真輔の長子)と京都へ引きかえし、四条通り山田屋に投宿した。そして村上直内を使いとして土佐の手島八助、長州の村田次郎三郎にその実否をただした。ところが、「そんなことのあろうはずはない。何かのまちがいでござろう」との返答であった。つまり薩、長、土の三藩が赤穂藩家老、各務兵庫の出府の通行を遮断するという説は、功名をあせった西川升吉の計策だったと考えられる。

同じころ、豊後岡藩主―中川修理大夫《しゅうりだゆう》が、その出府の途中に伏見までやってきたとき三藩の志士が、

「中川家では、伏見寺田屋の事変で連座した小河弥右衛門を幽閉したそうだが、元来あれは寛典に付すべしという朝旨があったのに、勝手に幽閉するとはけしからぬ。よろしく違勅の罪を問うべきである」

と騒ぎたてた事件がある。

中川修理大夫もこれには困惑し、あらためてその謝罪の意を表した。もちろん小河弥右衛門らも釈放するという事件があった。

西川升吉はこの事件にならって赤穂藩を勤王派にみちびこうとしたのであろう。「土佐勤王党」の領袖《りょうしゅう》であった平井収二郎（隈山）に対して、この相談をもちかけた。

そこで平井収二郎は、十二月二日（文久二）長州の佐々木男也とともに、各務兵庫を旅亭にたずねて時勢を説き、勤王をすすめている。そのとき隣室で村上直内が対談のもようを聞きとり、その詳細を帰藩して報告したのであった。

このとき隣室で村上直内が傍聴していたのは、平井収二郎らのすすめにより心得のためであったとも言われる。しかし西川升吉の一派はそう受けとらず、卑怯にも立ち聞きした奸物だと言いたてたのである。

しかし平井収二郎らは、各務兵庫を差しとめたところで、事態に影響はないとみたために江戸へ出発させた。いっぽう西川一味は、とかく赤穂の藩論が振起しない要因を森主税や村

上真輔らの俗物派が要路にいるせいである、いっそ二人を斬ってしまったほうがよい、と内々に話をまとめた。これにくわえて森継之丞一派が西川升吉らをそそのかした。

「うまく目的をとげたなら、機会をみはからって槍一筋の侍分に取りたてる」

と、あおりたてた。

こうして策略は決定し、刺客としてつぎの十三人がえらばれたのである。

浜田豊吉、西川邦治、高村広平、青木彦四郎、吉田惣平、木村寅治、山本隆也、田川運六らの八人が家老―森主税をねらい、西川升吉、松本善治、松村茂平、山下鋭三郎、八木源左衛門らの五人が用人―村上真輔をねらうことに、それぞれ手はずをととのえた。

文久二年（一八六二）十二月九日の夜、森主税が退城して二の丸門（赤穂城）をすぎると、その通過を待ちかねたように門番は扉をしめてしまった。これは刺客側と示しあわせて退路をふせいだものらしい。これと同時に前記の八人の刺客が抜きつれ暗闇の中から迫ってきた。

森主税も、ひととおりの腕はできていた。城門の廓石を小楯《こたて》に必死に防戦したが、なにしろ相手は多勢である。ついに無惨に斬り伏せられ首を掻かれたのである。

この刺客の一行は、はじめに森主税の自宅をおそったが登城していてまだ戻らぬ、というのであった。だが土足であがり込み、おりから居合わせた森主税の養子某をとらえ責め立てたがわからない。そこで二の丸城門の近くで待ち伏せしようということになり、右の始末である。

打ちとった森主税の首を桶に入れ、その足で大目付—宮地万之助の宅へ持ち込み、それにつぎの斬奸状を差しだした。

乍《おそれながら》レ恐奉二言上一候。年来森主税殿之所業伺候処、大任職に被レ居《おられ》ながら、御家御大切之時に当り、少も憂国之心無レ之、日夜宴遊に耽《ふけ》り、日々驕奢《おごり》のみ増長致され、自己之権威を振はん為め慷慨忠直之士を押込、遂に言路を塞《ふさぎ》、且士風遊惰に落候様成行候。大殿様御代御勝手必死に御差支にて、不絶《たえず》被レ悩二尊慮一恐多くも御家中一統如何成共致呉候様之御意も無レ之、御同席へ被レ為レ対、御面決も不レ被レ為レ立、無二御拠一次第にて宜敷御隠居被レ遊、尚又御領内下々にて困苦之余り乍レ恐奉レ恨二御上一、是等之処も不レ顧《かえりみず》、当殿様御幼君之御砌《おんみぎり》に乗じ、大任職を忘れ、我意専にして遂に御家中一統を遊惰に流候段、切歯難レ堪《たえがたし》、内々時勢之機変《かわり》中候へ共、一向御様子にも相見へ不レ申、然る処時変切迫に相成候に就ては、最早一己之進退極候処より、外に正議を唱《となえ》己《おのれ》年来之罪を遁《のがれ》ん事を計り、内は奸曲之者を近付候模様、他方にて追々承知致候趣に御座候。左すれば其儘差置候時は、実に御家之御大事に及候事必然御座候。大任職に乍レ在、御家をも不レ顧所業、最早天之所レ不レ容《いれざるところ》、難レ堪二憤怒一、卑賤之身を以て重役之御方に奉レ対及二斬害一候段、恐入候得共、御累代之恩沢沐浴仕候身として難二黙止一、不レ顧二万死一、及二此始末一候。聊《いささかも》私之恨を報候処にては無二御座一候。宜敷御所置之程奉二願上一候。恐惶謹言。

十二月九日

浜田　豊吉　　西川　邦治
高村　広平　　青木彦四郎
吉田　惣平　　木村　寅治
山本　隆也　　田川　運六

右の一行は赤穂城下を立ちのくと、青木駅で夜を明かし、明石《あかし》から大坂まで船路をとり十二月十二日京都へのがれた。（『村上四郎談話』『手島八助日記』）

いっぽう西川升吉ほか四人の一手は、ともに村上真輔の屋敷をおそった。同じ夜の十一時ごろである。

「ただいま三藩（薩、長、土）のものから即刻上京するようとの通知があり、これから出発しますが、何か若旦那（当時在京の村上直内）にご用があれば承りたい。その他、国事についてご用があるなら承りたい所存で参上いたしました」

と、取りつぎへ刺を通じると、すでに臥床《ふしど》にあった村上真輔が、「では、ちょっと会おう」と脇差を取って出てきた。当時、真輔は六十五歳の老齢であった。そこへおどり込んだ刺客の一行が抜打ちに真向うから斬りつける。おどろいた村上真輔は、とっさに抜き合わそうとしたが、急所に深手をうけ、たまらずたおれた。刺客たちは、さらに乱刃をあびせた上、最期を見とどけると、その場からのがれ、用人―松本堅助の屋敷へ一封を投げこんだ。つぎの斬奸状である。

乍レ恐奉二言上一候。元来村上殿御儒者役を以て多年御政事御懸り被レ成《なされ》、万事御老練之御方と奉レ存候処、近来主税殿御所業幷《ならびに》御領内下々之困苦、有志共不レ堪二切歯一折柄、主税殿驕奢も差押候事も無レ之、下々困苦被レ救レ之所置も相見え不レ申、主税殿所業も畢竟《ひっきょう》村上殿阿諛《あゆ》より募候事に御座候。且此節天下之機変を察し、俄《にわか》に正義を表に飾、尚又奸曲を工《たく》み候段、直内《じきない》路之助上坂に付顕然に御座候。斯ては乍レ恐御家御大事にも成候事目前に御座候。微賤之身分として御役人へ対し、及二斬害一候段恐入候得共、御累代之恩沢沐浴候身之難二黙止一、遂に及二斯之始末一候。決て私之遺恨を挟《はさみ》候儀にては無二御座一候。宜敷御所置奉レ願上候。恐惶謹言。

十二月九日

西川　升吉　　松本　善治
松村　茂平　　山下鋭三郎
八木源左衛門

西川升吉の一行は、その夜のうちに国境をこえて姫路へ入り、河合惣兵衛をたずね、そこからさらに大坂へのがれ、大和路をへて同月十三日、京都へ着いた。なお八木源左衛門だけは一足おくれ、その翌日に京都入りしている。

この二つの暗殺事件後は、すべて予定どおりの行動である。決行後は三藩（薩、長、土）

の庇護《ひご》をうけるために、前もって西川升吉は但馬《たじま》豊岡藩士―田路平八郎に託して一書を在京の土佐藩士―平井収二郎にとどけていた。平井がその一書を受けとったのは事件前の十二月五日であり、応分の力をそえる約諾をあたえていたのである。

こうした手はずがあったため、刺客一行十三人は京都へつくと、いずれも土佐藩邸に収容され、十五日になると大坂の土佐藩住吉陣屋へおくられた。このとき土佐藩から小畑五郎馬、望月亀弥太、上岡胆治、安岡亮太郎、中山刺撃《しげき》、古沢迂郎らが付きそい、京都仏光寺橋から伏見下江、その翌日に大坂八軒屋町の大坂屋へついた。そこへ住吉陣屋から岡本猪之助、谷作七ほか足軽十一人が出むかえにきており、ただちに陣屋まで護送し、下へもおかない丁重な待遇だった。(『上岡胆治日記』『手島八助日記』)

森主税、村上真輔がたおれた赤穂藩では五年来蟄居《ちっきょ》していた森継之丞が、その翌日(文久二年十二月十日)に用人上席へ召しだされて政権をとり、与党の吉村牧太郎は給人席、宮地久米之進、藤田九十九《つくも》が用人に登庸された。森、村上両人の斬奸状を執筆した山下恵助は翌日(十日)に自首して出ると、かえって藩主―森美作守(当時十六歳)の感賞にあずかったほどであり、刺客十三人もただちに呼びかえすという議もでたが、なにしろ藩主は年少であり、とにかく各務兵庫が江戸へ迎えに行った老侯―越中守が帰国するまでは、そのままにということに収まったのである。

被害者の森主税の遺族、女子三人は閉戸に処せられ、主税の気に入りだった山田清吉は入牢ということになった。

村上真輔には男子が六人いた。惣領の村上直内と二男の河原駱之助（寛）とは京都大坂に出張中のところを呼びもどされて閉門となり、三男は他国へ養子となっていて不在である。四男の須知政治（村上四郎）および五男の常五郎、六男の太三郎らもそれぞれ処分をうけている。このうち河原駱之助は身体が不自由なところから文学をおさめ儒者として身を立てていたが、産出役に用いられて運上等を取りたてたのを咎められ、老母へ二人扶持の扶助を下げただけで追放処分をうけた。

「藩命とあらば是非もござらぬが、何のいわれがあって追放となりましょうか」

と反問をこころみたが、「御家風にかなわぬ」の一点で押しつけられる。

詮方なく十二月二十二日（文久二）河原駱之助は赤穂城下を立ち去ろうとした。すると道すじでは西川升吉の一味が、かれを待ちうけていて斬害するかもしれない、という知らせがあった。そこで、おめおめ恥をかくよりも、と駱之助は引きかえし、菩提所の福泉寺に入り、そこで従容と腹を切ったのである。三十六歳であった。

このとき親族の者たちが詰め合わせ、藩の力で助命せられたい旨を、手をつくして歎願したのだが、

「今さら追放になった者を構う必要はない」と受けつけられなかったのである。

村上家一族の悲憤は計りしれなかった。この結果として、明治四年（一八七一）高野山で大がかりな仇討がおこなわれることになる。

文久三年（一八六三）の春、赤穂藩の内情も落ちつきをとりもどした。そこで、さきの刺

客十三人を引きとるということになり、赤穂から中村貫之丞が京都に向かった。京都では前年に森継之丞の知遇を受け、その失脚とともに追放されていた鞍掛寅次郎が作州津山藩へ召しだされて応接役をつとめていた。そこで中村貫之丞は、この鞍掛をともない土佐藩邸をたずねて用件をもちかけた。

このとき応対に出た武市瑞山が、

「せっかくのお言葉だが、弊藩でもこれまでお世話申した以上、もし御藩で十三人引きとりのうえ、厳刑をくわえるようなことがあっては面皮にかかわる。一同の生命は保障いたしてくださるか」

と念をおした。中村、鞍掛両人も合点し、ひとまず引きとり、さっそくこの報告を赤穂に飛ばした。森継之丞からは、

「その点はふくんでいる。安心するように」

との返事がきた。また土佐藩邸でも安岡亮太郎、土方楠左衛門らが評議した結果、還送することに決まった。そこで同年三月八日の夜、土佐藩から国沢四郎右衛門が大坂へ出向き、大川筋の旅亭で中村貫之丞に十三人を引き渡したのである。(「野島文書」)

刺客十三人が赤穂へ着くと、いちおうの取調べのあと三月十八日から、揚屋《あがりや》入りとなった。さらに六月二十八日には一同の赦免が出た。また森主税、村上真輔、河原駱之助の一家も、祖先の功労によって名籍がつながれるということになり、これでひとまず事件は落ちついた。

しかしそのうち時勢がうつり、西川升吉の一味は領内見廻役などしていたが、何か不安を感じだした。それまでに激烈な勤王運動に参加していた者は他藩でも弾圧され、迫害をうけるようになってきた。このままでは、わが身にもそれが起こると察したのであろう。

元治一年（一八六四）三月になると、西川升吉がまず出奔した。かれの兄、西川邦治からは「升吉は不行跡故、久離する」との届出があり、一時をつくろっていた。だが同年七月十五日には山下恵助、山下鋭三郎、吉田惣平、松本善治、田川運六、浜田豊吉、高村広平、松村茂平、木村寅治、山本隆也、高田源兵衛らも脱走した。さらに同月二十三日には疋田元治、八木源左衛門、幸田豊平の三人が姿をくらました。（『河原亀次郎筆録』）

これらの脱走者のなかで木村寅治、松本善治、浜田豊吉の三人は、同年九月二十七日に赤穂へ戻っている。かれらは藩主森家の菩提所華岳寺内で酒をくみかわし、その夜、松本と浜田は森家の墓前で刺しちがえて死んだ。木村はそこを脱し、後に出家したと言われる。

さらに翌慶応一年（一八六五）二月二十七日の夜、西川升吉、疋田元治、幸田豊平が三人連れで帰藩した。しかも城下福泉寺で、どういう争いが原因だったのか、たがいに刃傷ざたをおこした。西川升吉は疋田と幸田の二人に斬殺されている。疋田元治も西川のために傷をうけ福泉寺にとどまったが、すぐ翌日に捕縛された。このとき幸田豊平は逃亡をこころみたが疋田が手負いのために躊躇《ちゅうちょ》しているうち、かれも捕縛された。

西川升吉の死体は仮埋葬になっていたのを、あばきだされて牢屋敷で首を斬りおとされた。そして領内の尾崎河原で七日間のさらし首となった。

同年五月二日には青木彦四郎も入牢となり、かつての西川升吉一派の勢力も、ついに地におちたのである（『河原亀次郎筆録』）

この事件について（村上四郎・談話）がある。それによると山下新一は岡山から帰藩して自刃、野上鹿之助は慶応三年（一八六七）四月に死去している。この野上は、さきにあげた十三人の刺客の与党であり、森主税、村上真輔暗殺のあった翌日、自首して獄に入れられていたが、慶応三年四月末に放免された。そして播州周施村に滞在中、村上真輔の五男—行蔵と六男—六郎の二人に殺されたのである。

また疋田元治は行方不明、木村寅治は病死、西川升吉は凶殺、松本善治、浜田豊吉の二人は慶応一年二月に赤穂華岳寺で自殺、青木彦四郎は元治一年（一八六四）九月に自宅で自殺、高村広平は行方不明、松村茂平は明治一年（一八六八）六月ごろ病死ということになっている。

脱走者の多くは長州へおもむいていたが、明治一年の「大赦令」によって、諸藩の浮浪は各々原籍に復するようとの朝命が出た。そのため長州から赤穂にかえったものが八人、そのうち西川邦治、吉田惣平、田川運六、八木源左衛門、山本隆也、山下鋭三郎ら六人が生きのこり、村上真輔の遺族から仇敵としてねらわれることになった。

この村上の遺族は、西川の残党を執拗に付けねらい、維新後、慶応が明治に改元されたのちも京都に出て押小路実潔卿をたより、参与の岩下方平、弾正大忠の海江田信義、河田左久馬（景与）、さらには大巡察—岸良兼良その他の手づるをもとめて理非曲直の裁定を請うていた。
ついに明治四年（一八七一）一月十二日、赤穂藩から、当時すでに死亡していた村上真輔の長子村上直内に家督相続の許可が下り、同時につぎの通達がだされたのである。

故村上直内へ

同姓村上真輔儀、先年不慮の儀に就て冤枉《えんおう》に相掛り、横死の段憫然に思召し候。今般熟と御取調相成候処、全く一時の不幸に相違も無レ之、依て雪冤無罪の域に処せられ候間、子弟一同此旨承はり置き申すべき事。

未《ひつじ》正月十二日

これと同時に刺客の生き残り六人もゆるされることになった。そしてこれらの者に対して遺恨をふくまないよう村上家へ別通をもって内諭があった。しかし村上一族の恨みはとけそうにもなかった。そこで藩庁では、その復讐心をそらす目的から、西川邦治ら六人の赦免と同時に高野山入りを命じたのである。すなわち二月二十四日に坂越港を出帆し、泉州堺港をへて高野山入りと定められていた。
村上一族はこれを偵知すると、ぜひ途中で要撃しようとかまえた。村上真輔の三男で他家に養子入りしていた池田農夫也《のぶや》、四男の村上四郎、五男の行蔵、六男の六郎、孫の富田嘉則（のち水谷嘉三郎）そして真輔の甥にあたる津田勉、それに友人の赤城俊蔵と村上家の下僕

—大久《だいきゅう》の八人である。これらが先手を打って二月二十一日に赤穂を出発した。

このうち池田農夫也、村上四郎、富田嘉則、赤城俊蔵らは播州新宮から出発し、村上行蔵、同六郎、津田勉、下僕の大久は赤穂から出発した。この二手は加古川駅でいっしょになり兵庫、大坂と泊りをかさねて同月二十四日には泉州堺へ着いた。ここで仇敵の一行を待ちうけることになったのである。

堺には、福地屋浅五郎という酒屋があった。その実家は赤穂郡相生村であり、父親の宗太郎というのが、かねて村上家に出入りしていた関係から、この浅五郎に事情を打ち明けたのである。そこで浅五郎も村上一行のために便宜をはかることになった。

ここで村上六郎と赤城俊蔵、それに下僕の大久を残し、他の者たちは同月二十五日に堺を立ち仇討ちの場所を点検に向かった。橋本から紀伊見峠、さらに三日市と歩いたのちに二十七日の夕刻、三日市の旅宿油屋へ、堺に残っていた三人がかけつけた。

「仇の六人が堺へ上陸した」

という知らせをうけた村上の一行は、翌二十八日に河根駅までおもむき、そこの旅宿中屋に泊った。この間に仇敵の動静については福地屋浅五郎がさぐっていたのである。かれは仇敵六人に顔を知られていないため、尾行するのに好都合であった。

二十九日の朝、

「仇は昨夜、学文路《かむろ》泊り」

と浅五郎が息をはずませ報告にかけつけた。

学文路は河根駅から一里半ほど堺寄りの地にある。猶予できない、ということで村上勢の八人は身仕度をととのえて河根を立った。福地屋浅五郎は商人の身であり助太刀するというわけにもゆかず、河根から堺へ引きかえした。

河根から高野山へ向かう道は、上り坂である。一行が進んで行くうち、小紋羽織を着た四十がらみの男が、後前しながらつけてくる。胡散《うさん》なので村上の一行は茶屋に腰をおろし、その男をやりすごした。ずっとのちになり、この男が五条県の目明しであることがわかった。かれは一行を不審とみとめ、この坂を下ったところで捕えようと手配していたことも判明した。

その茶屋からさらに進むと佐水峠である。ここは別名、黒岩とよばれ、およそ三間はばの道である。右手にはゆるい勾配が高野山へつらなっている。左手が崖であり小松が簇生《そうせい》していた。そこをのぼりつめると、ぐっと平坦になる。間数で三十間か四十間四方であり、仇を迎え討つには屈強の場所であった。村上一族はここで待ちうけたのである。

このときの仇討ちの状況については、みずから槍をとった村上四郎が、詳しく史談会で語っている。以下はその談話筆記である。

――その場所にまいります小口に山がありまして、少し高みになっております。その高みになっておりますす所へ下から登ってまいる者を見ますと、その道が屈折いたしまして、樹木のあいだから見えます所が彼方此方にございます。しごく視察をいたすには便利のよい所がございました。そこで、その小山の所へ従僕の大久なる者をのこしおきまして、ここで敵味方の勝敗を見とどけて、すぐ国もとへ報知をする役割りに申しつけおきました。それから敵のまいりますにつきましては、それぞれ味方七人の者の配置方でございますが、まず一ばん道路の先に埋伏いたしましたのが津田勉、この津田勉は短槍を持ちました。そのつぎに埋伏いたしましたのが私でございます。これも同じく短槍を持ちました。埋伏は三人、各々短槍を持ちまして道の左方にひかえました。それから十四、五間手前の道ばたに池田農夫也と六郎、この両人が町人体に身を扮しまして、農夫也は面部にこうやくなどをはりまして歯の痛みますような風をいたしました。向き出した道ばたに腰をかけまして、六郎は輩下の者が介抱をいたすというような風体で、ちょうど農夫也と六郎とがひかえております前の方に細道がございまして、その細道の方へ五、六間もはいりました所へ、水谷嘉三郎と赤城俊蔵の二人が、農夫也、六郎の佩方をあずかりまして、それにかくれておりました。それでもはや準備もできましたので、いつ敵がまいりましてもよろしいわけなのでございます。

　しかるにここにお話しをいたしますには、なかなか道中が面倒なことでございまして、長い物を持っております故、種々の嫌疑をうけまして、人に問《とい》をかけられますとほとんどこれに困りましたこともございます。これは高野山へ納める額《がく》ぶちであるとか、種々の方便を以て言いわけをしておきましたのでございます。左様なわけでありますから、前日三日市へ引きもどすときに、紀伊見峠の手前に土橋がございまして、その土橋に杉丸太が使うてあります。その杉丸太の皮がよくむけたのがありますから、これ屈強と杉丸太の皮で槍をいっしょにたばねてしまいまして、それを山裾のくさむらの中へかくしておきまして、三日市までかえりましたような次第でございます。

その槍を再度とりだしてまいりましたので、それぞれ配置ができましたところが、この槍のつつみをときまして袋穂を槍の柄に仕込まねばなりませぬ。これを仕込みました所は、かの赤城俊蔵、水谷嘉三郎のひそんでおります道より、もう一つ向うの道であります。ちょうど津田勉のひそんでおります道で、その道を四、五十間くだりました所で仕込みましたのでございます。さて、その槍の穂を取りだしまして槍の柄にはめ込もうとしますと、前日雨がふりましたので、槍の柄がふくれて容易にはいりませぬ。さてこうするうちに敵の者が上がって来はせぬかと思って大変切迫な次第であります。上を見ますれば往来の人はえんりょなく通っているという次第でありますから、めいめい早細工に短剣を引きぬいて槍の柄をけずりなどいたし、ようやく無難に穂をはめまして、それから埋伏の場所にまいってはじめて安心、いつ敵がまいっても仔細がないということになりました。

するとまもなく例の大久なる者がおりてきまして、もうただいま敵が一、二丁までのぼってまいったということを知らせてきました。それで名々もいよいよ敵が眼前へまいっていることを承知しまして、その心得で待っております。

それから敵がまいりますのに、前日などは三人あるいは五人とはなればなれに歩んで来たそうであります。その敵の進んでまいります様子を、かの浅五郎から聞いておりました。しかるにこの日は、もはや高野の登山の当日でありましたから、幸いにみんないっしょに離れなかったと見えまして、都合よく六人の者が一まとめになって登って来ました。これが追々進んでまいりまして、例の池田農夫也、村上六郎の両人が待ちうけておりました前へ、なんの気もなく通りすごしまして、ずっと一ばん先にひそんでおります津田勉の所へ、敵方六人のうち西川国（邦）治という者が一ばん先にまいりました。つづいて吉田惣平、八木源左衛門という者が、およそ並行してまいりました。そのつぎに山本隆也、山下鋭三郎が並んでおります。そのつぎに一人の青年が付きそうておりました。

この西川国治という一ばん先に立っておりますものが、一ばん先に埋伏しております津田勉の所へまで及びましたときに、例の池田農夫也、村上六郎が敵の後方より合図の空砲を放ちました。私どもの胸算では敵はこの声に応じて後方へ振りむくであろう、振りむいたならば槍を持っている三人で飛んで出て双方から挟《はさ》み打ちにしようという考えでありました。しかるにいかなることでございましたか、そのときになりまして一天にわかにかきくもりまして、大変風力がございました故か、合図の空砲を二発まで打ちましたけれども、ちっとも敵方の耳にはいりませず、ずんずんと進んで行きました。少しく私どもの胸算とはちがいましたけれども、合図の砲を打ちましたから三人ひとしく飛びだして名乗りを上げました。名乗りを上げます言葉のまったく終りませぬうちに、彼らもなかなか油断をしませせぬ。ただちに引きぬいてかかる。こちらも、もとより覚悟でございますから、勉は西川一人を相手にして槍を以てあしらい、そのつぎに村上行蔵、そのつぎに四郎、すなわち私でございまして、行蔵はどういう都合でございましたか、後方へまわるように回っておりました。

その回るあいだに私は、吉田、田川、八木の三人を引きうけましたので、私は一ばんに吉田惣平の胸板を突きまして、つづいて八木源左衛門を突き、なお田川運六を突こうという時分に、山本隆也という者が横合から面部を払いましたので、左のこめかみを斬りつけられました。

そのうちに農夫也、六郎の両人、つづいて水谷、赤城の両人がいずれも宙をとんでかけ来り、各々入乱れての乱戦でありました。私はいま一太刀傷をうけましたなら、あるいは一命もおぼつかなかったであろうと思いましたが、幸いに農夫也、六郎その他の新手が押しよせて来たものですから、七人六人の混戦となりまして、敵方の各々、なだれのごとくむしだらに打ちたおれました。そこでまっ先に西川国治と渡り合うておりました津田勉は、足につまずくものがありまして、すでに組打ちになろうとするところでありましたから、六郎が後方からまいりまして、横腹（西川）を刺し通しましたので、これもそのままそこにたおれてしまいました。それで接戦と申すものは、わずか三十分間ぐらいであったでございましょう。掛かりました以上は、はなはだ無雑作なものでございました。

私は面部と肩に傷があります。手のうらにも突き傷があります。左の腕はさっぱり役に立ちませぬようになりました。

そこでその辺を見まわしますと、敵はみんなその辺に打ちたおれておりますが、ひとり田川という者が、まだ刀を持って臥《ふし》ながら撫《なで》斬りをするというような有様でありましたから、私も槍を持っていることができませぬので、右の手で刀をぬいて田川の咽喉部を刺しまして、それからその勢いで、かの西川国治がたおれている所へ皆よりかたまっております所へまいりました。そこで私は用意のほうたいをしてもらいました。

しばらく道路にたおれて休息しておりますうちに、敵の屍骸をあらためましたところが六人のうち五人よりございませぬ。一人ちょっとたりませぬ。だれがたらぬと申したところが、山下鋭三郎が逃げていないということで、この一人を逃がしてはえらい心外のことであると申すうち、末弟の六郎が申すに、

「山下ならばたしかに手を入れている。手を入れているから遠方には逃げておるまい。その辺を調べてみろ」

というので、例の赤城俊蔵と水谷嘉三郎のかくれておりました脇道をまいりまして、その脇道をはいってみますと、およそ一丁ばかり下に逃げておりました。しかし手を負うておりますから、もはや動く力もございませぬので、それにうつ向きになっておったそうでございます。しかしあるいは飛道具のような物を持っていて負傷でもしてはならぬ、もはやこの上は早く打ちとどめたほうがよかろうと一決いたしまして、逆に槍を持ってこれを突きとめまして、西川国治をはじめ六人の首を掻き切りまして、六人の首を私ども横になっている所へそろえました。そこで亡父と亡兄の戒名を書きまして、大きな松の立木へそれをはりつけまして、仇敵六人の首級を亡霊へ供えました次第でございます。

もっとも先に申しました通り、そのとき一人敵の方に付添者がございました。これは当時十六でございましたか、十七でございましたか、それくらいの年配の者で、これは決して目指す敵ではございませぬ。敵のうちの田川運六の弟、手くせ悪しくて家内の手に合わざるより、高野へ同行せしめし者と申しますでございます。この者の付添っていることは最初より承っておりまして、決してこれには手出しをせぬようにと申しておったのでございます。しかるにこの者は手向かいいたしましたものか、あるいは同士打ちで手負いをいたしましたものか、そこは少し判然といたしませぬでございますが、とにかく負傷してたおれておりましたので、これは気の毒なことだと、すぐさま用意の気付けなどあたえました。

そうこうしているうちに、神谷村の里正《りせい》が出てまいりましたので、その里正に話しをして、

「これは決して怨みの敵ではござらぬから、向かわぬであったが傷を負うている。しかし生命に別条はあるまいから、大切に手当てをして国へかえしてくれ」

ということを話しをして、里正へ引きわたしたのでございます。

それから私どもは神谷の旅宿、大屋孫兵衛方へ引きとりまして、負傷の手当てをうけます順序にいたしまして、農夫也と行蔵のこの両人は、ただちに五条県の方へまいって自訴をいたしました。さて怪我人のなかで私が一ばん深傷で、六郎も傷をうけ、勉も面部に傷をうけ、三名みな負傷でございますが、里正のせわでいずれも大屋孫兵衛の所へ引きとり

まして、そこで五条県からの検視をお待受けをいたしました。

そこで五条県から検視の立ちましたのが、その夜の夜半でもございましたろうか、その翌日、すなわち三月の一日には嘉三郎、俊蔵の両人は五条県の方へ引きとりになりまして、四郎（私）、六郎、勉の三人はいずれも傷人でございますので、そのまま大屋孫兵衛方に同月十日までおりましたが、三月十一日に初めて五条県へ送致になりまして、そこで御命をお待ち申しておりましたような次第でござります。まず復讐の実践談と申しますと、かようなものでございます。


この事件の仇討ちのありさまは、大体右のとおりで終っている。村上一行の身柄を引きとった五条県では、衣食ともに非常な待遇であり、食事は毎日、常楽屋という仕出し屋から取りよせ、一週間に一度の行水もゆるされたそうである。

こうして負傷した者が平癒するまで六、七十日のあいだ、何の沙汰もなかった。その後に和歌山県へ押送されたのである。和歌山でも五条と同様の待遇をうけ、揚屋《あがりや》へは入れられたけれども特殊な扱いであった。六人を二軒の家に収容し、その間の交通も自由に心任せにするという風であった。

やがて六月ごろ大坂府へ汽船で回送され、ここではじめて罪人同様、松屋町の檻倉に収容されたのである。そのうち中之島に司法省臨時出張所ができ、大判事―早川某、小判事―児島惟謙らの手で三四回にわたって訊問があった。

この結果、水谷嘉三郎、赤城俊蔵、村上六郎は准流刑十ヵ年。村上四郎、同行蔵、津田勉は禁固十ヵ年の申し渡しがあった。しかしそれも全刑期を服役したわけではなく、長くて三ヵ年、短いのは一年くらいで贖罪金を納めて放免になっている。ただし村上行蔵だけは刑期中に病気のため獄中でたおれた。(〔村上四郎・談話〕)

江州石部事件

薩、長、土の三藩が幕末の京都ではびこり、その志士らが臆面もなく天誅をくわえる。その刺客がそれと目星はついていても、なにしろ三藩の勢力が背景となっているだけに、京都所司代および町奉行の力だけでは手が出ない。うかつに手出しをしようものなら、いつ闇にほうむられ、おのれの首が飛ぶかもしれないのである。

京都東御番所組与力—森孫六、大河原十蔵、西御番所組与力—渡辺金三郎、上田助之丞らは「安政戊午の大獄」で、さかんに暗躍し勤王派の志士の捕縛に功をあげた人物である。だが、薩長土の京都での勢力がはばをきかしてくると、逆にこれらの取締りに当った連中は、自分の身の危険を感ずるようになる。幕府側でもこの辺の事情は十分に察したのであろう。「御用召し」という名目で、右の四人の者に江戸引揚げを命じた。

文久二年（一八六二）九月二十三日、森孫六ら四人は極秘のうちに京都を出発することに決定していた。だが、これが三藩の志士の耳にもれてきたのである。

最初にこれを偵知したのは石州津和野藩士の福羽文三郎（のち美静）である。そして、ただちに当時、斬奸の総元締めと目され在京中だった「土佐勤王党」の武市瑞山（半平太）のもとに報告した。

かれの〈在京日記〉につぎのように記されている。

九月廿一早朝津和野藩福羽文三郎来る。森、渡部、大賀原等の奸物江戸被レ召《めされ》、廿三日発足の旨申来る。

同廿二日——薩の村山へ行。幸、井上弥八郎、高崎佐太郎両人来る。斬奸の事抔《など》談ず。夫より姉小路へ出。留守なり。三条へ出る。夫より帰る。村上来る。同夜玄瑞（久坂）抔《など》来る。

同廿三日——此夜斬奸の事有レ之、賢、乙、菊、熊、健、治、米、保、収、虎、喜、保十二土也。

長より十、薩より二なり。

右が武市瑞山の〈在京日記〉にみえる石部事件に関する暗殺にふれたものである。

これによると土佐藩からは堀内賢之進、川田乙四郎、千屋菊次郎（もしくは鎌田菊馬）、千屋熊太郎、広瀬健太、清岡治之助、筒井米吉、中平保太郎（もしくは小川保馬）、平井収二郎、千屋寅之助、山本喜三之進（もしくは久松喜代馬）、小笠原保馬ら十二人である。ほかに長州から十人、薩摩から二人ということになる。

また石部事件に関するものに〈五十嵐敬之・談話〉というのがある。これによると右の刺客のほかに土佐の岡田以蔵（宜振）も加わっていたとある。しかし瑞山の〈在京日記〉には岡田は見あたらない。また長州から久坂玄瑞、寺島忠三郎、薩摩から田中新兵衛のほかに一人とある。だが「田中は去十七日に故あって帰国」と瑞山の〔在京日記〕には見えている。この〔在京日記〕と〔五十嵐敬之・談話〕とが符合しない点に不審が残る。

しかしこれらのほかに、阿波の中島永吉（のち錫胤）が案内役に立ったというのであるから、総勢二十五人の暗殺団ができたことになる。

ところで予定の九月二十三日になると森孫六、渡辺金三郎、大河原十蔵、上田助之丞の四人は共に暁八つごろ京都を出発し江戸へ向かった。四人のほかに数人の家来がついていた。その日は江州石部の宿（滋賀県甲賀郡）に泊りである。

ちょうどこの日は、久世大和守、松平式部少輔《しょうゆう》が石部泊りであった。そのため宿場は大混雑であり警戒もきわめて厳重であった。

森孫六ら四人はそれぞれ分宿し、同宿年寄《としより》の届書にはつぎのように記されている。

京都御町奉行様与力	御用宿
渡辺金三郎様	橘屋市次郎
同　森　孫六様	同　佐伯屋三次郎
同　大河原十蔵様	同　万屋半七
同　上田助之丞様	同　角屋宗吉

尾行していた暗殺団は、夕刻に石部宿へつくと、それぞれ手を分け一組五、六人ずつが面をおおい、白鉢巻をしめて同志のしるしとし、四人の宿に乱入したのである。

どの組がだれをおそい、どのような斬り込みをやったのか、それについてのたしかな文献も見あたらないし実歴談もきかない。ただ、すさまじいものであっただろうと考えられる。

この刺客たちの襲撃した後に、渡辺金三郎は橘屋、森孫六は佐伯屋、大河原十蔵は万屋で、それぞれ斬殺されたあと首をあげられていたのである。四人のうち上田助之丞は角屋に宿を定めていたが、刺客が踏み込んだときに佐伯屋の森孫六をたずねて話しこんでいた。鋭い一太刀をあびせられたが、刺客のほうでは森の家来と思ったのか、それだけで見のがされたのである。上田助之丞は深手のまま戸外にとび出し、近くの八百屋兵助の家にかけこんだ。だが重傷であったために介抱をうけているうちに絶命したとある。渡辺金三郎の家来―恒三郎も深手をおい、上田助之丞の家来某は手傷、そのほかは難をまぬがれている（『千屋菊次郎日記』『官武通紀』）

刺客たちは目的をとげると、ただちに石部宿を引きあげ、その夜のうちに京都粟田口《あわたぐち》刑場に、三人の首級を竹につるし、たて一尺、横二尺ばかりの板に罪業を書き並べた。

渡辺金三郎
森　孫　六
大河原十蔵

右、戊午以来、長野主膳、島田左近と大逆謀に与《くみ》し、加納繁三郎、上田助之丞等諸姦吏共に心を合せ、古来未曽有之御国難を醸《かも》し、聊《いささか》にても国事を憂《うれい》候者を、悉く無名之罪を羅職し、甚しきに至っては死流厳刑を用ゐ、己が毒計を逞うせんと致し、必天地不レ可レ容之《いるべからざるの》罪状、一々不レ遑《いとまあらず》二枚挙一、依レ之《これによって》加二天誅一者也。

戊　九月廿三日

その裏書きには、さらにつぎのように記してあった。

石部宿において不レ図禍を生じ候に付、地頭且町内より、屹度《きっと》可二相恤《あいすくう》一候。其儀無レ之においては可レ及二誅伐一候事。

多田帯刀と村山加寿江

多田帯刀は、金閣寺の住職を父に、村山加寿江を母として生まれた（のち金閣寺の代官多田源左衛門の養子となる）。母の加寿江は江州（滋賀県）多賀神社の神主の娘であり、多田源左衛門と別れた後に、大老―井伊掃部頭直弼がまだ部屋住みのころ、その寵愛をうけていた。

井伊直弼が家督相続するころに加寿江は暇《いとま》をだされた。そして直弼の知恵袋と目されていた長野主膳がそのあとしまつを任ぜられたのである。彼女は容色にもめぐまれ、かつ文筆にもすぐれていた。九条家、今城家などにも出入りしたほどだから、知恵者の長野主膳とも意気投合して深い関係におちた。

長野主膳が「安政戊午の大獄」の裏面で腕をふるったとき、加寿江も女だてらに彼の片腕としてはたらいたのである。これが後に勤王派の志士たちの耳に入ってくる。そのなかで過激な連中が文久二年（一八六二）十一月十四日の夜、村上加寿江を捕え、生きさらしにかけたのである。このとき多田帯刀も連累とみなされ、その翌日の夜、天誅の名のもとに殺害された。

この事件について、刺客の一人であった土佐藩士―依岡権吉（珍麿）が、後年にくわしく語っている。つぎにそれを引用してみる。

文久二年十月十四日、私はいわゆる「五十人組」（文久二年土佐下級藩士五十名が江戸にいる山内容堂の身辺警護の目的で藩庁の許可を得ず、自費をもって江戸出府をこころみた。）に加わり藩地を出奔いたしました。京都へ到着しましたのが十月の二十五日で、二十七日には一行のもの、たいがい江戸表へ出立することになりましたが、私と柳井健次、小畑五郎馬、千屋寅之助、河野万寿弥ほか二人ほど京都にのこされました。その故は粟田宮《あわたのみや》（朝彦親王）様から、京都に武士がおらぬようになっては時節がら、はなはだ心もとないから、との御内旨によったのであります。毎日京都を巡邏しておりますうち、はからずも天誅一件に関係するようになりました。そのころ五条通りに中島文吉（永吉）という者がおりました。すこぶる激派の勤王家で、この年の九月二十三日に石部の宿で幕府の与力同心が三人ほど殺されましたが、これは文吉が手引きしてやらしたのであります。この文吉すこぶる京都の地理にあかるいので、よく幕府の間諜《かんちょう》などの潜居しているところをかぎ出してまいります。

あるとき、この文吉が藩邸（土佐藩）へまいりまして申しますには、

「安政戊午の年、井伊掃部頭の手先となってはたらいた長野主膳の妾、村山加寿江母子がさる所にかくれているが、一つ踏みこんで天誅を加えようではないか」

とのことでござりました。このことを長州の同志に相談しますると、ただちに同意とのことでありまして、十一月十三日（文久二）の晩に、北野天満宮の社内に集まりました。長

州からは樽崎八十槌《やそづち》という人と、ほかに十余人もまいりましたが、私は何ぶん他藩人と交際がない。おもに交渉には先輩が当たったので、今だれだれであったということは思い出しませぬ。土佐からは小畑孫三郎、河野万寿弥、千屋寅之助と自分くらい、総体では二十人ほどいたかと思います。

その晩は下相談のみで実行にかかりませず、翌晩また同所に集まり、手はずをきめて、あとになりさきになりして、島原の遊廓に近い所の、ある裏屋に文吉が案内しました。ここである、と申しますので、それ、と皆ふみ込みますと、きたない部屋に四十五、六歳とも見える一人の老婆が寝ていた。襟がみをつかんで、

「声をたてると命がないぞ」

とおどし、家の外まで引きだしました。これほど大勢で行ったのでありますから、隣りでも知っておりましょうが、後難をおそれて、だれも出てみる者はない。この婆が加寿江であったのであります。色の白い、小柄で面長な、若いときはさぞかしと思われるほど美しい姿でありました。かくべつ周章したさまも見えないが、さすがにからだはふるえておった。

「今ひとり、その方のせがれがいるだろう。どこにおるか」

と問うと、ただ「おりませぬ」のみで、決して言わない。そのうち、だれかが家主を引っぱってきた。家主をきびしく訊問したけれど「まったく、ここにはおりませぬ」とのことである。また内に押し入って、押入れから床の下まで探したが見えない。そこで家主に、

「お前は知っていてかくすとためにならぬぞ、どこまでも探しだして、明晩三条の橋まで連れてこい。もしこなければお前の命はないぞ」

とおどしますと、家主はうすうす知っていると見えまして「承知しました」とのことでござりました。それから、かの婆を三条大橋の所へ引っぱってきましたが、

「何ぶん女だから、殺すまでのこともなかろう」

というので、東に向かって左側の行詰りの橋の柱へしばって、罰文を付けて生きざらしにしておきました。

以上で〔依岡権吉・口述筆記〕の村山加寿江生きざらし事件が終っている。これが『官武通紀』によると、その位置が少し違っていて、三条大橋河原から一丁ばかり上で、青竹にしばりつけ、つぎの罪状を板書してあったという。

長野主膳妾

此女、長野主膳妾として、戊午年以来主膳奸計相助、稀成《まれなる》大胆不敵之所業有レ之、不レ可レ救罪科《すくうべからざるざいか》に有レ之候得共、其身女たるを以て面縛之上、罪一等を減じ候。尤加寿江白状に依て、奸吏之名目一々紏《ただ》し畢《ぬ》。尚此上其役方再応遂ニ吟味一、右奸吏共逐一厳刑を可レ加者也。

十一月十五日

いずれにしても村山加寿江については、右のように始末したのであるが、彼女の実子─多田帯刀も長野主膳の一味として狙われていたのだ。これが天誅のもとに始末された顚末についても、さきに上げた〔依岡権吉・口述筆記〕を借用してみる。村山加寿江の項のつづきである。

さて、その翌十五日の晩であるが、家主は、ああいうたものの、とても連れてはこまいと思ったけれども、まず行って見ようというので、前晩の連中で出かけまして、三条の橋へ行って待っておりますと、どういう具合にあざむいたものか、家主が加寿江のせがれの多田帯刀というものをつれてきた。引き立てまして、河原の所へまいりまして、ここで斬ってしまおうという評議もありましたが、前晩の今晩である。ここに大勢、うろうろしていては幕吏の怪しむところとなるの恐れがある。また御所近い所を鮮血に汚すのも恐れおいなどという者がありまして、けっきょく蹴《け》上《あげ》まで引っぱって行くということになり、すぐ連れてまいりました。

帯刀は年齢二十三、四歳、これもなかなかの美男でありましたが、行くうちに、いわゆる屠所の羊で足もとがふらふら浮いていました。蹴上へまいりましてから、戊午以来のことを吟味すると、逐一白状しました。それから道側にみぞがあった。そのみぞの手前へ左向きにすわらして、手ぬぐいで目かくしをなし、小畑が斬ったがうまく斬れない。たれであったか、長州の者が斬ると、首が前に落ちた。その首を取りあげたのが私で、髻《もとどり》をそばの立木の枝に結びつけてさらしました。そのときに私の袴は血のりで汚されまして、なかなか落ちなくて困りました。

多田帯刀殺害の話については、これで終っている。一説には彼の首がさらされたのは粟田口であったともいう。板札にしたためられた罪状書はつぎの通りであった。

多田帯刀

此者儀、島田左兵衛、加納繁三郎、長野主膳らと互に奸計相働き、第一戊午之年に至り、有志之徒書面を令㆓開封㆒、渡辺金三郎に相渡候より事露顕致し、憂国赤心之者共一時地を払ふに至る。其罪実に天地に不㆑可㆑容。其余一々白状之条々不㆑可㆓枚挙㆒、仍て其一端を挙げ、天誅を加ふる者也。

十一月十六日

〔註〕前記の〔依岡権吉・口述筆記〕は、関係者に遠慮して久しく秘密にたもたれていたが、大正四年（一九一五）九月十一日、維新史料編纂官岩崎英重氏が聞きだした筆記である。

千種有文家臣 賀川肇

千種有文《ちぐさありふみ》は岩倉具視、富小路敬直とともに「三奸」とよばれ、文久二年（一八六二）の秋、勤王派浪士の脅迫によって退身していた。しかし翌文久三年になると「公武合体派」の勢力がもちなおし、ふたたび出仕がゆるされるといううわさが立った。

賀川肇というのは、この千種家の雑掌であった。前関白の九条家に出入りした島田左近や宇郷玄蕃と同様に、かねてから勤王派の浪士たちから虎視されていた。前年来の「目明し文吉」らを糺明して賀川肇が少将局《つぼね》や九条家の老女、あるいは典薬―岡本肥前守と通謀した上に献毒をくわだてたとか、叡山《えいざん》の僧侶に主上調伏を依頼したとか、そのほか種々の罪状が摘発されていた。さらに千種有文の復職について、その歎願書を差しだし、千種および大納言大炊御門家信を同行して岡崎村に在住の女寄人―高畠式部の屋敷で相談したなどが浪士たちの耳に入った。

そこで勤王派浪士は、こうした奸物を生かしておいては後日どうなるかしれない、ということになり、文久三年（一八六三）正月二十八日の夜、京都下立売門千本東入ル町にある賀川肇の家へ踏みこんだのである。

浪士の動静についても神経をつかっていた賀川は、かねてしつらえていた床の間のうしろ、二重壁の間へ身をかくしたのである。そのかわり妻女—おあいが捕えられた。

「亭主はどこにいるか」

と責めたてられたが、さすがに口をわらない。刺客たちは手をかえて下女—お竹をつかまえ、刀を差しつけながらこれを責めたのである。「どんな目にあわされようと、ご主人が殺されるとわかっていながら、その所在を申しあげるわけにはまいりませぬ。いっそ私の命を——」

お竹も刺客たちの足もとに身を投げだし、殺されても言わぬ、と強固にかまえた。これには刺客のがわでも手の下しようがない。このとき下女—お竹はかなり折檻されたらしく、うわくちびると右太股にしわき傷が一ヵ所ずつ、顔面にも傷があったとある。(『時勢録』)

このとき賀川肇には一子、十一歳になる弁之丞というのがいた。

「しょせん、賀川がおらぬとあらば奸物の片割れ、ふびんだがこの子の首を斬ろう」

何か思うふしがあったのか刺客の一人が、こう声高に言い、刀を振りおろす気勢を見せた。二重壁の間に身をかくしていた賀川肇も、これにはこたえたようである。

「しばらく」

と飛びだして一子—弁之丞をかばった。

「子どもに罪のありようはない。この上は逃げかくれはせぬ。首を討ってくれ」

と賀川は腹をきめたらしく、自から庭先へ下り座を占めた。

「父上を、どうして殺す」

こんどは弁之丞が刺客の袖にからみついてきた。この狂いまわる弁之丞を他の刺客が押さえつけているあいだに、今ひとりが庭へ飛びだし一刀のもとに賀川肇の首を討った。

刺客はその首級を取りあげると、さらに胴体から両腕を斬りとり、それを布にくるんだ。その間に他の者が罪文を壁にしたためる。

「これでよし」

落ちつきはらって刺客たちが引き上げた後、生気をとりもどした家人が、わっと騒ぎだして町内の年寄、五人組支配もかけつけてきた。その翌朝、事の始終が奉行所に届けられた。つぎが、その届書である。

当町に住居罷在《まかりあり》候千種様御家来賀川肇と申者方へ、昨夜四時《よつどき》頃不㆓見知㆒帯刀人十四、五人許《ばかり》罷越、右肇之首を取、奥之壁へ別紙之通書記し置、何方へ歟《か》罷越、死骸之儀は同人裏空地へ差置御座候に付、右御殿よりも被㆓仰立㆒候旨、町役へ被㆓申出㆒候に付、乍恐此段御断奉㆓申上㆒候。以上。

亥二月朔日　　下立売千本東入町

年寄　宇八　印

五人組　茂兵衛　印

これに別紙として添えられたのが、賀川家の壁に書きのこされた罪文の写しである。つぎのような箇条書になっている。

一、此一条に付町内へ迷惑を掛け申間敷様可レ致事。
一、献毒之事。
一、叡山僧へ呪詛《じゅそ》之事。 乗輿也
一、若州引留に付関東より被召候節三浦七兵衛、藤田権兵衛示談之事。
一、両嬪之事。献毒。 島田之事
一、近衛殿老婆之事。 島田妾近衛様御奉行
一、岡本肥前守之事。 典薬頭
一、手先文吉之事目明し加川之罪状は総て文吉白状致候旨を以罪を不レ問候事。
一、与力加納繁三郎、渡辺金三郎と始終申合候事。
一、正月十五日前両嬪二奸再出之内願書差出候処御下げに不二相成一候事。
一、十二月二十九日夜大炊頭殿千種殿内意にて高畠式部女宅へ参候事。
右に付加二天誅一者也。
此家下女某なる者、以レ死主人之在宅を隠候段、感之至也。
小児有二志操一。親之罪を尋申候

このときの刺客の氏名については当時わからなかった。しかし後になり播州姫路藩士―萩

原虎六、江坂元之助、伊舟城《いばらき》源一郎、松下鉄馬、市川豊次らであることが知れた。

賀川肇が殺害された翌日、二月一日の夜になって、かれの左腕を油紙につつみ岩倉具視の屋敷へ持ちこんだ浪士があった。取次ぎに出た者が気味わるがってとまどうところを、

「ただ、お取次ぎ下さればよろしい」

と押しつけるようにして立ち去った。これは岩倉具視に対する脅迫であり、つぎの一封が添付されていた。

一、此手は国賊賀川肇之手に御座候。肇儀は岩倉殿久敷《ひさしく》御奸謀有㆑之、別して御親敷《したしき》候事故、定めて御慕はしく可㆑有㆑之、依て進上仕候。直に御届可㆑給候。

一、昨夜踏込及㆓拷問㆒、実状承届候。且少将衛門復職之事世間之取沙汰有㆑之、万一左様之筋取沙汰候様にては、不㆑得㆑止屹度《きっと》処置可㆑仕候。此旨両嬪へも早々御届可㆑給候。以上。

二月一日

賀川肇の右腕は、同時に千種有文の屋敷へも持ちこまれ、同様の脅迫状とともに式台の上に置いてあった。首級は、奉書につつんだ白片木にのせ、東本願寺の大鼓楼上にすえ、次のような書状が添えてあった。

今度攘夷御遵奉に相成候上は、一日も早く御挨拶に不㆓相成㆒候ては不㆓相叶㆒儀に候処、兎

角姑息偸安之御廟議に被レ為レ渉《わたらせられ》、畢竟御尊奉は名而已《なのみ》にして、御内情は是非開国通商と御説得之御手段有レ之に相違有レ之間敷、天下挙《こぞっ》て疑惑仕居事に御座候。愈々《いよいよ》左様に御座候ては、朝命御軽蔑之処、何と申訳可レ被レ成候哉。天下有志者屹度《きっと》御許し申間敷、願くは真実に御遵奉に相成、破攘之期限早々御定被レ成、是迄天下挙て御疑惑中立候事、氷解に至り候御処置、今日之急務と奉レ存候。此首粗末《そまつ》ながら攘夷血祭之御怡《およろこび》之印迄奉二進覧一候。各々方より早々一橋殿へ御披露可レ被レ下候。以上。

二月

小笠原図書頭殿
岡部駿河守殿
沢　勘七殿

当時、東本願寺は将軍後見職――一橋中納言（徳川慶喜）の宿泊所であった。したがって右の書状は、一橋をはじめとする「公武合体派」が朝廷の強硬な攘夷論を説得しようとして奔走していたのに対する牽制でもあった。

そして同年二月七日には、千種有文へ対してさらに次のような投げ文があった。

此御方種々姦謀之手伝被レ為レ成、其上高位に居候て、不義之栄華を極《きわめ》、島田左近其余悪人に心を通じ、家来賀川肇を以て、高位高官之御方々を悪道に為二取入一、実に有間敷国賊人、依レ之乍レ憚《はばかりながら》肇之首頭を申受、此処迄持参仕候。此上は可レ然御取計可レ被レ下候。

二月七日　国中浪士

これは京都小幡牧という隠居所へ差しだされたものである。首級は高瀬川押小路で、さらし木にかけてあったと言われる。これらの結果、文久三年（一八六三）二月十三日には九条尚忠、久我建通、岩倉具視、富小路敬直ら四人は重謹慎を追刑され、少将、衛門の両内侍は剃髪を命じられたのである。

儒学者　池内大学

文久三年（一八六三）の春、将軍上京が決定して一橋慶喜、松平春嶽、伊達宗城など諸大名はいずれも「公武合体」の目的で京都へ集合した。

これに先だち土佐の山内容堂は、同年正月十日に江戸から海路京都に向かった。そのとき筑前藩の汽船―大鵬丸を借用し難航をつづけながら同二十一日に摂海天保山沖に投錨し、木津川口から大坂長堀の土佐藩邸に入った。このとき随従したのは近習家老―深尾丹波、側用役―寺村左膳、大目付―小南五郎右衛門、内用役―乾（板垣）退助、側物頭―小笠原唯八、側小姓―山地忠七、小納戸役―衣斐小平、侍読―細川潤次郎、吉田文次らである。

この山内容堂が入京した場合には、どんな大芝居をうつかが注目されていたのである。翌二十二日には大鵬丸借用の件で、薩摩藩から小松帯刀、大久保一蔵（利通）が容堂に目通りした。その夜、酒席にまねかれたひとりに池内大学《いけのうちだいがく》がいた。

かれは、もと京都烏丸下長者町上ル町、芳兵衛の借家住まいの浪人儒者である。号は「陶所」と言った。かつては梁川星巌《やながわせいがん》、春日《かすが》讃岐守《さぬきのかみ》らとともに学名をうたわれた人物である。「安政戊午の大獄」のころは水戸家の茅根伊予之助、鵜飼吉左衛門、同幸吉父子からの依頼によって国事に協力したのである。

また青蓮《しょうれん》院宮（朝彦親王）や内大臣―三条実萬《さねつむ》にも特に知遇を得ていたので、そのころ諸外国との国交問題あるいは将軍継嗣問題に関しては、伺候した上で意見をのべ、水戸藩への密勅の降下にも裏面的な役割をはたしたのである。以上のことから「安政戊午の大獄」がおこると頼三《らいみ》樹《き》三郎《さぶろう》、梅田雲浜《うんぴん》らとともに幕府側からは危険人物としてにらまれることになった。幕吏の追捕から一時は逃がれたかにみえたが、しかしそれが不可能だと察すると自首して出た。平伏の謝を入れ、断獄の後は「中追放」として命拾いしたのである。この「安政戊午の大獄」以後は、かれは名を「退蔵」と改め大坂に浪居していたのだが、節を曲げ、同志を幕吏に売った者として悪評をあびていた。

この池内大学は土佐藩とは、それまで関係はなかった。侍臣のひとりが、「池内大学と申す儒者が当地におります由、一度お召しになりましては――」と山内容堂にすすめたのである。容堂も大学の名を知っていたのであろう、さっそく藩邸におよび、江戸からの長い海路の旅のなぐさみに、詩酒の相手としたのである。次に引くのが、そのときの池内大学の作詩である。

奉レ謁二容堂公於長堀邸一応レ命恭賦呈二下執事一

細雨春帆旆旌送　火輪船到浪華城
英名久仰攘夷策　雄略早修航海情
何幸今宵侍二瓊讌一　側聞明発向二神京一

恩光殊称艸茅者　燈火揮毫紙有レ声

この酒席で池内大学は心から感激したようである。浪人暮らしの身に酒肴のうまさがこたえたらしく、その夜もふけたころ退出した。山内容堂からの金子《きんす》、画帖などの拝領物をかかえて駕籠で帰途につき、難波《なにわ》橋までさしかかったとき、尾行してきた数人の刺客におそわれた。

「奸物待て――」

との刺客の声に、駕籠かきは散る。歩みよった刺客のひとりが垂《た》れごしに刺し通したのである。

このときの刺客がだれであったかは不明であった。同年正月二十八日付、山内容堂侍臣小笠原唯八の家臣には、

「昨夜被召候池内某被斬殺候由、不便之次第に御座候。何故にや、何者の仕業にや相分らず候得共、恐らくは我藩軽格の仕業にては無レ之や」

と疑問を投じている。後になり、このときの刺客のひとりが土佐の岡田以蔵ということになったが、他の刺客については不明である。

池内大学の首級は、翌朝になり難波橋の上にさらされていた。このころ大坂での天誅事件は初めてのことであり、その見物人はひどく混雑したものと思われる。そばに次のような罪状書が添えられていた。

池内大学

此者儀、従来高貴之御方に恩顧を蒙り、戊午之頃正義之徒に従ひ、種々周旋いたし居候処、遂に反覆いたし姦吏に相通じ、諸藩誠忠之士を数多斃し、苟も自ら免る罪悪不レ容二天地一依レ之加二誅戮一、令二梟首一者也。

亥正月廿三日

この暗殺の理由は、ほとんど罪文のとおりであったと思われる。当時、すでに池内大学の身辺にはこのようなうわさが高かった。そのうわさを利用して土佐の激派の志士たちは、ともすれば公武合体・佐幕開港説にかたむく山内容堂をおびやかす手段であったとも考えられる。

この日（二十三日）四つ時に藩邸を立ち淀川をさかのぼって枚方《ひらかた》の泊りで、池内大学殺害をはじめて知った山内容堂は、きわめて不機嫌であり口をきかなかったという。

大学の首級は、ひたいに切傷一ヵ所、両方の耳もそがれていた。この耳については同月二十四日の夜、紙箱に入れ油紙につつみ京都の正親町《おおぎまち》三条実愛《さねなる》、中山忠能《ただやす》の両大納言のもとへ浪士の手により各一つずつ投げこまれた。その添状には次のように記されていた。

「戊午以来、千種、岩倉に同心し若州侯（酒井若狭守）を輔け、賄賂を貪り、屢々内勅を下されし罪あり、三日間に其職を解かせられずば、此耳の如くにし奉らむ」

この脅迫は効果があったと見え、正親町三条、中山両卿は、それから三日後に解職となっている。もちろん、

「浪士風情におびやかされて、かかる重職を退かれるのは朝威にかかわる」

と硬論を吐く者もいたようだが、髪の毛のついた血なまぐさい耳を投げこまれては両卿も、

「たとえ冤罪とは言いながら、かようなはずかしめを受けるのは、職席をけがすことにもなるから」

と理を立てて退身したという。（『鞅掌録』）

山内容堂が入京した後の二月八日（文久三）になって、京都河原町土佐藩邸の裏門に、また一つの首級を供えるという事件があった。この被害者は洛外唐橋村の里正—惣助であり、次の一書が添えてあった。

唐橋村　惣助
右は年来千種等へ致二出入一、奸謀相助候者にて御座候。今般攘夷之勅諚被二仰付一、大樹公御上京に就ては、大平遊惰之弊を一洗し、皇国之武威を八蛮に輝候儀、今日之機会不レ可レ失、老公様御上京御処置に依ては、実以神州之安危に相係候之事、不二容易一、速に攘夷之期限を決、人心帰向を定め、多年宸襟を奉レ悩醜夷を一期に御退治被レ為レ在度、天下万民之所二歎願一候。此首一軽賊之者、実験に備候には不足に候へ共、加二誅戮一候に付、先〻血祭之印轅門《えんもん》に奉レ供、宜御披露可レ給候也。

この仕業も、山内容堂の「公武合体策」にあきたらぬ土佐藩内の激派ではなかったかと想像されるが、もちろんだれであったかは不明である。磊落《らいらく》な性格の持主とされていた山内容堂も、これにはこたえたらしく、親交をむすんでいた松平春嶽に贈った書に、「今朝僕が門下へ首一つ献じ有之候。酒の肴にもならず無益の殺生可憐々々」と戯言にまぎらわしている。しかしこれが後に「土佐勤王党」の激派に対し、きびしい弾圧を加える原因ともなったと言える。（『維新土佐勤王史』）

清河八郎

かれは清河八郎の名で知られているが、もとの名は斎藤元司である。生国の羽州荘内田川《うしゅう》郡清川村にちなんで清河八郎を名乗ったのである。羽州米沢藩士雲井竜雄の本名が、じつは小島竜三郎であったように、ともに東北から出た維新前夜の傑物であった。

弘化四年（一八四七）に清河八郎は十八歳で江戸へ出て東条一堂、佐藤一斎、安積艮斎《あさかごんさい》などの碩儒に就学し、のち「昌平黌《しょうへいこう》」の門もくぐっている。剣については、神田お玉ケ池の千葉周作の門弟であった。根が非凡であるところから、すぐれた師を得ることによって、文武をかねた才人となりえたのである。それと同時に、かれが当時日本全国にかけて旅行し、見聞を自ら得たこともプラスになったと考えられる。

嘉永一年（一八四八）には東海道から京都大坂をへて山陽地方を歩き、同三年には北陸路から中国九州、同六年には奥州から蝦夷地（北海道）をへて常野房総の各地を遊歴し、さらに文久一年（一八六一）には京都から九州、土佐にかけて遊説したのである。この間における各地の地理的風俗の見聞や志士たちとの交際によって、清河八郎が文武のみでなく一箇の風雲児と言われるまでの人間としてできあがったと見ることができる。ここに佐田白茅《はくぼう》が明治二十八年（一八九五）十二月二十四日に、史談会の席上で語った清河八郎評を引用してみよう。

ここに（書札を示す）八郎が自身に持っておった金蘭簿がある。これには八郎と事をともにして生死を誓いたる者もありますが、その記載するところの人数が数百人というのでござります。漫遊のさいに交際した人もあり、その人びとの名前をみますと、皆天下の名士にして幕府の毒刃にたおれた人が、その過半をしめております。しかして畢竟天下に名のない人が、この金蘭簿にのっておらぬを見、またその交わる人の行事をもって推考すれば、八郎が一の英雄豪傑であったという証拠を立つることができる。

これはまったくその通りである。そのいくつかの例をあげるなら、江戸では幕末の三舟《さんしゅう》で知られた山岡鉄舟、高橋泥舟、大和天誅組の安積五郎。京都では寺田屋事件の田中河内介。九州では熊本の河上彦斎、松村大成ほか、筑前の平野国臣、筑後久留米の真木和泉守、岡（筑後岡藩）の小河弥右衛門、薩摩の伊牟田尚平。越後の本間精一郎。土佐では青蓮院令旨請下を企んで山内容堂を怒らせ腹を切って死んだ間崎哲馬、かれとはだいぶ親しかったらしく「清河八郎遺稿」にもその手紙が収められている。いずれも、ひとくせある人物ばかりであった。

清河八郎は安政一年（一八五四）二月に江戸神田三河町に最初の塾をひらいたが、まもなく火災にあった。その後さらに安政四年四月にも江戸駿河台に開塾した。そして三年たった万延一年（一八六〇）八月に神田お玉ケ池へ移転している。このころ時勢のうごきも切迫していたのである。

そこで清河八郎は諸藩の志士との往来がはげしくなり、時勢論をたたかわしていた。当時、清河のもとに集まったのは彦根の浪人で石坂周造、芸州浪人の池田徳太郎、そのほか北島太郎、葛西伊蔵、西川連蔵などであった。また清河は水戸方面にも往来があったところから、その行動について幕府からも目をつけられていたのである。

清河八郎のもとで同志が会合するのは、いつも土蔵の中であったという。その隣合せに「湊川」という力士が住んでいた。幕吏はこれを取りかこみ、力士の家の床下から土蔵の下まで隧道を作り、それにもぐりこんで清河らの密談をきき取ろうとした。そのことについて清河らは気づかず、幕吏がわはこの密談から諸方の志士たちを一挙に捕えようと考えたが、偶然にも清河が町人を無礼討ちにしたところから、捕縛の手がのびてくる結果になった。

ちょうど文久一年（一八六一）五月二十日のことである。江戸両国の万八楼において書画会の名目で水戸藩の有志七、八人との会合があった。大老井伊直弼は桜田門外で暗殺されてはいたが、あとに、老中安藤信正が控えており、幕府の方針は変わらない。そこで「安藤を斬る」とか「兵を挙げる」とかの激論があり、長州の桂小五郎らと水戸の志士らとの間で「丙辰丸の密約」が結ばれようとしていた折であった。いずれも殺伐な論議でにぎわっていたに相違ない。

その書画会の帰途である。清河八郎は山岡鉄舟と連れだち日本橋甚右衛門町へ通りかかったのである。そこで一人の町人と突き当った。町人のほうも気の勝った男であったのか、おとなしく頭を下げなかった。いっぽう清河も酒に酔っていたところから、かっとなり、「無礼者！」と抜き打ちをくわせたのである。腕はできているので首はすっとび、すぐ前の瀬戸物屋の店先へころがった。時勢が時勢であり、それに、人命を絶ったとあっては、公儀のおたずね者として、清河八郎捕縛の口実に申し分がなかった。

幕吏の手がまわったのを悟ると清河八郎はすぐに山岡鉄舟、高橋泥舟の力添えによって東北から越後、甲州路をへて京都に入り、そこで田中河内介と会談、志士たちの「伏見の挙兵」計画に参加し、左中将・中山忠愛の名をかたって九州路への遊説に向かった。薩摩の島津久光を擁して大芝居を打とうという計画であったが、文久二年（一八六二）四月二十四日に「寺田屋騒動」がおこり、これも失敗に終った。同年八月には、ふたたび東国に引き返し、まもなく組み立てたのが幕府をあおり「浪士組」を募集するという策である。

そのころ、清河八郎の同志、石坂周造、池田徳太郎らは幕吏の手で馬喰町の牢に入れられていた。だが獄吏の手引きによって、かれらは清河と連絡をとり浪士組募集に協力したようである。これについて先に引用した〔佐田白茅・談話〕がある。

当時、形勢やや一変し、公武合体して攘夷の詔勅を実行せんとの傾向を生じ、これまで嫌疑のために入獄し、または逃亡したる有志を赦免し、あるいは尽忠報国の浪士を召集することになりました。これらの勤王攘夷の論をとなえる者に言いたいことを言わせ、幕府においてもそれらの建議を採用して、攘夷の目的を達しようというような場合に立ちいたりました。このことについては表面または裏面の尽力者がございましょう。諸侯方で有志の赦免、並びに浪士召募の建議をなすった方もあらん。その他いろいろ尽力なすった人士もござりましょう。ともかくも嫌忌の有志をゆるさねばならぬということは、公武合体にともなう条件ともいうべき情況でありました。

八郎もこれには余ほど尽力しております。八郎同志の者も最も秘密に力をつくしたる事実の証拠がある。八郎の建議したということは潜中記事の後尾に書いてあります。また幕府をして京都よりの直談に対して、有志を赦免せねばならぬという場合に立ちいたらしめ、もっともたくみに、もっとも有力に運動したものは八郎同志の石坂周造、池田徳太郎の両人であります。これらのことはさらに世の中に知れない。

池田徳太郎、石坂周造両人は、最初文久元年に八郎が人を斬った事件につきまして馬喰町の牢にぶち込まれました。このとき牢番に能登の人で浅吉という者あり、小知恵のある男とみえまして、池田という人は尋常の人ではない、罪があって牢屋の人となる人物ではない、ということを見ぬきまして、「何かご用があったならば、自分相当のことをつとめましょう」と言うてくれました。そこで池田はひそかに別監にいる石坂と通ずることができまして、だんだんに相談いたしまして幕府の表高家・中条中務大輔信礼《なかつかさたゆうのぶたか》――のち老中脇坂中務大輔と同名のところより左衛門督と改めました――さんに、書面を持って行けと浅吉にたのみました。

右の中務大輔さんは京都公卿の樋口家の庶流であり、樋口家が本家でした。当時幕府の制度で、公卿と旗本と縁組みすることはできぬが、中条家は樋口家の分家ということであります。したがってこの人、平生より尊王の志が厚かったもので、徳太郎の送った書面はすぐに御本家におまわしになって、ついに近衛家のお手もとにお出しになったそうでござります。

しかし定めてほかにも原因があることかは知りませぬが、とにかく八郎同志の者は今申しましたように、もっとも巧みなる手段をもって有志を赦免することに周旋したと言わねばならぬ。これによりてまもなく浪士をゆるし、これを召募して言路を開くということは関白さんから江戸総裁職松平春嶽さんにお達しになった。春嶽さんは老中の板倉などとだんだんご相談になって、京都からお達しになりました以上は、ひとまず五十名だけ勤王攘夷の浪士をつのり京都へ上らせんと相談がきまったそうでござります。（『史談会速記録』）

これらのほかにも清河八郎が、講武所剣術指南役の松平主税介（上総介・忠敏）に持ちかけ、主税介の進言により幕府の浪士募集が議決されたという説があり、これが一般に伝えられている。

だがその年（文久二）の十二月に浪士募集が決まり、その取扱いに任ぜられたのが松平主税介である。前述の縁故からかれが清河八郎の身柄引受け人として幕府への申立てがあった。

右者有名之英士に而、文武兼備、尽忠報国之志厚候間、御触出之御趣意も有レ之、私方へ引取置、他日之御用に相立申度、此段奉レ伺候。

出羽国　清河八郎

松平主税介の幕府への申立書である。これが聞き届けられ清河八郎は自由の身となり池田徳太郎、石坂周造らとともに諸方に浪士募集にかけまわったのである。ところで五十人の予定をはるかに越え、二百三十四人の応募があり、幕府でも面くらった。つまり幕府の予算は一人宛に五十両、五十人で二千五百両ということであった。そのために予算面での問題が生じ、松平主税介が取扱いの任から辞職し、代りに鵜殿鳩翁が任に当たることになった。浪士隊のうちには多くの不満もあったが鵜殿の計らいで、ひとまず将軍（徳川家茂）上洛の前衛警護の目的で京都へ向かうことになったのである。

「なんでも京都へ行け、京都へ行けばどうにかなる」

という清河八郎らの説得に効果があった。

文久三年二月八日、集合地の江戸小石川伝通院へくりだし、二月二十三日に京都着、そして洛外壬生《みぶ》村の寺院や民家でわらじをぬいだ。このとき山岡鉄舟（鉄太郎）、松岡萬らも浪士組取締りとして同行した。清河八郎は組外に身をおいていたが、じっさいには山岡と二人で浪士隊を牛耳《ぎゅうじ》っていたと言える。もっとも清河は、この浪士組を利用して勅諚を請い、尊王攘夷のさきがけをしようという腹であったとみられている。したがって入京するとまもなく上奏文をしたため腹心の河野音二郎、草野剛三（のち中村維隆）、森土鉞《えつ》四郎、和田理一郎、宇都宮兵右衛門、西恭助らを激励して学習院へ向かわせた。

いっぽう幕府側では、一つには、こうして浪士組を手なずけておけば、これまでのように反幕府的な行動は押えることができよう、と考えていたのである。だから、清河八郎の上京後の行為は予想もしないことであった。

清河の上奏文が呈出されたのは二月二十四日である。同月二十六日には河野音二郎らがふたたび学習院へ出頭して、建白の主旨、その結果について迫った。もし聞き届け不可能ならば、このままではすまされぬという強気であった。これに対して国事掛りの公卿方もついに執奏をとげて、同二十九日に浪士組代表へ勅諚が渡されたのである。

近年醜夷逞二猖獗一、覬《き》二覦《ゆ》皇国一実ニ不二容易一形勢ニ付、万一於下汚二国体一欠二神器一之事上ハ、被レ為レ対二列祖之神霊一是全ク当今寡徳之故ト被レ為レ痛二宸襟一候ニ付、蛮夷拒絶之叡旨ヲ奉シ、固有之忠勇ヲ奮起シ、速ニ建二掃除之効一上安二宸襟一、下救二万民一、令三黠虜永絶二覬覦之念一、不レ汚二国体一様ト之叡慮ニ被レ為レ在候事。醜夷拒絶之期於二一定一者、闔国之人民戮力、可レ励二忠誠一者勿論之儀、先達テ有志之者以二誠心一報国尽忠可レ致二周旋一之儀、達二叡聞一、叡感不レ斜、依レ之尚又被レ洞二開言路一、雖二草莽微賤之言一達二叡聞一、忠告至当之論ト否トヲ不レ論、不二壅塞一様ト之深重之思召ニ候間、永ク不レ韜二忠言一学習院へ参上、御用掛ノ人々ニ揚言被二仰出一候ニ付、相心得可二申出一候也。

文久三年二月二十九日

このような勅諚および関白からの勅諚達が、清河八郎らのもとへ下った。このことは浪士隊を統督する幕府側をまったく無視したものとして批判があったのは、いうまでもなかった。

「八郎め、差し出たことをする」

とは老中―板倉勝静の立場であったろう。なお清河八郎は、同じ日に浪士連帯の形式で「生麦事件」の処置に関する建白を呈出したが、幕府のほうでもこの機に浪士組を京都から追いかえし、朝廷と清河らの結びつきを絶つことを考え、その中立てをおこなった。それに対し同年三月三日に次の沙汰書が下った。

浪人奉行　鵜殿鳩翁
同　取扱　山岡鉄太郎

今般横浜へ英吉利軍艦渡来、昨戌八月武州生麦ニ於テ薩人斬夷之事件ヨリ三ケ条申立、何レモ難二聞届一筋ニ付、其旨及二応接一候間、既ニ兵端ヲ開クヤモ難レ計、仍テ其方召連候浪人共、速ニ東下致シ粉骨砕身可レ励二忠誠一候也。

文久三年三月三日

この沙汰書は関白―近衛から下ったものであった。つまり二条城をへて浪士組の幹部である鵜殿、山岡のもとへまわされてきた。これはいずれにしても朝命である。尊攘主義を標榜している清河八郎らは感激し、ただちに京都を立つことになった。だが、これに異議を立てたのが近藤勇の一派である。

「朝命に服せぬやつは切腹させろ」

という者もあったが、東下する者と京都にとどまる者との仲立ちをする者もあった。そこで近藤勇らは残り、これが会津藩主松平容保につき、のちに「新撰組」となる。

いっぽう浪士組は、出発前にその取扱いに補充があった。槍の高橋伊勢守（すなわち高橋謙三郎泥舟、清河の知己の一人である）、それに佐々木唯三郎、速見又四郎、高久保安次郎、広瀬六兵衛らが取締並出役となる。これは後に清河八郎暗殺の一味で老中板倉勝静から内命をうけていただろうという一説もある。（「千葉弥一郎・談話」）

この浪士組は同月二十八日に江戸へ引き返した。そして本所三笠ケ原にある旗本小笠原加賀守の屋敷、同じ旗本西尾の屋敷へ分宿することになった。しかしあとから加わった百人余りの浪人もあり、この分宿のほかに飯田町もちの木坂下、田沼玄蕃屋敷へ収容される始末である。また清河八郎は小石川伝通院裏の山岡鉄太郎の屋敷へ同居し、そのほかに馬喰町の羽生屋、大松屋、井筒屋などに宿をとるものもあった。

こうして京都から江戸へ引き返したが、いっこう攘夷は実行されない。むしろイギリスが要求している「生麦事件」の賠償金四十五万ドルを支払うという説が流れ、清河八郎らは躍起になったのである。このころの清河について〔佐田白茅・談話〕がある。

清河八郎は江戸へかえりましたところが、最初石坂などその召集に応じ二月四日の期日におくれて集まった人数が百人ばかりあった。これらの始末をせんがために幕府は浪士留守役というものを置きました。その役人は松平上総介、中条金之助、河津三郎太郎（のち河津祐邦と改む）でありまして、本所三笠町小笠原邸にぶち込んでおりました。八郎は大いに思考いたしまして一致協同ができるものならば一所になろうと、まず同じ屋敷にかくまっており、初め多少打ちとけざりしも、たちまち八郎を推戴して勤王攘夷の勅旨を決行することになりました。本所三笠町屋敷においては、だんだん役人が出ていろいろに取締りをしている。幕府は厳重に警戒するありさまである。八郎は人を斬りましたことがある。そのほか近ごろ探偵がきびしい。その屋敷にいるのは何んとなく危険であるから、八郎はたいがい外に止宿し、山岡の宅にしのびいる。石坂も馬喰町におり本所の屋敷には、ただ八郎らの部屋があるのみにて、重立ちの者はその所在を知らぬように挙止出没してあったものらしい。

初め八郎は自分の姓名を称して浪士の頭領とならんとせしが、山岡鉄太郎、高橋泥舟などが忠告して、

「幕府の忌疑がきびしいから、お前の一身にゆだんをするな。しばらく姓名を変えてやる

がよい。お前はもと清河八郎というのでない。清河八郎の名でこんどのことに関係してはいかぬ。幕府へ対して都合がわるい」

と、しきりに改名をすすめても聞き入れなかったそうでありました。清河八郎と言えば天下に知れ渡った有志である。今日、関白の命により攘夷の大義を決行するに当たり、かならず八郎の名をもってすべし。たとえ斬らるるとも、今さら名を改むることはせぬ。と断言して八郎は昼夜をわかたず奔走しておった。


幕府で攘夷をやらなければ自分らの手でやって見せる。ついては先般京都で賜わった勅諚、あれは浪士組へ下ったものであるから、ぜひ自分たちの手に収めなければならぬ、と清河八郎は考えていたようである。したがって京都から江戸へ下る道中でも、しばしば鵜殿鳩翁にせまり、

「あの勅諚は、ぜひ拙者どもへ下げていただきたい」

と言ったが、鵜殿もうかつに渡したならば勅諚を楯にどんなことを仕出かすかもしれないので承知しなかった。そのために両者は激論し、後には仲がおもしろくなくなった。江戸に戻ってからも、清河と同志の間で密計が立てられた。まず横浜へ押し出して外人の館へ鉄砲を打ち込む、黒船へ石油をかけて焼き払った上、神奈川の本営で金や穀物を掠奪し、その足で厚木街道から甲州へ向かい甲府城を占領してここを根拠地として兵をつのる。それから京都へ上申して改めて向後の方針を定めようというのである。

それにはまず横浜の地理を見きわめておかねばならないというので、清河八郎は弟の斎藤熊三郎、西恭助および山岡鉄太郎と相談したのである。横浜には浪士取締―窪田治部右衛門の弟で窪田千太郎というのが奉行所組頭をつとめていた。そこで治部右衛門の添書を持ち四人連れで出かけた。

窪田千太郎は外国人との親交があったので、そのにおいが身についていた。室内の装飾はもちろん、御馳走として出たバターや洋菓子類がそうであった。山岡鉄太郎はそれを見ると、「けがらわしい、こんなものが食えるか」と、出されたものを引ったくり、床の上に叩きつけると、翌日は早々に江戸へ引き上げた。(『中村維隆自伝』)

水戸藩の藤田小四郎や田中愿蔵らも、ときどき三笠町へたずねてきて攘夷決行について打ち合わせをした。国府新太郎は南部藩の山田一郎ら百六十人の手勢をもって、共に行動しようという。鵜殿鳩翁も山岡鉄太郎もこれを承知して高橋泥舟らと老中へ迫ったが、一向に、らちがあかない。また藤田、田中は水戸藩主―徳川中納言(慶篤)へ再三にわたり申立てをしたが、これも同じであった。

そこで清河八郎らはしびれを切らし、この上は浪士組の一手をもって攘夷決行にかかったが問題は軍資金である。これについて石坂周造がまず府下の豪商を説き、現金ではなく献納の証書だけをおさめて幕府にあずける。いざという場合に、証書高の献金をさせようという手はずを立てた。

この手で、四月(文久三)三日から五日までにせしめた金穀は「金一千両板倉清兵衛、同三千両伊勢屋四郎兵衛、米五百俵和泉屋甚左衛門、同八百俵十一屋善八、同五百俵井筒屋八郎右衛門、金千両・味噌七百樽伊勢屋喜兵衛、金二百両同堺屋安右衛門、同千両田端屋淡右衛門――但しこのうち五百両は即座渡し、残り五百両は九日までに本所屋敷へ持参のはず――、金千両名は不明（この分は即金）」という記録が『官武通紀』に見えているのである。

この軍資金の献納については公明正大にやろうと申し合わせていたが、じっさいには江戸府内で被害をこうむった商家は少なくなかったのである。なかでも神戸六郎、朽葉《くちば》新吉などが浪士組の名をかたり、強奪するという事件が生じた。これに関して〔中村維隆（当時は草野剛三）談話〕がある。

この浪人組などの境遇は謹慎でした。かえってそのころ偽浪人組がおこってきた。ちょうどそのころ私と松岡萬とが両国へきたところ、口（朽）葉新吉が芸妓を六、七人引きだして大いばりで船へ乗ろうとしたところでした。それを見ている者は、あれは三笠町の浪人で今女をつれて船へ乗るところだと言って黒山をきずいている。それから、

「だれだ、そんなことをするやつは悪いやつだ」

松岡萬が、

「いや草野さん、斬ってしまおうじゃないか」

と言う。

「いや、ここで斬ったところで仕方がない。なにしろ改めてみよう」

と言ってよくよく調べてみたところ浪人組の者ではない。ところで、そのころ浪人組の食客という者がたくさんあった。それだから何者だかわからぬ。お前はなんだ、ときいたら事実のことは答えない。三笠町にいる浪人組かといえば浪人組でもないようなことを言っている。事実よくよくただせば浪人組のようでもあるようで、こいつを三笠町へ連れてゆけ、というので引きつれて行ったのです。

そうして松沢良作という男にあずけておいた。そうすると清河が出てきたので、どうしたらよいかということになった。

「どうも仕様がないから、この隊中のために彼奴《きゃつ》らを血祭にしてしまおうじゃないか」

とだれ言うともなく言葉を発した。それがよかろう、捨札《すてふだ》を書け、今夜両国へあの首をさらしてやろう、と捨札を書いた。《此者儀正義の名を藉《か》り、酒色に溺れ不届至極に付、斬首せしむるものなり》という捨札でしょう。それをこしらえた。それから腹を切れと言って、私が介錯《かいしゃく》してやろうと思ったら、石坂が、

「きみにやらせることはない。おれがする」

と言うので斬った。そうして両国の橋の左の所へさらしたので……

なお神戸六郎についても、清河らの手で朽葉新吉と共に成敗している。それは江戸市中の被害が幕府にきこえ、町奉行━浅野中務大輔から浪士取扱━高橋伊勢守へきびしい達しがあった。これは清河一味の仕業にちがいあるまいとにらんでのことである。そこで高橋も念の

ために数日、三笠町の門をとじ浪人連の禁足をはかったが、市中の盗難はたえない。これには当の清河らも憤がいし、種々手をつくしているうちに大坂浪人の神戸六郎ら十七、八人が、東海道を下り浪士組を詐称して商家をかすめたり両国の見世物で象の鼻を切りおとすなどとさわぎ、酒代をせしめたことがわかった。この一味を引っとらえようとしていたところへ、大胆にも神戸六郎のほうから石坂周造をたずねてきたのである。

「卒爾《そつじ》ながら、ご同盟に加えていただきたく、参上つかまつりました」

と言いだすのを直ちに引っとらえ、前記の朽葉新吉と共に討首にし両国でさらしたというのである。文久三年四月十日の出来ごとである。

またこの件に関して一説には、小栗上野介が苦肉の策として、この群盗罪を清河八郎らへなすりつけ、一挙に制裁・弾圧しようとしたのだという説もある。

攘夷決行の軍資金の徴収についての見通しは、このようにしてついた。しかしこんどは兵器が必要である。そこで主として作ったのは焼き打ち用の爆裂弾で、これは上州伊勢崎の火術家―竹田元記が当たることになった。そのほか黒船に乗りつける伝馬船、はしご、刀、槍などの準備もすすめ、いよいよ決行は四月十五日（文久三）と決定した。

もちろんこの計略は秘密裏におこなわれたのだが、幕府方にももれていたのである。これについては松平上総介《かずさのすけ》（前・主税介、忠敏）が密告したものだとも言われる。そこで老中松平周防守《すおうのかみ》の内意をうけて刺客が清河一派をつけまわしたらしい。しかし清河は腕もすぐれている。それに外出するさいは五、六名の者がたえず付きそっているので容易に手を下すこともできなかったのである。

決行予定日の四月十五日を目前にした四月十一日、清河八郎は横浜から引きあげると風邪気味だったが、それをおして上ノ山《かみのやま》藩士─金子与三郎をたずねる約束があったので、その十三日に山岡鉄太郎の屋敷を出た。そのときは例になく一人であった。ちょうど馬喰町の井筒屋から来合わせた石坂周造が、途次を用心するよう注意したという。その帰途に清河暗殺事件が生じたのである。次に引用するのが清河八郎暗殺についての〔石坂周造・談話〕である。


四月の十三日に清川（河）は赤羽橋で暗殺された。その暗殺の原因というものは、あすこに金子与三郎という松平山城守の家来で、やはり儒者がございました。これは清川らと同窓ではございませぬが、相並んで立った儒者でずいぶん鳴らした男でございます。これがわれわれの攘夷党へ連名すると、こういうことについて清川が十三日の朝、山岡鉄太郎の所から連名帳をふところにして出ますところへ私が参って、

「どこへ行く」

と言ったところが、

「いま金子与三郎の所へ行くのだ」

と言うた。これがいよいよ同意することについて、今日は行って血判をさしてしまうということにて、

「それならよいが、なんせきびしいから気をつけてお出で」

と言って、私はその時分馬喰町におりました。ついに私は馬喰町へ引きとりましたが、日暮れにおよんで、清川八郎が暗殺されたということが、だれ言うとなく自分の耳へひびきました。

それから直ちに四ツ手駕籠の大早《おおはや》というものをやとって、そうして赤羽へはせつけました。みると有馬の足軽と松平山城守の足軽とが警固して、なかなかそばへ近づけませぬ。遠くすかしてみると、八郎が朝わかれるときは檜木で編んだ陣笠をかむって、羽織の紋も八郎の紋でありましたから、それへ進もうとしたところが、なかなか警吏がよせつけませぬ。そこで自分は一策を考えて、その警吏に向かい、

「かしこに倒れている者は清川八郎と承っている。かれは拙者の仇で、君父の仇は倶に天をいただかず、拙者が害すべきものを何者が害したか、じつに遺憾の至り、屍といえども一刀を恨みをせにゃならぬ。妨げをすれば汝らもともに斬るぞ」

と自分が長剣を抜きました。さてその時分の人物は弱いもので、なかなか今日の人はそんなことではおどろきませぬ。けれどもこの勢いに恐れて、まず左右へ開きました。

そこで、ずっと進んで八郎の首を引っ立ててみると、まだ討手は上手な者でないとみえて、首が一寸ほど喰いついています。酒くさかった。自分の目をつけるのは決して先方の首ではない。五百名の連名帳が官吏の手に落ちれば、すなわち自分はじめ五百名の勤王者が連鎖される。これはどうしても自分の命を捨てるまでにも取ってこにゃならぬというの

が、私の望みでござります。なれども警吏が見ておりますから、まず斬首してある首を掻きまして、そうしてその羽織につつんでいるうちに、自分の付属の者が二、三十名ぞろぞろ押しこんできました。同藩の（足軽）警吏どもはその勢いに恐れて皆逃げてしまった。

それから、当人（清河）の懐中をさがすと、感心な男でございまして、平生はとんと金《きん》子《す》など持っておったふうもございませぬが、胴巻をしらべてみますと、百両以上の用意金もござりまする。それからまあ、その連名帳は無事でございまするから、それで自分はまことに安堵をして、これさえ手に入ればほかに望むものはない。なれども八郎の首をどうもこの大道に捨て置くは、いかにも遺憾でありますから羽織をぬがして、その羽織につつんで付属の者へ持たして山岡鉄太郎にそれを送りました。

それから自分も、あとから行って八郎の不幸を歎き、それで自分も馬喰町の井筒屋へ帰りましょうと思って、富坂（現・文京区春日）をくだってお茶の水へかかるというと、とつぜん自分へ斬りつけたやつがあるが、今でも創跡はございます。これはあとから討ちかけました故、振りむいて自分も抜き合わせるうちに、なにせえ、自分の付属も十人近くおりましたから先方のやつは逃げてしまいました。（『史談会速記録』）

山岡鉄太郎は清河の首級を受けとるとしばらく隠していた。だが処分に困り小石川伝通院の子院─処静院の住職に依頼して同寺院内に埋めたのである。同寺には妾お蓮の墓と並んでいるが、じつは明治二年（一八六九）に清河八郎の郷里へ改葬されたとも伝う。なお赤羽橋で暗殺された清河の遺骸は、当時柳沢侯の手で麻布宮村町正念寺へ無縁仏として埋葬されたことになっているが、これも今日では不明である。

清河八郎暗殺の刺客は、浪士取締の佐々木唯《ただ》三郎、速見《はやみ》又四郎、高久保安次郎、窪田千太郎、中山周助ら数人であった。かれらはかねて清河の行動を監視していたのである。暗殺が行なわれた当日、今日の午後四時ごろ清河が金子与三郎の宅で酒をふるまわれ、その帰途、麻布の一の橋にさしかかった所で佐々木、速見に出会った。

「清河先生ではござらんか」

速見又四郎が声をかけ陣笠をとり丁重に頭を下げた。そこで清河も陣笠をとろうとした一瞬に、抜打ちの一刀を背後から浴びせられた。そのとき清河は右手に鉄扇を持っていたため、とっさに刀へ手をかけられず、前にのめった。それが清河八郎の最期である。

遺骸を調べたところによると、左肩先から一二寸ほどにかけ右首筋の半分まで、みごとに斬られ、あごの下にも一刀を受けていた。刀、脇差もみごとな作り、羽織は黒で甲斐絹の裏付、鼠竪縞《たてじま》の仙台平の袴、という立派な服装だった。(『新選組始末記』)

当日、清河八郎は山岡鉄太郎の屋敷を出かけるとき、隣りの高橋泥舟を訪問している。そのとき清河の顔色がすぐれないので、高橋がどうしたのか、とたずねた。

「どうも頭痛がしてかなわない」

と答える。それからむりに行かないほうがよい、という高橋の言に一度はしたがっていたが、そのうち高橋は出仕した。高橋の妻女としばらく談笑していた清河は、ふと立ち上が

り、

「一度約束して違えると、信用がなくなる。おしても出かけましょう」

と言った。高橋の妻女も引きとめたが承知せず、一首できたからと言って、白扇をかり、次の歌をしたためた。

魁《さきがけ》てまたさきかけん死出の山
まよいはせまし皇《すめらぎ》の道

これが清河八郎の絶筆となった。俗に言う虫が知らせたというのだろうか。高橋泥舟もつぎのような述懐をもらしている。


一体清河という男は、なかなか剣術もできるし、おたがいに立ち合った日には、そう斬られるような人間ではなかったのですが、突然やられたのですから仕方がありませぬ。平素はじつに淡白なもので、磊《らい》々落《らく》々たるもので、文章も書きますし、書も上手でした。まず文武《ぶんぶ》の男でしたな。

しかし議論をする時分には、だれでも自分の思うとおり、やっつけてしまいますので、私は余ほど、それはいけないからよせと言って忠告しましたが、性質でしたから直りませんでしたな。つまり、そういうところから暗殺されたようなものです。（『史談会速記録』）

清河八郎暗殺の翌十四日（文久三年四月）幕府は、一気に本所三笠町屋敷の浪士組および浪士たちの分宿へ庄内、小田原、高崎、白川、中村の諸藩兵を派遣し、その幹部を捕縛したのである。そして取調べの結果、石坂周造は堀長門守へ、村上俊五郎は土方聟千代《むこちよ》へ、藤本昇、白井庄兵衛は松平出雲守へ、和田堯蔵《ぎょうぞう》、松沢良蔵は大関肥後守へ、それぞれお預け処分となる。残余の浪士は一括して鵜殿鳩翁、中条金之助、松平上総介の取扱いで「新徴組」に編成された。

高橋伊勢守、山岡鉄太郎、松岡萬、窪田治部右衛門は役をやめさせられて小譜請《こぶしん》入り、佐々木唯三郎、速見又四郎の一統も、ひとまず取締並出役罷免になる。もっとも佐々木はこの功（清河暗殺）によって後に千石取りになるし、速見又四郎も相当な出世をとげたそうである。（『石坂周造・談話』）

清河八郎暗殺事件については、金子与三郎が糸を引いていたという一説がある。清河八郎の弟斎藤熊三郎が兄の仇として金子を狙い、兄の預け物など受取りに行ったとき、よほど刀を抜きかけようとしたが、金子のほうもそれと察したのか、壮士をかたわらにおいて顔色を変えて応対した。そのために金子を討つすきがなく、むなしく引きとった。また草野剛三も同じように金子与三郎を狙っていたらしく、次のような話を残している。

それで私らのほうで金子をつけ狙ったのです。そうすると金子は江戸へおかない。それからふたたび出てきて、こんどは十二月二十八日（慶応三）の鹿児島（薩摩）藩邸の焼き打ちのときに、水野家へ向けた鉄砲のために金子は死んでしまった。人を暗殺するような者は、やはり自分も非命に終わってしまう。（『史談会速記録』）

清河八郎が横死したのは三十四歳である。もし彼が生きていたなら、どのような仕事をなしとげていたか、奇策に富んだ人物であっただけに興味ある問題でもあろう。

明治二年（一八六九）十一月に、坊城《ぼうじょう》俊克が按察使として東北巡行のとき、八郎祭粢料《さいしりょう》に二千疋《ぴき》を下賜されている。

斎藤治兵衛

其方倅八郎儀、王綱紐を解き武門権を弄する時に当って、能く身を匹夫に奮ひ、節を匪窮に致し、終に中途に命を殞《おと》すに至る。其志実に可レ憐、今般王政新に復し、首として表忠旌烈の典を被レ為レ挙候折柄、為二按察一当地致二歴巡一候に付、不二取敢一為二祭粢料一金二千匹下賜候事。

明治二年十一月　按察使

その後も明治二十二年八月、東園侍従の民情視察のため巡歴のとき幣帛料五円を供せられ、同二十六年八月、伏見宮東北巡回のときにも、祭粢料二千疋が下賜されている。

雙樹院 如雲

今大塔宮と言われ尊攘派の志士たちから推重された青蓮院宮《しょうれんいん》──中川宮、文久三年八月十六日に還俗のうえ弾正尹に任ぜられ尹宮《いんのみや》、のちに賀陽宮・久邇宮朝彦親王──については「英邁なれど移り気なり──」との説があった。

文久三年「八月十八日の政変」では薩摩、会津両藩の策士に推されて朝廷に攘夷親征・大和行幸を諫止したり、尊攘派の討幕運動を阻止したりしたために青蓮院宮に対する攘夷派の見方も変わった。その青蓮院宮が還俗蓄髪したことによって烏帽子《えぼし》、冠《かんむり》が入用となり、この調製を命じられた烏帽子師杉本美作介《みまさかのすけ》は、いちどは辞退したが聞き入れられなかった。しかも、それらのひな形がなぜか帝冠にまぎらわしく思われた。このことに恐怖を感じた杉本美作介は、八月二十三日（文久三）に、さきに都落ちした三条実美《さねとみ》らのあとを追い長州へ逃がれた、という風説も立った。また、

坊主頭に金カン（柑《かん》は冠《かん》と音が通じる）乗せて
乗るか乗らぬか乗せてみよ

と、青蓮院宮の帝位簒奪《さんだつ》を俚謡《りよう》にかこつけるものもあった。

このころ京都石清水《いわしみず》、雙樹院《そうじゅいん》の住僧に如雲《じょうん》という僧侶がいた。この如雲が、じつは宮家の使役であった薩摩の中村源吾の頼みをうけて、きじをいけにえにして、おだやかならぬ修法をおこなっているという噂がながれた。これを怪しんだ八幡宮社務—田中坊は、かねて親族すじにあたる大蔵卿—豊岡随資にこれを内報した。そして議奏—正親町実徳、公董《きんただ》の父子にもこれが通じたのである。そこで正親町実徳は自邸にたえず出入りしていた土佐藩士—能勢達太郎をよび、この事実を内偵するよう依頼した。

能勢達太郎は同じ土佐の北添佶麿《きつまろ》が豊岡家の役人—片岡周防と親しかったので、北添の紹介で同年九月二十日に片岡随資をたずねたが不在であった。このとき能勢は北添と相談のうえ、因州藩の同志、勝部静男に相談をもちかけている。勝部は如雲の修法の一件をきくと、名案がある、ということで八幡社内で因州池田侯の祈願所—滝本坊へ出かけ調査の結果、雙樹院が極秘の修法をおこなっていることだけはたしかめたのである。

このうえは修法の内容について探らねばならない。そこで同年九月二十三日に勝部静男は能勢達太郎と二人づれで雙樹院へ出かけた。勝部は門外に能勢を待たせておき、単身で如雲に面会をもとめた。

「拙者は生国下総《しもうさ》、久世大和守家中で宇佐美真人と申す者、今は脱藩して薩州へ身をよせ、中村源吾、高橋佐太郎、村山斎助らの諸氏におせわになっている——」

と言い、如雲を安心させた上で、中村源吾からの伝言などたくみに作りあげて修法の内容をさぐった。すると天皇調伏のうたがいがある。

「今は下坂の途中ゆえ、近日またお伺い致しまする」

と、後日を約して退出し、門前で待つ能勢達太郎をともない、その足で京都へかえった。京都では、さらに因州藩の近藤信太郎、豊岡家の荒木尚一郎らも話に加わった。このことを北添佶麿から旧知の頼又二郎（復）につたえると、

「じつは拙者も御冠の一件は、杉本美作介から直接うけたまわり恐れ多いことだ、と思っていたところだ」

と頼又二郎が応じた。これは捨てておけぬことだ、ということで一同は次の処置を講じたのである。

同年九月二十五日に、勝部はふたたび能勢、北添らをつれて雙樹院をたずねた。

「大坂の用務も果たし上京の途中でござる」

と如雲に安堵をあたえ、後日のために何かの証拠をと考えたすえ、中村源吾宛の一書をしたためさせることに成功したのである。

冷気相加候処、愈々御安健可レ被レ遊《あそばせられるべく》二御座一、珍重之至に奉レ存候。扨先日御代参可レ有レ之奉レ存候処、御多用之御趣にて御来幡無レ之、此節柄一入《ひとしお》心痛仕候。就レ中《なかんずく》尹宮御方益々御機嫌能被レ為《よくあらせられ》レ在候条、御伝言被レ下、乍レ恐安心此事に付、是非朔日には参殿之心組に候。此節精々御祈願仕候事、内々御言上御序に可レ被レ下候。宇佐美様と申す人、実に御直成《なる》人

にて御約束之通御立寄被レ下候処、書置不レ申故、御持被レ下候て、然も愚筆寔《まこと》に御免可レ被レ下候も、一入御苦労多く御子細之事は内々此御人より承レ之安心仕候。余情拝顔、万々可二申上一候。早々不具謹言。

如雲上

中村源吾様

三人は雙樹院を出ると、ただちに開封したところ右の文面であった。

このころ同時に因州の近藤信太郎も滝本坊で雙樹院の内情をただしていたらしく、同年九月二十七日付の北添佶麿が記した手紙に『近藤信太郎、尚又極秘事を聞取候処、恐多くも天子を奉二調伏一、尹宮を位に即申祈願に相違無レ之。』とある。

ところで雙樹院を出てきた勝部、能勢、北添の三人は如雲から中村源吾あての一書をくり返したしかめた。

「是非朔日に参殿の心組——とあるのは満願の翌日をさすのではないか。そうであれば一日も捨てておけぬ」

ということになり、天誅が一決したのである。

勝部ら三人は、こんどは刺客として雙樹院へ引っかえした。もちろんそれを見た如雲もおどろいたであろうが、「奸僧くたばれ——」この大喝と同時に斬殺されてしまった。三人の刺客は首を打ちおとしたものの警戒のきびしい京都まで持ちかえることはできない。そこで耳だけを切り取り、如雲の手紙（中村源吾宛のもの）とともに土産とした。

翌九月二十六日（文久三）京都にもどった能勢達太郎から正親町実徳の耳へこの一件がつたわる。さらに正親町から主上に達したということについて、能勢はその手紙の一節で次のように述べている。

右去る御方之計に就いては其証顕然たりといえども、是等之儀只今書載候事、無拠《よんどころなく》畏憚仕事、兎角露顕に相成候節は御耳に入可レ申被レ存候。尤も右一条に付、確証を得候事御座候て、私共大関係之身と相成、恐多も姓名相記、先達て雲上之御方より御密奏の節、達ニ叡聞一候。実に草莽之身として何とも感激に堪へ申さず、云々。

天皇調伏あるいは簒位についての真偽は定かではないにしても、朝廷を中心にして佐幕派と尊攘派、さらには「公武合体派」など入り乱れ、激しくかみ合っていたときだけに、雙樹院住僧暗殺の一件は、時の耳目をそばだたせた事件であったことは否定できまい。

大藤幽叟

大藤幽叟《おおふじゆうそう》は、一つには大原幽叟としても伝えられている。また大原ではなくじつは小原祐《すけ》乗《のり》であり「幽叟」は号だという説もある。『時勢録』によると、大藤幽叟は、もと備中国吉備津彦神主であり大藤下総守高雅ともいわれており処世術にたけていて、老中―板倉伊賀守（勝静）、同じく水野和泉守（忠精）に取入り、その許可をうけて砲台築造の名義で、しきりにふところをあたためていたとある。また同書には大坂の豪商―某に宛てた書状がおさめられている。

富商へ立入申立書面

御旧知にても無レ之処、粗忽《そこつ》之次第に候得共、兼て御気質及レ承候に付、御賢慮相伺度罷出《まかりいで》候事に御座候。其子細《しさい》は今般外夷御拒絶之期限御決定に就ては、何時戦争相発候も難レ計、仮令《たとい》此度は無事に引取候共、各国申合せ大挙して来寇《らいこう》可レ致歟《か》之御見込も可レ有レ之、依ては日夜宸襟を不レ被レ為レ安、公儀に於ては旁《かたがた》御兵備御急被レ為レ成候趣、実に恐入候時節柄、有志之輩は片時も不レ安二寝食一候。

方今御差急之御要務は、摂海之御防禦にて可レ有レ之、若於二当海一戦争相始り候はゞ当地兵庫堺等は不レ及レ申、帝都も同様に沸騰可レ致、万々一夷人上陸等に及候はゞ四民悉《ことごとく》抛二身命一拒戦可レ致儀は勿論に候得共、皇国一体之御安危噬臍《ぜいせい》之悔も可レ有レ之哉《や》と深心痛罷在候。依レ之摂海之防禦筋頻《しきり》に建白致居候得共、四面八隅之御手配御行届に相成兼、且は御用途御行足兼程《ゆきたりかねるほど》も難レ計哉と、私《ひそか》に奉二恐察一、当地始堺兵庫等之間にて、富有之方々相誘御用度調達いたし候様致二周旋一度旨、内々言上候処、奇特之事に御聞上被二成下一尤御威光ケ間敷儀無レ之様相心得、一己《こ》之周旋は勝手次第可レ仕との御内諭相蒙り、草々勧諭に取掛可レ申処、朝廷之御大事、国家も御安危万民之患苦をも相弁《あいわきまえ》、赤心正議之人物を相かたらひ、格別之憤発を致し貰ひ、是を手始取掛申度と相考、御高名及レ承御内談申上度と奉レ存候事に御座候。但《ただし》摂海之御防禦は紀州加田より淡州由良迄之間、国船運送之一路を開き置、長大之暗礁を築造致候はゞ仮令《たとい》百万之賊船来り候共、当地は不レ及レ申、五畿三陽総て泰山之安に可レ比、第一、奉レ安二宸襟一、二者、万民之塗炭を救、此事を以方今御急務と可レ申、此入費を贖《あがない》候を以て最上之勲功と可レ申候。抜群之勲功有レ之候へば、抜群之恩賞無レ之候ては義不レ全《まったからず》、此段は拙子厚周旋致候心得に候。（以下省略）

備中国吉備津彦

前神主　大藤下総守　印

五月朔日

大坂　何某様

追而申候。右国家之大危篤を心配致候儀は賎民下愚に為レ聞候ては、動揺之恐も可レ有レ之段、深御用意之程所レ希《ねがうところ》御座候。但拙子身分之儀は惣年寄安井九兵衛殿にて御聞合被レ下度、決て胡乱《うろん》之者にては無レ之候。其外旧来之親馴彼是《かれこれ》不レ少候。

この大藤幽叟の書状とみられる一文は、要するに海防の策として紀州の加太から淡州（淡路）の由良にかけ、わずかの通船口を設けるほか大堤防を築こうというものである。この途方もない計画を立てるための資金を、大坂、堺、兵庫あたりの豪商から集めようというのが、かれの腹であったようだ。

この建設が、幕末期にあって外敵に対する国防を真に考えていたものか、あるいは山師をきめこんで私腹のために世間をあざむこうとしたものかは、今となってはわからない。だがその後者に解釈した者がいたのである。

「大山師め、太いことをする」

と、大藤幽叟を斬殺した。

それは文久三年（一八六三）七月二十五日のことである。京都三条制札場に、左の罪文と首級がさらされていた。

此者奸吏板倉伊賀、水野和泉等に与《くみ》し、某許状を受、砲台築造を名とし、富商へ取入大金を貪《むさぼ》り、其罪不レ軽、依レ之加二天誅一者也。

この刺客については不明である。大藤幽叟の身分についても『七年史』には「東本願寺用人」となっている。この東本願寺は従来から幕府と深い関係があった。そこで、大藤が海防論をとなえてはいたが、それも本心であるかどうかは不審な点がある、というところを攘夷派からにらまれて暗殺されたのだ、と一説にはある。

大坂町奉行与力　内山彦次郎

幕末のころ大坂町奉行与力で暗殺された者が二人いる。その一人は東町奉行―有馬出雲守（則篤）の組与力北角《きたずみ》源兵衛である。他の一人は西町奉行―松平大隅守（信敏）の組与力―内山彦次郎である。

北角源兵衛の首級は元治一年（一八六四）三月十八日に、西横堀助右衛門橋のらんかんにくくりつけ、さらしてあった。その罰文は次のようなものである。

東与力　北角源兵衛

此者、是迄上には尊王攘夷を唱へ、内には奸謀を逞し、無罪之者を殺害致し、甚敷《はなはだしき》に至ては強富之町人へ致㆓狼藉㆒、無実之事を申洩し、天下之人心を惑乱致させ天地に不㆑可㆑容罪人に候間、加㆓天誅㆒、同類追々探索次第、可㆑加㆓誅罰㆒事。

元治元年三月十八日

この北角源兵衛暗殺は、たぶんその前夜におこなわれたものらしく、胴体は平野町渡辺筋西へ入る所にころがっていたのである。はたして右の罰文にみられるような罪状があったかどうか、これについてはうたがわしい。当時としては私恨による暗討ちなどでも、もっともらしい理由をつけてさらし首にした例もみられたのである。もちろん刺客についても判明していない。

西町組与力―内山彦次郎の場合も、私怨による例であろう。かれは天保八年（一八三七）におこった「大塩平八郎の乱」のとき、若年ながらその追手として功名をあげた男であった。

そのころ（元治一）には、すでに七十近い年齢であったが、すこぶる硬骨漢であり役目上においては一歩も仮借しない性格であった。

前年（文久三）の七月、幕府側の取立てによる「新撰組」が大坂へ出張してきたさい、相撲と大げんかがおこった。同月十五日に、芹沢鴨《せりざわかも》はじめ山南敬助、島田魁《かい》、沖田総司、永倉新八など血気の連中は、大坂の定宿―京屋忠兵衛方を出て納涼のため淀川へ舟を出したのである。岸へあがると、みごとな力士がぶらぶらやってくる。その力士に向かって芹沢鴨が、「おい、片寄れ、片寄れ――」と声をかけたのが、大げんかのきっかけで、一、二言あらそっているうちに、やにわに一人が斬って捨てたのである。そのあと北の新地、住吉楼《すみよしろう》へあがり酒宴をひらいていると、「先刻の仇討ちだ」と大勢の力士が押しかけてきたのである。かれらは大関―小野川喜三郎の部屋の者であったという。もちろん芹沢らも飛びだし、それに応じたのである。この大げんかで「新撰組」の隊士が二、三名負傷し、力士側では死者五人、負傷者十六人をだしたのだった。

このとき新撰組隊長―近藤勇は、定宿―京屋に居残りその場にはいなかった。しかしあとでそれを耳にすると、聞き捨てにもできないので、大坂西町奉行所へ口頭で届けでた。芹沢らの話から、事のあらましを説明した上で、

「無礼打ちにしたから、この段お届け申す」

という次第である。このとき応待に出ていたのが内山彦次郎であった。かれは、

「無礼打ちと申されるが、それだけでは話のすじが立たぬ」

と開きなおり取調べようとした。これに対して近藤勇は、

「拙者は、ただ無礼打ちにしたからと、その旨を届け出たまでのこと、尊公のお取調べをうける身分ではござらん。強いて取調べの必要があらば、われわれは会津侯（松平容保）の配下ゆえ、そのほうへ照会してもらおう」

と、きっぱりはねつけたのである。近藤勇にしては「壬生《みぶ》浪士」としての威勢と誇りをもっている手前、内山彦次郎のそのときの態度が癪《しゃく》にさわったのであろう。

　この内山彦次郎が暗殺されたのは翌元治一年（一八六四）五月二十日夜である。役所をさがり帰宅する途中、天神橋で要撃されたのであった。折から市中見廻りの役人が通りかかったため刺客は姿を消したが、翌二十一日の朝になって前夜の刺客とおぼしき者の張紙が、今橋の中ほど北側のらんかんにあるのを通行人が発見したのである。

内山彦次郎

右之者儀、依㆓天下之奸賊㆒、一昨夜戌之刻、於㆓天神橋㆒、加㆓誅戮《ちゅうりく》㆒、可㆑令《せしむるべき》㆓梟首《きょうしゅ》㆒之処、折

柄市中見廻之者罷越、無レ拠《よんどころ》乍二残念一其儘打捨置事ニ候。同人嫡子、并ニ大森八田之族、
業証不二相改一ハ、可レ行二同罪一者也。

元治元年甲子五月廿一日

内山彦次郎の一子—内山某は大した人物ではなかったもようで親の威光によって立っていたものと見られている。右の罪文中にある大森は大森隼人《はやと》をさし、八田は八田五郎左衛門をさしたもので、ともに内山彦次郎と同勤の与力であり、才子型の人物で同じように狙われていたものとみえる。(『甲子雑録』)

これと同じ日に、京都四条御旅所妙見宮のそばにかかげられていた張紙には、さらにくわしく内山彦次郎の罪状が書かれていた。

松平大隅守内組与力
内山彦次郎

此者儀、累年驕奢に長じ、不レ憚二天下一非道之所業不レ遑《かぞうるにいとまあらず》レ算、不法之贅言を以愚民を惑し、賄賂に耽り、依怙《えこ》を以て御政道を横弄し、剰《あまつさ》へ昨年以来私欲に任せ、諸色高価根元を醸《かも》し、万民の悲苦を不レ厭、其罪天地に容れざる所也。昨廿日浪華《なにわ》天神橋上におゐて、加二天誅一候所、同勤八田五郎左衛門、大森隼人右両人一味同心故、不レ移二時日一、加二誅戮一候間、諸色其売物値段急度引下げ可レ申候。若此已後《いご》相背き、高利を貪り候者有レ之におい

ては速に可レ加二誅戮一候。早々改心いたし、万民心体安く可レ致者也。

五月廿一日

この罪状をみると暗殺の理由は、内山彦次郎の私欲にきしている。この年（元治一）二月二十四日には大坂大和橋で横浜商人―伊勢屋半兵衛も梟首にされており、同二十六日には薩摩の大谷仲之進の塩漬けの首級が、大坂西御堂筋前に三本の竹を組みあわせた上にのせてあった。

伊勢屋半兵衛殺しの刺客については不明であるが、大谷仲之進殺害の刺客は、長州脱藩の水野精一、山本精一郎であった。二人はその理由を掲示し、かつ羽織の裏に辞世の和歌をしたため、ともに腹を切り自害していたのである。

ところで内山彦次郎暗殺に関する、先の二つの罪状だけからは決して攘夷派の刺客だとは決定できなかった。その後、新撰組の史実がいろいろ調査されているうち、この刺客は近藤勇一派の所業であることが、ほぼ決定的になっている。

一説には、その日、近藤勇は配下の沖田総司、原田左之助、井上源三郎らを引きつれて大坂天満畔で内山彦次郎を待ちうけていた。夜の四刻（午後十時ごろ）駕籠で通りかかった内山を沖田総司が垂れごしに一刺し、そのあと引き出して首をはねた。その首級はすぐ青竹に突き刺して橋（天神橋）ぎわにさらし、その側に、

此者奸物ニシテ灯油ヲ買締メ、諸人ヲ困窮セシムルヲ以テ天誅ヲ加ルナリ。

と罪状を書いてあった。

また〔永倉新八・談話〕には土方歳三が駕籠を突きとおし近藤勇が首を打ったが、人影がしたので近藤自ら「天下ノ義士之ヲ誅ス」と紙片にしたため、死体の上に置いて逃げたとある。（『新選組始末記』）

以上の二つの事件、北角源兵衛暗殺、内山彦次郎暗殺をみるとき、この維新前夜における暗殺および刺客が、かならずしも勤王派の志士によるものばかりとはかぎらない。私恨により殺害した場合でも、天誅に名をかりて梟首にした例があったことも想像できるのである。

絵師　冷泉為恭

絵師―冷泉為恭《れいぜいためたか》には、その妻との間に有名なメロドラマがある。かれの元の名は冷泉三郎と言われ、狩野永岳の養子であったが、後に一家をたて正六位下式部大丞《しきぶだいじょう》に任じられてから、一般には岡田式部の名で通っている。

宮殿、故実、位官の人物などを描き、画風は田中訥言《とつげん》に学ぶところが多かったと言われる。

田中訥言は尾張の生まれであり、京都で画名をあげた絵師である。法橋に叙せられ、号は大孝斎として知られている。画風は藤原信実の画軸からのヒントがみられ、なかんずく宮殿の図、位官の人物を描いては独自の手法を用いた。性格も剛直清廉であり食言をきらったという。

「眼が生命だ。もし盲目になるくらいなら死んでしまう」

と口にしたというが、不幸にも晩年に失明し、そのために知人たちが心配するなかで断食した。しかし数日たっても生命を断つことができず、ついに舌をかみ切って自から死んだという。文政六年（一八二三）三月二十一日のことである。

この田中訥言の門人には勤王家として名を知られた浮田一蕙《けい》、渡辺清がいた。冷泉為恭の画風は、この浮田一蕙によく似ていたようであり、知恩院の什物—法然上人の四十八巻伝を臨写してから、冷泉の手腕はみとめられるようになったと伝えられている。

冷泉為恭が暗殺されたのは、元治一年（一八六四）五月五日になっている。前京都所司代であった若州小浜藩主—酒井若狭守忠義のもとに出入りし、長野主膳らと通謀して廃立献毒をくわだてた、というのが暗殺の理由となっている。また一説には中納言—三条実美の愛顧をうけ、種々の密事について相談されたのを、幕吏にもらしたためだという。

この点についてつぎのような話がある。

三条公に内密に談ずるは、非《ひ》蔵人《くらんど》で岡田式部少輔という者である。この人は内外のことをご報告したようすであります。じつは三条公をして死難にいたらしめたのも——文久三年五月二十日に窺われたことがある——岡田のためであったとの話であります。

岡田は一名、冷泉三郎といって、条公（三条）にはご信任の男であったが、この冷泉三郎は悪心があって結んだものか、だまされたものか、幕府の与力—加納伴三郎という者があって、これはのちに功によって旗本になった者である。この加納もしじゅう岡田と同腹であったようすで、ために朝廷の機密が幕府にもれる。どうしてもれるかわけがわからぬ。朝廷でもお困りであったが、はからずも条公の口から出て岡田につたわり、岡田は加納のために籠絡《ろうらく》されて、しじゅう金などもろうて一々密告をしていたことが、のちにあらわれて大変に有志が怒って、

「恩家をおとしいれた奴である。斬る」

ということで壮士がつけまわしたところから、京都をのがれて河内の河辺郡山辺村永久寺という寺にひそんで、有志がつけまわすけれども手にかからぬ。

「こちらにいても免かれぬ。堺へ行くがよい」

というて誘いだし、駕籠にひそんで堺をさして行くところを、寺から二十町ぐらいの所に待伏せして斬殺して、首を大坂にさらした。条公が機事をおあばかれになって、ご失体のあったのは、内輪《うちわ》に狗《いぬ》がはいっておったという話であります。(『寺師宗徳・史談会速記録』)

事実、冷泉は暗殺される以前から絶えず狙われていたらしく、島田左近が殺害された(文久二年七月)直後にも、住居をおそわれ家探しにあっている。そのとき京都御所の築地の下馬札に、つぎのような張紙があった。

絵師　冷泉為恭

此者安政戊午以来、長野主膳、島田左近等に組し、種々大奸謀を工《たく》み、酒井若狭守に媚《こ》び、不正の公卿と通謀し悪虐数ふべからず。不日我等天に代り、誅罰を加ふべき者也。

この結果、かれは京都西加茂神光院の住職―月心律師をたより身をひそめ、頭をまるめて心蓮と称した。しかし脅迫の手はさらにゆるめられず、朝廷からは官位返上を申しつけられた。そこでも居たたまれず縁をたよって紀伊の那珂《なか》郡粉河《こがわ》の粉河寺をたずねた。同寺の願海阿闍梨《あじゃり》の世話で一年ほどすごした後に、つぎは泉州堺の安楽院の住僧―隆善と物産問屋徳次とにかくまわれていた。だが、ここにも追及の手がせまり、ついに大和内山の永久寺の住職―亮珍のもとへ身をよせた。

このように逃げまわったが刺客の手からは、ついに逃がれられなかった。暗殺された当日は、以前に世話になった堺の大和屋から所用にことよせて迎えの駕籠がきた。冷泉はためらうことなく応じたのである。これは刺客が大和屋を脅迫して冷泉をおびき出したものだと言われる。永久寺から、およそ十町ほど街道を行った所で呼びとめられ、駕籠の垂れごしに刺客の一人が突き刺した。股《もも》を刺され、おどろいて駕籠から出ようとするところを他の刺客が抜打ちに首を落としたのである。刺客たちは首級をたずさえ、遺体の上につぎの斬奸状を残して立ち去ったのである。

斬　奸　状　　　　　　　岡田式部

右之者癸丑甲寅以来姦人に党《くみ》し、種々の大姦謀を工《たく》み候処、事顕れ候より数年奔竄《ほんざん》致候処、近来落髪、名を心蓮と改め、画師と称し諸方流寓致居候処、天誅逃るべからず今日此地に於て斬戮せられ候。首級携へ帰り候へ共、死骸其儘捨置候間、面倒乍ら始末万端土人に托し候。以上。

五月五日

付《つけたり》　罪状委曲は梟首の処に掲示すべきものなり。

冷泉為恭の遭難した地は「鍵屋の辻」とよばれ、植村藩の永原村と藤堂藩の三昧田《さんまいだ》村の境であった。そこで両村の名主や年寄は、たがいに責任をさけようとした。そのために死体は三日間、むしろ一枚かけられ野ざらしになっていたと言われる。その後、永原村の方がおれて、勾田《こうでん》の善福寺へはこび、境外の無縁墓地に埋められたのである。

現場から刺客の手に持ち去られた首級は、翌六日に大坂御堂前の石灯籠の火袋に押しこめられ、かたわらに次の罪文がはられていた。

此者王城の下に生育しながら、尊攘の大典を忘却し、前に永野義言等に党《くみ》し、後に酒井若狭守に媚び己の私欲を遂んがため正議を排し、其罪枚挙に遑《いとま》あらず、就中《なかんずく》廃立献毒之逆謀に預り候は、天地に不レ容大罪也。是を以先年同志之者斬戮《ざんりく》せしめんと欲候処、不幸にして打洩、其後探索致し候へ共、行方不詳、然処去秋剃髪形を変じ、名を心蓮と改め、紀伊の小川より和泉の堺に潜居候処、所謂天網之恢々疎にして不レ洩、昨端午昼時、大和丹波市の路上にて生捕、即刻天誅を加へ、当地迄持帰り令ニ梟首一者也。嗚呼尊王大義を失ひ、攘夷之期限を背《そむき》候者、遂に白刃に懸り候は必然也。豈唯《あにただ》此者計《ばかり》ならんや

五月六日　　正　義　士

ところで冷泉為恭暗殺の刺客は、長州の大楽《おおがく》源太郎と神山進一郎、天岡忠蔵らだという一説がある。

為恭には男山八幡―新善法家の娘であった綾子という美貌の妻がいた。これが悲劇的なドラマとして伝わっているのは、為恭が京都を去ったのちに、宮廷の楽人―多《おお》備前守《のびぜんのかみ》（冷泉の姉、たつ子の夫）の長男―美磨と綾子の間に関係が生じた。だが彼女はそれを悔い、大和の永久寺にいた冷泉のもとをたずね、剃髪して同棲したのである。

刺客の一人、大楽源太郎もじつは綾子に想いをかけた一人であり、失恋の恨みも手つだって執拗に冷泉為恭を追及し、斬殺したものだと言われる。（『綾衣絵巻』）

因州藩暗殺事件

「大和行幸」の朝議決定が発表されたのは、文久三年（一八六三）八月十三日である。その本部とも言われた京都学習院には、長州藩から桂小五郎、久坂義助（玄瑞）、益田右衛門介、中村九郎。土佐藩からは土方楠左衛門。肥後藩からは宮部鼎蔵、山田十郎、加屋栄太。久留米藩からは真木和泉、水野丹後、木村三郎、池尻茂左衛門。筑前藩から平野次郎。津和野藩から福羽文三郎らが出仕を命ぜられ準備をととのえていた。

薩、長、土、肥後、加賀、久留米の六藩には軍資金として各十万両ずつの調達が要請され、かつこれに津和野藩をくわえた七藩主に上京の沙汰が出た。そして有栖川宮（熾仁）は西国鎮撫使を命ぜられ、天皇は八月二十七日に大和に向かい神陵、春日社に参拝した上で攘夷会議をおこなうことになっていた。これは表向きは攘夷会議である。だが、内実は西国雄藩を動かし討幕運動をもりあげるものであることを学習院の策士たちは考えていた。

この真相を察した前侍従―中山忠光は、吉村虎太郎はじめ、松本謙三郎、藤本津之助らとはかり別働隊をもって、同八月十四日に京都を脱し、河内、大和の兵を糾合《きゅうごう》しながら、八月十七日には五条代官所をおそい、代官鈴木源内ら数人を斬って勢威をしめしたのである。

こうした状況にあって因州、備前は尊攘派に属していたが、藩主はそれぞれ一橋慶喜と兄弟であり、同じく阿波、米沢藩も幕府とは深い歴代のつながりがある。「大和行幸」の裏面に討幕の企図があるとすれば、すぐさまそれに加担することもできない。それに加えて薩摩、会津の二藩はこのころ反長州派として、中川宮を推し立て「大和行幸」の計画を打破しようとかまえていた。そこで因州、備前の二藩もこれら反長州派の諸藩と暗々のうちに「大和行幸」中止に加担することになったのである。

因州藩主―松平相模守（慶徳）のもとへも攘夷綸旨《りんじ》がつたわったが、同時に二条家からも相摸守の侍臣へ密書がとどいた。『大和行幸、天皇親征の前途は実に憂ふべく恐るべき結果を生ずべし。故に是非共因州侯の努力を以て、阻止の途を取られたし』という意味を告げたのである。

因州藩の御側用人―黒部権之助、御用人―高津省巳、御側役―早川卓之進、大目付―加藤十次郎らは二条城からの密書をのみ込み、綸旨を相模守に見せず返上したのである。このことがわかり、かれらに対し一時は謹慎を命ぜられたが、再勤をゆるされると、今度は藩内の勤王論者を抑圧したのである。

こうしたことが原因となり、因州藩主に対する攘夷派の期待が消え、なかには「奸臣松平相模守」と書いた罪状を京都市中に張紙する始末となった。これを知った因州藩―伏見留守居役の河田佐久馬（のち景与）らの激論家は憤激のあまり、八月十七日の夜、中井範五郎、足立八蔵ら二十二人の同志をつのり、二手にわかれて「奸臣天誅」の名目で非常手段に出たのである。

このとき高津省巳（御用人）、黒部権之助（御側用人）、早川卓之進（御側役）の三人は京都の旅宿をおそい打ち果たしたが、加藤十次郎（大目付）は、その夜当番であったために夜が明けるのを待って押しかけた。

「藩侯の名をけがす奴、三人は斬ってすてた。貴公も腹を切ってしまえ」

と、否応なく詰腹を切らせた。以上の一件を関白へ訴えた届書がある。

一　死　　黒部権之助
一　死　　高津省巳
一　死　　早川卓之進
一　自殺　加藤十次郎

右之者共、当時補理の職に乍二罷在一、上下を壅蔽《ようへい》し主人勤王之志を阻抑し、遂に天下之汚名を蒙らしめ候段、不届之至に候。此度何れも申合せ斬戮を加へ申候。是迄種々御聞込可レ被レ為レ在と存候得共、右四人之所為に御座候間、全く御氷解為レ被レ下度、追て願出候所可レ有レ之と奉レ存候に付、其辺之所御憐察被レ下候様、泣血奉二願上一候。以上。

八月

潤間半六　清水巳之丞
河田左久馬　河田左之丞
塩川孝治　吉岡直人

足立八三　青岡平之丞
渋谷平之丞　川　金　蔵
山口謙之助　加藤直之助
中井範五郎　佐　喜　修　蔵
弘見利十郎　伊賀市太郎
大　西　清　太　中　野　清　平
奥田万次郎　新　庄　順　蔵
太田権右衛門　加藤助之進

これらの刺客は、翌十八日その屯所—本圀寺を引きあげて智恩院の塔頭《たっちゅう》—良正院へ謹慎し、因州藩の決裁を待つうち、急に往来がさわがしくなり銃声もきこえてきた。これがいわゆる文久三年に起きた「八月十八日の政変」である。「大和行幸」は中止となり、長州藩の京都からの排斥と「七卿都落ち」という結果をまねくのである。したがって右の刺客たちの暗殺手段も水泡となった。

このとき良正院へ集まっていた二十二人の刺客のうち、新庄順蔵（常蔵）は、市中の騒動を見定めに出たが、洛中は戒厳態勢で、その帰途をふさがれる始末であり、以後は姿をくらましてしまったと伝えられる。

いま一人、奥田万次郎は同八月二十日になって自殺した。暗殺した四人のうち、武芸上で奥田が師とした人物がおり、その申しわけのために腹を切ったと言われる。また、後に激派の手で横死した同藩参政—堀庄次郎の書信の中に、右の二十二人の刺客の行動をしたため次の一節がある。

其内にも奥田万次郎翌日自殺致し、手際よき死にさまいたし、感心いたし申候。新庄は何か仔細有レ之と相見へ当時居所知れ不レ申候。云々——

あとに残った二十人の刺客については、藩主松平相模守の情により特に処刑を免じられ、京都油小路の因州藩邸へ移され「他日国家有事の日迄、生命を預り置く」ということになったのである。

右の二十人のうち河田左久馬は同月十九日に、長州藩が京都から引きあげる報をきくと、良正院を飛び出した。そして兵庫まで長州の幹部を追いかけた。

「これから京都へ引きかえし、会津と一戦をやっていただきたい。さすれば拙者らは洛中に出没して火を放ち、同志を結束し及ばずながら助勢申す——」

と談じ込んだが、

「せっかくながら、すでに藩議定まっているため、是非もござらぬ」

というのが長州側の応答であった。仕方なく河田佐久馬は京都へ引き返したのである。

翌元治一年（一八六四）七月十九日、長州勢が捲土重来をこころみたときにも、この河田佐久馬らは内応の計画を立てていた。だが長州側に焦りがあり、機を待たずに京都へ討ち入ったため河田らは立つことができなかったと言われる。

「禁門の変」（元治一年七月）で因州藩の内外から攻撃されることになったのは、同藩参政―堀庄次郎であった。かれは「敦斎《とんさい》」と号し、学問もあり穏健な人物とみなされていた。勤王の志は持っていたが、過激な行動は好まなかった。

元治一年二月に因州藩の大監察（大目付）として禄高二百石の身分となり、京都にあって因州藩士の進退に関する権限をにぎっていたのである。かれについては長州の桂小五郎らも、万一の場合には協力を得られる人物だという期待をかけていた。だが「禁門の変」が起きると、

「十九日、我兵有栖川へ屯す。中立売、蛤、堺三門、戦まさに酣《たけなわ》なり。余其事疎暴に出づるを恨み、且銃丸宮殿上に乱飛するを見て憤《いきどおり》に堪へず。」（堀庄次郎手記）

と、長州側に組せず手を切ってしまったのである。これは桂小五郎らにとって痛手であり反感をもたせた。

同時に因州藩内でも堀庄次郎の態度に憤慨する者があった。そこで、堀はまもなく因州に帰ったが、九月五日（元治一）の夜、刺客におそわれて横死した。三十五歳であり、後に明治政府から従五位をおくられている。

この刺客は同藩の沖剛介、増井熊太の二人であった。かれらは暗殺直後に自訴し、同九月九日に切腹を命ぜられた。これも後に正五位を贈られている。

河田佐久馬ら二十人は「禁門の変」で長州側が敗走すると、藩命によって国もとへかえされた。そして伯耆日野郡黒坂の寺院へ幽囚されたのである。その黒坂からほど近くに米子《よなご》がある。因州藩家老荒尾但馬《たじま》の家来で五百石取りの村河与一右衛門（直方）がいた。すこぶる慨世家であり、勤王討幕論をとなえていたために、河田ら二十名と意気投合したのである。

かれらの間に往来があるところへ、土佐の中岡慎太郎、肥後の河上彦斎らも姿を見せて国事を論じたようである。そこで、ついに挙兵計画が持ちだされ、長州藩と通じ諸藩の浪士をつのるところまで事が運んだとき、これが幕府側にもれてしまった。その結果として京都所司代から因州藩に対し、村河与一右衛門の召還の命令が発せられた。

これは慶応一年（一八六五）のことである。村河は、ひとまず因州藩の取調べをうけ、首尾よく弁解して帰途についたが、その帰途、同年十月十日に刺客のために殺害された。一説には、出立にさいし村河の親族の者が相談し、障子のかげから槍で突き刺したものだとも言われる。このとき四十四歳であり、かれも正五位を贈られた。

このために黒坂の寺院に幽閉されていた二十名は、同藩からきびしい監視をうけることになった。そこで、このままでは事を挙げられないと察した二十名は、ひそかに長州や備前へ向かって脱走したのである。

このとき、京都で二十名の者たちに暗殺された黒部権之助、早川卓之進、高津省巳らの遺族は、かねて復讐をのぞんでいたが、藩主から抑えられていたために目的をとげられずにいた。その機会がおとずれたと見て、捕吏とともに脱走した二十名を追うことになった。

二十名は海路をとり出雲の手結浦《ていうら》から上陸をはかったが、そのうち逃げおくれた潤間半六（あるいは詑間半録）ら五人は民家に泊り込んだところをおそわれ、みな討ちとられた。

そのほかの者は首尾よく逃げ、やがて幕府側が長州征伐に失敗し明治維新を迎えると、因州へ帰参したのである。河田佐久馬は因州藩兵の総督として東征に従軍し、その功によって子爵となった。中井範五郎（正勝）も脱走中には笹本政吉と変名したが、東征総督府付軍監となり、戊辰戦争の五月二十日に箱根の戦で討死した。このとき中井は二十九歳であった。

姉小路公知

文久二年（一八六二）から同三年にかけては尊攘論が全盛をきわめた。このころ京都朝廷にあって牛耳をとっていたのは中納言—三条実美と姉小路公知《あねがこうじきんとも》であった。

文久二年十月に三条実美が攘夷正勅使として江戸へ立ったとき、姉小路は副使としてこれに同行した。それ以来、両卿と尊攘派志士との関係が密接になった。両卿はこれらの志士によって権勢をはり、志士は両卿をバックにすることによって攘夷運動をおしすすめたのである。

三条実美は色白で蒲柳の質であり、姉小路は対照的に色黒で精悍なタイプであった、といわれる。そのため口さがない京童たちは三条のことを「白豆」と言い、姉小路をさして「黒豆」と称していた。両卿は性質上の相違はあったにしろ、尊王攘夷派の公卿として廟堂《びょうどう》における双璧とみなされていたのである。

このころの江戸幕府と京都朝廷との間は、開国論と攘夷論をめぐる諸問題に関して正面から対立していたのである。とくに、朝廷側の硬論を抑えることに幕府側では手をやいていたのだが、この幕府側にあって勝海舟（麟太郎）は読みが深かった。

文久三年の春、将軍家茂が上京し摂海の警備を視察したさいに朝廷側からも姉小路公知が出張したことがある。このとき勝海舟は姉小路の硬論をやわらげるために大坂で接待し、西欧諸国文明、兵器、戦術を説明した。さらに幕府の軍艦—順動丸《じゅんどうまる》に姉小路一行を招き海上に乗りだすことによって、その洋船艦の偉力を体験させたのである。また姉小路一行が京都へ帰った後にも、勝の腹心であった坂本龍馬を使いに立て、セバストポールの戦図や「撒兵答《さんぺいたく》知機《ちき》」と称する兵書などを贈っている。

この勝海舟のはたらきかけによって、姉小路公知の攘夷論も動いたとみえて、同志だった東久世通禧は後に次のようなことを語っている。

〔東久世通禧・談話〕

そのとき勝麟太郎いまの勝安房《あわ》氏は無謀の攘夷はできぬということで、姉小路に説いたとみえて、そのとき帰って（帰京）から鋭鋒がくじけたという都合で、轟武兵衛なり、武市半平太（瑞山）などは、姉小路様は幕府に籠絡《ろうらく》されたとか言いましたが、そのとき大いなる砲丸を二つ持って帰って、この丸《たま》が割れてとぶので、軍艦はこういうもので、丸はこういうものである。十分にこの要害ができぬから危いということであります。それから鋭鋒がにぶった。（『史談会速記録』）

この談話にしめされるように、勝海舟の説得によって姉小路公知が開国論にかたむいたとみてとった尊攘派の徒が、これに反感をいだき、ついに暗殺の手段をかまえたものであるとの説も伝えられる。

姉小路公知が暗殺されたのは、勝海舟の招待もあって摂海視察後まもなく文久三年（一八六三）五月二十日である。当日は宮中において政論がおこなわれ、国事係の公卿たちが退廷したのは夜の戌《いぬ》の刻（午後八時ごろ）であった。

姉小路は公卿門を出て北へ向かい屋敷へ急いでいた。同行は吉村左京、金輪勇、そのほかに提灯持ち、草履取り、長柄持ちなど三、四人である。朔平門前へかかったとき、くらやみから刺客が無言で斬りかかってきた。もちろん不意であるから、初太刀で肩先を斬られた。

「太刀を――」

と叫んだが、太刀持ちの金輪勇は、ろうばいしたのか姿を消していた。（金輪勇は後日、京都町奉行に捕えられ慶応三年末に断首された。）

従士の吉村左京は賊に迫り、逃げるのを追った。このすきに、かねて策を立てていたらしく、他の刺客二人が姉小路にかかってきた。気丈と言われた姉小路は、手にしていた笏《しゃく》で防ぎ、面と胴を斬りはらわれながらも刺客に組みかかり、相手の刀をうばった。このとき吉村が引きかえしたので、刺客は暗の中に消えたのである。

姉小路は鮮血にまみれながら、吉村左京の肩をかり、そこから五、六町ほどの自邸の玄関までたどりつくと、「まくら――」と言ったきり打ちふし絶命したと言われる。二十五歳であった。

その夜、同時に刺客が三条実美をもねらっていたのである。三条は公卿門を出ると姉小路とは反対に南の梨木町の自邸へ向かった。四人かきの駕籠に乗っていたのである。わきには従士の戸田雅楽《うた》（尾崎三良）、今ひとり付添いのほか提灯持ち、傘持ち、下僕ら十余人の同勢であった。梨木町の角へさしかかると駕籠の中から、「もう何刻になろうか」と問いかけた。このとき戸田雅楽は、これから中川宮の邸へまわろうというのではないか、それはやりきれぬと考えたのであろう。

「夜半にもなりましょうか」

と、じっさいより、遅い時刻を告げた。そのために駕籠は、そのまま邸をさして清和院御門にかかると、門の隅に三人の人影があった。そのときは何も気づかず邸へ戻ったが、帰宅すると陸尺《ろくしゃく》らが先刻の人影をあやしみ、好奇心から引きかえして見たのである。その報告によると、三人ははだし、股立ち、たすきがけであり寺町を東へ走り去ったということであった。

翌日には、京都学習院の扉に次のような張紙がしてあった。

転法輪　三条中納言

右の者姉小路と同腹、公武御一和を名として実は天下之争乱を好む者に付、急速隠居謹慎致さず候ては、旬日ならず天誅を加へ殺戮すべきものなり。

右の張紙の文面から三条実美も刺客にねらわれていたことがあきらかになり、戸田雅楽が時刻をいつわり帰邸を急いだのは、怪我の功名だった——と、これは戸田（のちの尾崎三良）の実歴談にみえている。

いっぽう姉小路公知の横死は、その夜のうちに四方へとんだ。これを耳にしたとき三条実美は寝床にあったが、「これから参る」ということで騒ぎ、途中を気づかって帯刀の者六、七人が総出で駕籠をかためながら、姉小路邸へ向かったのである。そのときはすでに絶命した後であった。とにかく現場を検分するということになり、戸田雅楽はじめ主だった者が朔平門へ出むいた。

夜の短いときであり、東の空が明けるころには現場に冠のひも、笏の切れはし、黒の血のあとがちらばっていた。そのなかに脇差につける鉄の笄《こうがい》が落ちていた。（註・これは尾崎三良の話によるが、いまひとりの実見者——吉田嘿の談話として伝えられるところでは刀の鞘ともなっている。）

そこで戸田雅楽らは現場から右の遺留品を収めて帰ったのである。そして笄の作りと言い、姉小路がうばった刀身と言い、いずれも薩摩物であることが鑑定された。

姉小路公知の致命傷は、顔を横になぐられた刀傷と胸部に深く斬りこまれた傷であった。自邸の玄関でたおれたまま絶命したため、遺言はなかったが、同家ではしばらく喪を秘して、姉小路自らの名をもって、遭難の始末を伝奏に届けでたのである。

昨夜亥の刻頃、退出懸け朔平門の辺にて武士体《てい》之者三人、白刃を以て不慮に及ニ狼籍一、手疵為二相負一逃去候に付、直に帰宅療治仕候。

但切付候刀は奪取候。依て此段申入置候へば、厳重御吟味願入候。以上。

　　　　　　　　　　　　　　　　　　姉小路少将

五月二十二日には、朝廷から伝奏―野宮宰相中将（定功）の手から、刺客捕縛についてきびしい命令が出たし、幕府側でも京都町奉行へ刺客逮捕の達しがあった。

また土佐、熊本の二藩からはそれぞれ十人の衛士を三条家へくりだし、さらに清和院門は土佐、寺町門は熊本、堺町門は長州、下立売門は因州、石薬師門は阿州、南門は芸州、東門は米沢、北門は中津、日の門は大垣、その他は会津、桑名できびしい警備についたのである。

「姉小路横死」をききつけた攘夷派の志士たちは悲憤やるかたなく、ことに肥後藩の轟武兵衛、宮部鼎蔵、土佐の土方楠左衛門らが主となって刺客の探索をはじめた。現場の遺留品から、ほぼ薩摩の者であろうと目ぼしをつけた。

　そのうちに土佐の脱藩士で参政―吉田東洋を暗殺した刺客の一人である那須信吾が、一時は京都の薩摩藩邸にかくまわれたこともあったが、姉小路家へ姿を見せた。かれは、姉小路が刺客からうばった刀身に見覚えがあるということになった。

　刀身には柄頭の鉄に〔藤原〕と高彫《たかぼ》りがあり、縁《ふち》に〔鎮英〕とあり、そのうらに〔英〕の字を刻し、銘は〔奥和泉守忠重〕である。

「これは、たしかに田中新兵衛の差料だ」

と那須信吾が言ったのである。田中新兵衛といえば河上彦斎、岡田以蔵らとともに、当時は「人斬り」と騒がれた薩摩藩士であった。

さっそく町奉行を通じて田中逮捕を申しこんだが、相手は雄藩として名の知れた薩摩がバックにいる。うかつに手を出せば、逆手をとられてしまう。そこで京都守護職を通じて会津藩から捕縛の手を京都薩摩藩邸へ差し向けたのである。

だが当の田中新兵衛は不在であった。そこで後に「大和天誅組」の頭目となった土佐の吉村虎太郎は、田中新兵衛をさがすために真裸にこもをかぶり、乞食の姿になってまで追及しているうち、東洞院蛸薬師東側―小森織之助の持家に、薩摩の仁礼源之丞（景範）と下男の太平とともに、田中新兵衛が田中雄平と名のり同居しているのをつきとめた。

守護職から公用局員―外島機兵衛、松坂三内、広沢富次郎らが物頭《ものがしら》―安藤九左衛門のひきいる足軽組とともに蛸薬師へ出むき、刺を通じたのである。

「朝命なれば、なにとぞ拙者らと同行ねがいたい」

と言われては田中新兵衛らも拒否することはできない。坊城家まで同行し、それから町奉行へ身柄をあずけられることになった。蛸薬師と薩摩藩邸とはわずかに一町ほどのところである。したがって薩邸にいた内田仲之助、伊勢勘兵衛らは、これを耳にすると激怒したのである。そして黒谷の会津屯所へどなり込んだが、外島機兵衛らに朝命遵奉をさとされ引きかえしたという。

京都町奉行では、永井主水正《もんどのしょう》（尚志）の下で田中新兵衛に対する訊問がおこなわれた。しかし白洲の田中は、知らぬ存ぜぬの一点ばりである。そこで例の刀を取りだし、

「姉小路卿にうばい取られた品、覚えがないとは申されまい」

と追及されると、田中の顔はあおざめた。しばらく黙然としていたが、とっさに脇差の鞘を払うと、自からの腹をさし、返す手で首を刺して自殺したのである。

この思わぬ出来ごとに町奉行も、あぜんとし、とりあえず京都守護職松平肥後守へ次の委細届けを出した。

松平修理太夫家来
島津内蔵　三足人
田　中　雄　平

右は今廿六日御引渡御座候内の者に御座候。主水正御役所に為㆓相控置㆒候中、今暮前時分、自分帯居候脇差を以て、腹幷首筋等疵付候に付、番之者共右脇差奪取早速医師呼寄、疵口為㆑縫療治致候へ共、深手にて療生不㆓相叶㆒、相果申候間、組の者共検死為㆑致候上、死体塩漬申付、尤番之者は、為㆓相慎置㆒、其段牧野肥前守殿へ申上、且私共儀心付方不行届、奉㆓恐入㆒候に付、控之儀伺書、御同人へ進達仕候。依㆑之此段申上候。以上。

永　井　主　水　正

このために京都町奉行―永井主水正は不行届きのかどをもって幕府から責任を問われ、配下の属僚とともに、それぞれ閉門、謹慎などに処せられたのである。田中新兵衛の死によって、姉小路公知暗殺の刺客の追及は、そのまま中止ということになった。

また田中新兵衛が捕われるとき同居していた仁礼源之丞は薩摩藩邸へ引き取られ、下男の太平は米沢藩へお預けとなったのである。

ところで刺客としての容疑者田中新兵衛が、自白しないうちに自害したため、かれが真の刺客であったかどうか、これについての議論百出のうち、疑惑につつまれたまま葬られている。これに関して田中新兵衛の知友であった吉田嘿は、田中を刺客とみなすことに反論した一人であった。

吉田嘿の説によると、姉小路にうばい取られた刀は、たしかに薩人の作、柄頭は門の腐《くさり》で、自分の名前をちゃんと彫ってある。まさしく田中の差料に相違はないが、その刀は数日前（姉小路暗殺の）、三本木辺の料亭の吉田屋とか茨木屋とかいう所で、何者かにすりかえられた。田中は非常に口おしがって自分に話していたが、凶行はそれから二、三日後のことである。のみならず当夜の賊（刺客）の、狼狽をうしなった態度をみると、とうてい平生の田中を知る者には信じられないことで、田中が死んだのはまったく士道を重んじ、刀を盗まれたのを恥じた結果だ――と語っている。（『史談会速記録』）

田中新兵衛を弁護するものは、たいてい右の説を肯定するのだが、明治二十八年（一八九五）八月十日の第三十五回史談会の席上で、東久世通禧はこの問題にふれながら、さらに、

「真の下手人は姉小路の政敵—大原重徳卿の手から出たものではないか」と述べている。

大原重徳は文久二年（一八六二）五月に第一次勅使として薩摩藩に擁され江戸に向かったのである。だが、このとき大原の周旋口におもしろくないふしがあったということで、これを弾劾《だんがい》したことがある。この点にふれ同史談会の席上、東久世通禧は次のようにも述べている。

「再応の勅使で大原卿が譴責《けんせき》をこうむった発端は、三条公と姉小路がしきりと周旋して弾劾をしたものとみゆるのであります。そのことは土州（土佐）から起こったのであるが、姉小路の斬殺は、大原重徳卿のために仇を報ずるのであろうかと思わるる——」

この発言によると、想像説ではあるが下手人刺客は田中新兵衛でなくても、いずれ薩摩藩から出たものと、暗示しているようである。

とにかく議論は続出したが、当時としては攘夷派の志士は田中新兵衛を下手人として見ていたのである。したがって薩摩藩を憎悪する向きが極度にみなぎり、これを処分しなければならないという状況であった。そのために長州、土佐、肥後をはじめ、在京十八藩の有志が、寺町通りの浄華院という寺に会合した。その評議の結果、これから薩摩の者は、だんぜん九門内の往来を差し止めるのがよろしかろう、と決定したのである。ただ一人この中にあって異論をのべたのは、久留米藩の真木和泉守保臣《やすおみ》であった。他は血気さかんな壮士だったが、真木は五十をこした年配で常識もあり思慮も深かった。真木はこの決議に、

「それはけしからぬことである。かりに田中新兵衛が下手人であったにせよ、薩州一藩をあ

げて不忠不義と申すわけではあるまい。大藩のことゆえ、忠臣もあろう、不忠の輩もあろう。一人の疑惑をもって薩藩をしりぞけるというのは、まことに粗忽《そこつ》と申さねばならぬ——」

と道理のほどをのべたのである。だが当時の薩摩の藩論は開国主義、公武合体派にかたむいていたのである。尊攘主義を通し討幕も辞せぬという壮士連にとっては、この説には同調できるはずがなかった。そこで薩摩藩の乾御門警護の任をとき、同藩士の九門内往来を差し止めようとしたのである。

今ひとつは、このことの裏面に薩長両藩の感情的な対立があったことも否定できない。この一挙によって長州はほとんど京都における勢力を独占するにいたったが、これによってさらに両藩の勢力争いは深刻化してゆく。文久三年八月十八日の大政変（八・一八の政変）を引きおこす原因がここに内在するのであると言えよう。

佐久間象山

肥後熊本藩士―河上彦斎《げんさい》は、維新史の刺客のなかでも屈指の人物、外貌は女性的な印象をあたえたが、冷徹な男であった。その静かな双眸《そうぼう》に鬼気をたたえ「斬る」と断言すれば、かならず斬らずにはおかなかったと伝えられる。

それほどの刺客―河上彦斎が、佐久間象山《ぞうざん》（修理）を殺害した後に、

「吾輩は人を斬るのは木偶《でく》を斬るようなもので、さらに意に介しないほうだが、象山をやったときは初めて人を斬る思いがして、毛髪が逆立ちするようでたえられなかった。まったく象山の絶代の人物に気圧されたので、吾輩の先途も、もう見えてきたのだ。以来、さっぱりこんな所行はあらためよう」

と他人にもらしたそうである。

佐久間象山は信州松代《まつしろ》藩士である。名は「啓《けい》」、字《あざな》は「子明《しめい》」、通称は修理と言い、初め啓之助とも言った。

文化八年（一八一一）二月十一日の生まれである。出生地は松代城下竹山町である。近くの名山―象山にちなみ「象山」と号したものであるという。象山の父の名は一《はじめ》（国善《くによし》）と言い、号を「神溪《しんけい》」と称して易学について学をおさめた人物でもある。扶持《ふち》は百石取りだった

が、藩主—真田幸貫《ゆきつら》（信濃守《しなののかみ》）からことに目をかけられていたようである。

佐久間象山は妾腹の出であった。少年時代のかれは非常な乱暴者であり、松代藩家老—恩田頼母《たのも》の子とけんかし、相手がにげるのを門前まで追いつめ、「卑怯者、侍の法を知らぬか。知らなければ教えてやろう」と捨てぜりふを残して帰ってきた。父—神溪がこれを聞いて、象山の広言をせめ静かに訓諭したのであった。これに悟るところのあった象山は、以後は文武の修業に心を入れたと言われる。このとき象山は十三歳であり、先天的な素質にみがきをかけ、松代藩だけでなく幕末史における屈指の人物の一人となった。

佐久間象山が初めて江戸へ出たのは二十三歳のときである。もっともそれ以前にも藩主の江戸参勤の扈従《こじゅう》を命じられたこともあったようだが、父が瀕死の病気にあったのを理由に主命をこばんだ。そのために閉門に処せられたという話もある。江戸に出て初めに師事したのは陽明学者—佐藤一斎《いっさい》であった。象山が、それまでにおさめていたのは朱子学である。したがって佐藤一斎の門下に入ったが、学派が異なっているために、しぜん師弟間に意見の相違が生じた。しかも、象山は控えめなく、所信を主張する性格だったために、師の一斎から好感をもたれなかったようである。

また、象山は先輩にあたる渋谷脩軒《しゅうけん》の紹介で儒学者—林鶴梁《かくりょう》にも会っている。このとき初対面ながら経義の論争をはじめた。林鶴梁は当時、江戸では名を知られた儒学者であったので、さすがの象山も語のふさがるまで論じつめられたが、かぶとをぬがない。そこで鶴梁も怒気をふくみ「頑迷教ふべからず」と突っぱねた。それに対し象山も「腐儒語るに足らず」

と飛びだす始末であった。このため二人は初対面だけで絶交したが、こうした話のなかに佐久間象山の鼻柱の強さがうかがわれ、後に多くの敵をつくる原因にもなった。

最初の江戸修学は四年で帰国した。そして御城付月次《つきなみ》講釈助役にあげられ、松代藩の学政に貢献したのである。この間に三年をすごした。そのつぎに天保十年（一八三九）二月に、ふたたび江戸へ出て、神田お玉ケ池に私塾―五柳精舎を開いている。このとき梁川星巌、藤田東湖、大槻磐溪らとまじわりを持ち学問上も精彩をました。

このころ象山は、砲術について韮山《にらやま》の江川坦庵と江戸の下曽根桂園について学んでいる。また同じころ蘭学者―坪井信通の高足であった黒川色庵をお玉ケ池の私塾にまねき、象山の漢学と交換条件で、かれから蘭学をまなび、かつ箕作、宇田川の両先覚者に物理学の教えをうけるなど、後に象山が開国論者としての認識は、ほぼこの時代にでき上がっていたと見てよい。

藩主―真田幸貫が江戸幕閣に列していたときには、象山は顧問として種々の論策をこころみ、そのとき「海防一則」を発表した。天保十四年（一八四三）に、真田幸貫が隠退した後は、それにしたがって松代にかえり、学問所頭取に任じて、大砲の製造、あるいは『邦訳和蘭語彙』および兵書『西洋真伝』などの編さんにつとめている。なお、その間に郡内奉行をつとめたこともあった。

嘉永四年（一八五一）四月に、佐久間象山は三たび江戸へ出た。こんどは木挽《こびき》町に私塾を開いて兵学砲術を教授した。ここには勝海舟（麟太郎）、河井継之助らの逸材が多く集まった。その門下のひとりに長州の吉田松陰（寅次郎）もいた。

同六年（一八五三）にはアメリカはじめ外国船の来航があった。吉田松陰は当時の国情をうれいその八月に長崎へロシアの艦船が入航するという報を知ると、ひそかに渡海をくわだてたのである。その松陰の心中を察した象山は旅費をあたえ、次の詩をおくっている。

之子有二霊骨一　久厭二蹩躄群一　振衣万里道
心事未レ語レ人　雖二則未レ語レ人　恃度或有レ因
送レ行出二廓門一　孤鶴横二秋旻一　環海何茫々
五州自為レ隣　周流究二形勢一　一見超二百聞一
智者責レ投レ機　帰来須レ及レ辰　不レ立二非常功一
身後誰能賓

吉田松陰は勇んで長崎へ出発したが、当てにしていたロシアの艦隊は、すでに出航したあとだったのである。そこで翌安政一年（一八五四）二月にアメリカ艦隊の再来をまって所期の目的を達しようとしたのであった。

佐久間象山は早くから海防についての関心を持っていた。そしてこれに対する策を講じていたのであるが、アメリカ艦隊の来航をみたとき、自ら浦賀に出かけて状況をたしかめている。そのすぐ後にこれに関する一通の意見書をしたため、当の松代藩主—真田幸教の名で、幕府に建白書を呈出した。そのなかで外敵防禦策を痛論し、松代藩兵をもって江戸品川御殿山付近の警備を内願したことによって感賞にあずかったという。

嘉永五年（一八五二）に松代藩では名君とみられていた真田幸貫が死去し、嫡孫真田幸教があとをついだが、藩内門閥のうちにはひそかに象山の声望を嫉視する者があった。かれらは郡奉行―長谷川深美を主謀として象山排斥をくわだてたのである。これに対して象山は、前藩主の異母兄である白河藩主―松平越中守（定永）に訴え、長谷川深美らの奸策を排し、さらに軍議役に栄転して才腕をふるっていたのである。そしてアメリカ艦隊が再来した嘉永七年（改元して安政一）には、象山は外人応接警衛として横浜に滞在していた。

吉田松陰がふたたび渡海をくわだてたのもこのときであった。松陰は兄の杉梅太郎を訪い、瑞泉寺参禅といつわり旅費を借用した後に、同志の金子重輔と下田沖のアメリカの軍艦へ投じようとしたが、乗船を拒否された。そこで渡海の計画をたたれ、安政一年（一八五四）三月二十八日、松陰は下田番所に自首せざるを得ないことになったのである。

この渡海計画の前に、吉田松陰は横浜にいた佐久間象山をたずね、手にしていた投夷状《とういじょう》を示し、その添削《てんさく》をもとめた。幕吏の手に押収された松陰の所持品の中に、前年長崎へ出立するさい象山がおくった詩編があった。このため象山も、松陰を幇助《ほうじょ》した疑惑をもたれ、同年四月十五日、吉田松陰が江戸伝馬町の獄に投ぜられてまもなく、象山も投獄された。その審理の結果、真田信濃守（幸教）家来へ引きわたし、在所において蟄居ということになった。以後文久二年（一八六二）十二月まで九年のあいだ、内外の状況が激化しているときにあって象山は「獅子の眠り」を余儀なくされたのである。

佐久間象山赦免の消息がつたわると、かれを自藩にまねき藩政の顧問などにそなえようと希望する藩主も少なくなかった。長州からは正使―山県半蔵、副使―久坂玄瑞、土佐からは正使―衣斐小平、副使―原四郎らが、それぞれ藩命をもって松代をたずねている。このとき松代で久坂玄瑞が詠じた詩が「江月斎橋」に出ている。

信州松代訪二佐久間象山翁一

十年宿志奈二蹉跎一　熱血淋漓一首歌
握手欲歔当世事　問君何以撐二頽波一
三年梦寐記二君名一　相遇豪談鉄剣鳴
明日燕土去回レ頭　毛山信山白雲横

また慶応三年（一八六七）十一月に坂本龍馬とともに暗殺された陸援隊長―中岡慎太郎もこのとき久坂玄瑞らと同行している。中岡は後に発表した『時勢論』のなかで「余は攘夷論なり」と主張した勤王派志士であり、象山の開国説とは相入れないはずだったが、このときは、よほど感動したらしく象山宅を辞去したあと久坂玄瑞に、

「あの先生の話をきいていると、頭がすうっとする。なんだかわだかまりがとけて持疾の脳病が治ったようだ」

と、述懐したという。

この長州、土佐二藩からの佐久間象山招聘に対し、松代藩はそれを許可しなかった。

赦免後の象山は松代藩の表用人上席にあげられ六百石を給されていたのである。ところが象山の名声が各地にひろがるにつれ、松代十万石の小藩にとどめおくことが不可能となった。朝廷からは飛鳥井《あすかい》伝奏の名によって上京をせまられ、また幕府側からも同じように上京の伝達があった。これについて松代では、京都において象山の主張が過激な壮士に理解されず不慮の出来ごとがおこるのを恐れ、辞退するよう忠言するものもあった。しかし象山は上京を決意したのである。そのときの作と伝えられる一首がある。

時にあはゞ散るもめでたし山桜
めづるは花のさかりのみかは

元治一年（一八六四）三月十七日、門人銃手、用人、下男ら十六名をしたがえ象山は乗馬―江月《こうげつ》にまたがって松代を出発し、同月二十九日に京都へついている。そして四月三日には上京していた将軍家茂《いえもち》に謁見し、幕府から海軍御備向御用雇を命ぜられ、四百石を給されることになったのである。

ところが幕府側では象山が期待したほどのはたらきはなかった。これは象山が朝廷側に用いられることを防ぐための手段でもあったと考えられよう。しかし象山も不満を表面に見せることはせず、自制のうちに公武の周旋に当った。その結果、中川宮、山階宮《やましな》、京都守護職──松平容保《かたもり》、将軍後見職──一橋慶喜らの信任を得るかたわら、薩摩の西郷吉之助（隆盛）、高崎猪太郎（五六）らが、象山のもとへ出入りしている。薩摩でも長州や土佐とおなじように象山招聘の意があったことは、次に引用する談話から想像できよう。

〔高崎猪太郎・談話〕

はじめに西郷が行ったが、西郷は一個の武人なり、向うは大学者であるから議論が合わなかったとみえる。めんどうくさかったとみえて、そこで私に行ってくれということで、私が行くことになりました。そうして久光公（薩摩藩主・島津久光）が開港の詔を発したり、何かした手続きを話したところ、象山大いにほれこんで、

「今、天下に久光公におよぶ者はない」

それから私が、

「佐久間さん、どうでもいけませぬ。これはまずしばらく時をまつに如《し》くはない」

と申しましたところ、

「それならまず伊勢大廟《たいびょう》にみくじをおろしたい。私が開港説をとなえるのは中外天地鬼神にただして、うたがいなきつもりである」

「それなら万一攘夷ときたらどうなさる。ともかく鹿児島にきて下さい。時をまつがよかろう。久光公には私からよく話そう。今のような洋服洋鞍に乗っていてはたちまち殺され

ますぞ」

と私が百方いさめました。すると、

「私も行きたいが、なにしろ今は幕府の御用人じゃから行くわけにはいかぬ」

　ちょうど久光公の立つ前日まで三日つづけて私はいさめに行った。それから三日めのときには、よほど心がうごいたとみえて、

「さて、あなたも気がつよい。しからば方針を打ちあけてお話をするが、私はものを陰険にすると殺される。それゆえ堂々としてとなえる開港説である。ためにかえって禍をまぬかれるつもりである」

と申しますから、

「それは大まちがいでござります。今の暴人はそんなことにはかまわぬ」

「いや、高崎さん、むかしから英雄豪傑は百や二百は埋草にならなければならない。私はその覚悟だから心配してくださるな」

というから、どうもしょうがないので、それなら、ずいぶんご用心なされませ、というて別れました。

　あれがふしぎなことがあるものです。国をでるときの易が「央の卦《け》」がでました。「吾を王庭に揚ぐ」という卦がおこった。これははなはだわるいから、朋友、親族みな喪《も》の礼をもって送った。それから殺されるときは洋服洋鞍で、中川宮に白馬をごらんにいれて、「まことに今日はありがとうござります。どうか、これ（馬）に王庭という名をくださ

い」と申して、その帰りがけにやられてしまった。じつに名詮自性でござりました。(『史談会速記録』)

このころ(元治一)の京都は「公武合体」を標榜する佐幕派と「尊王攘夷」を主張する討幕派との戦場であったと言える。後者を代表する長州藩では前年(文久三)の「八・一八の政変」で京都を追われていた。だがこの元治一年六月になると、ふたたび勢いをもりかえして京都付近に迫っていたのである。

こういう時にあって佐久間象山は「公武合体」論者であり、事態を重くみていた。そして京都に不測の変が生じるのに備えて、ひそかに聖駕を彦根にうつす計画を考え、これを中川宮、一橋慶喜らに進言していたようである。もちろんこれに関して会津、彦根両藩に対しての交渉もあった。この象山のはたらきかけが、風説としてつたわった。そして討幕派の志士の間では象山の行動に対する不信感がつよくなってきた。

ここでついに「大奸斬るべし」と、佐久間象山暗殺の計画が立てられた。これに賛成した長州の大楽《おおがく》源太郎、越後の長谷川鉄之進らは久坂玄瑞に持ちかけると、久坂は、「それはならぬ」と制した。かつて久坂は信州松代に象山をたずね、その人物に傾倒していたからであろう。

元治一年(一八六四)七月十一日、佐久間象山は山階宮に伺候したが不在のため、その門人—蟻川賢之助を宿陣—本覚寺へたずね午後二時ごろ帰途についた。愛馬—王庭に洋馬具をつけてまたがり、従者二人、馬丁二人をしたがえていた。

三条通木屋町へ通りかかったとき、通行人にまぎれていた刺客二名が、いきなり地をけって飛び出し馬上の象山に斬りかかった。しかしこの一刀は象山が馬上にあったために十分ではなく傷も浅かった。この急襲を受け象山は馬腹をけって逃がれようとしたが、うかつにも馬丁の一人は刺客に気づかず、馬が狂奔したのだと見て、大手をひろげて前に立ちふさがったのである。このために馬が棒立ちになったところを、追いすがる刺客の一人が、おどりあがって斬りつけてきた。

象山は六尺近い長身だったし二刀めを受けてたまらず鞍上から、もんどり打って地に落ちた。さらに刺客はすきをあたえず、一、二刀あびせると混乱する場にまぎれ、姿を消したのである。

この象山暗殺は白昼の凶行であった。急報によって月番西町奉行―遠山隠岐守の配下から、御小人目付―棚沢清吉郎、畔柳半六、御徒目付―岡野敬之進らがかけつけ検視にあたった。

被害者の懐中からでた「真田信濃守家来佐久間修理」という名札で、すぐに身元はあきらかになった。このとき象山の服装は、白縮のきものに紺縞のはかま、黒絽の肩衣《かたぎぬ》をつけており、傷は左脇腹に深い突きぎずが一ヵ所と背からみごとな一刀をあびていたのである。

検証

真田信濃守家来
佐久間修理
年齢五十四歳位

一、身ノ丈ケ五尺三寸位、顔細長ク、色白ク、眼細ク、鼻並、歯並前一本欠ク、髪斑白、耳並、単羽織及ヒ袴ヲ着ク。大小ヲ帯フ。落馬ノ儘相倒居リ、頭ヲ西ノ方ニ向ケ、足ヲ東北ニ延シ、疵所ハ左ノ脇肋骨ヲ刀ノ突疵一ヵ所深ク肺ヲ貫キ、而シテ又、背首ノ付根ヨリ五六寸ヲ下リ一刀ヲ下シ、死ヲ確ムル為メ切付タルモノ也。

右之通リ有之候。

右の検証は、三人の検視から御目付衆へ呈出されたものである。このなかで象山の身長を五尺三寸位としたためているが、じっさいには五尺七、八寸であったらしく、当時としては背丈のある男だったと伝えられている。

その夜、京都三条橋に、次のような佐久間象山の罪文がかかげられていた。

松代藩　佐久間修理

此者元来西洋学を唱へ、交易開港の説を主張し、枢機方へ立入、国事を誤候大罪難二捨置一候処、剰《あまつさ》へ奸賊会津、彦根二藩に与党し、中川宮へ事を謀り、恐多くも九重御動座、彦根城に奉レ移候儀を企て、昨今頻《しきり》に其機を窺ひ候大逆無道、不レ可レ容二天地一国賊に付、今日於二三条木屋町一、加二天誅一畢《ぬ》。但斬首可レ懸《かくべき》二梟木一之所、白昼不レ能《あたわざる》二其儀一者也。

この刺客は、さきに述べたように肥後藩士河上彦斎であったが、これに同行した一人に因州藩士前田伊右衛門がいたと言い、また隠岐《おき》の南次郎だともつたえられる。この南次郎は当時わずか十七歳であり、一時は逃がれて九州天草にひそみ、その後、明治政府に用いられ天寿を全うしたと言われる。なお『防長回天史』には、このときの刺客は河上彦斎と松浦虎次郎だとみえている。

また一説には、この象山暗殺にさいして河上彦斎は抜刀した抜身を鞘にそえたまま、伏目がちに馬上の象山をやりすごし、その直後やにわに斬りかかったものだともつたえられている。

河上彦斎が人を斬るときの癖は、右足を前に少し折りまげ左足を後ろへ一直線にのばして、ひざが地面にすれすれになった姿勢で、左手は柄を放し、右手のみでもって斬りつけたものという。これは多年の経験によるものであり、象山暗殺にも、この手を用いたそうである。

このころ河上彦斎は京都の因州藩邸に寄寓していたらしく、藩邸に帰ってきて井戸水で足を洗っていた。そこへ因州藩士—吉岡正臣が通りかかり、彦斎のげたに血のりがついているのに目をつけた。

「河上さん、その血は？」
とたずねると、振りかえった彦斎はひどく狼狽したようすで、
「なに、いま途上で狂犬を斬ったので――」
と、つくろったが、吉岡がかさねて、
「犬と申しましても、ずいぶんひどい血で――」
と不審をかけると、彦斎は初めて、にたりと笑い低声で打ちあけた。
「じつは、ただいま佐久間を斬った――」
ということである。それから二人は座敷へ上がり、その刀を持っているのは危険だというこ
とで、吉岡の刀と彦斎の刀を取り替えた。彦斎の刀は無銘で朱鞘であった。それをずっとの
ちまで吉岡正臣が持っていたが、維新になり伯耆《ほうき》（鳥取県）米子《よなご》に滞在中、某家にあずけた
まま行方をうしなったということである。（「土佐史談」二九号）
暗殺された佐久間象山には、当時十七歳の慶之助という一子がいた。かれは、ぜひ父の仇
を討ちたいというので、勝海舟の添状を得て「新撰組」の近藤勇を頼り京都へやってきた。
近藤勇も、それをこころよく引きうけたのである。
その後、慶之助は母方の苗字をとり三浦慶之助とあらためたが、素行がわるく、さすがの
近藤勇も見放してしまったそうである。
河上彦斎については象山殺害の後は京都を去り、長州あたりで活躍していたようである
が、慶応二年（一八六六）二月、熊本へ帰ったところを投獄された。しかし、明治二年（一

八六九）の二月には釈放され、まもなく名を高田源兵衛とあらため、肥後藩の藩命をうけて東北地方への遊説に出かけている。このとき佐々淳次郎がかれに同行したが、二人は途中信州松代へ立ち寄っている。この地は佐久間象山の出身の地である。同地の有志の出むかえをうけ、一夜の盛宴をはったのだが、その席上で一人がこういうことを言った。

「弊藩《へいはん》には佐久間象山と申して抜群の人物がいたが、尊藩の河上彦斎という御仁に殺された。ただいま佐久間の子息は仇討ちのため国を出ている」

名を変えているので高田源兵衛を河上彦斎と気づく者はなかったし、もちろんその顔を知っている者もいなかったのであろう。これを耳にした彦斎も、

「さようでござったか。じつはその河上と申す者、拙者もよく承知している。そんなことなら、どうか孝子の本望を達してやりたいものだ」

と平然としていたという。

この河上彦斎は生粋の攘夷家で、維新後の明治政府の開化政策にも順応することができなかった。そしてついに政府顚覆を企てたの科《かど》によって、明治四年（一八七一）十二月四日に、三十八歳で断首されたのであった。

水戸藩士　住谷寅之介

藤田東湖《とうこ》、戸田忠太夫が死去し、金子孫二郎、高橋多一郎がたおれ、武田耕雲斎、藤田小四郎が刑死した水戸藩士のなかでは住谷《すみや》寅之介《とらのすけ》（信順）（一八一八―六七）ひとりが光っていた。

かれは勘定奉行―住谷長太夫（信成）の長子として生まれ、小十人徒士目付《こじゅうにんかち》に召し出され馬廻組に列して以来、たえず政治活動に奔走し「密勅事件」（安政五）にも参加したばかりでなく、また変名加藤於菟之助《おとのすけ》を用いて同志の大胡《だいご》聿蔵《さいぞう》（資敬）と北陸から南海道にかけて遊説した経歴がある。このとき土佐の国境―立川関まであらわれ坂本龍馬らと会っている。

文久二年（一八六二）の正月に老中―安藤信正を要撃した「坂下門外の変」では、その黒幕的な存在だったと言われるし、同年の勅使東下のさいには、在野の志士と協力して幕政改革にもはたらきかけている。

住谷寅之介は、土佐藩主だった山内容堂からも信頼をうけていたようである。江戸、京都などでもしばしば容堂の招きをうけ、時勢論を進言したこともある。このことを裏づける容堂から住谷あての手紙があり、それには住谷を第二の藤田東湖とみたてた文面がある。次に引用してみよう。

先夜は意外の事、愉快不レ可レ言、再び東湖先生に逢候心地に候ひき。廟堂爾来如何、先づ勢宜方《よろしきほう》、何卒公武御合体之所奉レ冀《こいねがいたてまつり》候。已後の義家臣より密に可レ報候也。磁壜《じびん》一つ即ち先夜用候品贈申候。匆々。

六　日

またあるとき土佐藩家老の深尾鼎《かなえ》が同席したので、容堂は住谷と深尾とを引き合わせたことがある。そのとき門閥家にありがちな横柄な態度でおさまっている家老の深尾に向かい、

「天下の志士、住谷先生を前にしてその態度はどうであろう」

と容堂は嫌味《いやみ》を言い、深尾を赤面させたという。これが住谷寅之介を感激させ、引きさがったあとで、

「容堂公のためならば、この命を投げだしてもおしくない」

と友人にもらしたと言われる。

文久三年（一八六三）に水戸藩主―徳川慶篤《よしあつ》が上京したときも、住谷寅之介は「大番組軍用掛心得」という役目で随行している。そして姉小路公知《あねがこうじきんとも》はじめ諸卿へも出入りして時勢について論じたようである。翌年（元治一）には「京師警衛指揮役」に任じ、以後ずっと京都に詰めることになる。いわゆる水戸藩―本圀寺党の領袖株《りょうしゅうかぶ》であった。

この住谷寅之介が暗殺されたのは、慶応三年（一八六七）六月十三日の夜、かれが五十歳のときであった。場所は京都の松原河原であった。

急をきいてかけつけたとき、死体は松本権十郎と名のる男が引きとり、町役人らと相談のうえ本圀寺近くまではこんであった。住谷のおびていた大小、懐中物はいっさい紛失しており、意趣遺恨か、物とりの仕わざか、もとより下手人（刺客）もわからない。

長男の住谷七之允《しちのすけ》が現場へ行き、いろいろ手がかりをさぐっているうちに、町方から差し出してある非人―傘屋という者が凶行現場を見たというので、かれに問いただしてみると、――くせ者は宮川町辺から住谷をつけねらったものらしく、抜身《ぬきみ》をひっさげて尾行していた。ちょうど河原板橋へかかるころ、無言のまま背後から一刀を斬りつけ、そのまま西へ逃げ去ったが、髪の結いかたから服装、まぎれもなく土佐人。背は高いほうで、布羽織に白小倉のはかま、紅がらをぬった朱鞘の刀をおびていた、という。いま一人、連れらしいのがいたが、これは中背で羽織、はかま、佩刀《はいとう》も前者同断。――これが非人―傘屋の語るところであった。

また、遺体引取人、松本権十郎という人物はどうか。これも町年寄にただしてみると、上背があり、あばた面、紋付のきもので羽織、はかまはつけていない。ことばは東国なまりがあるというので、傘屋の話からおして刺客とはちがっている。さらに遺体をはこんだという人足らは、

「本圀寺まで送ったときは、懐中物はたしかにありました。なくなったとすれば、その後のことでだれが盗んだやら――」

と話した。この人足の語ることにまちがいがなければ、下手人が物とりとは考えられなかっ

た。

寅之介の二男―住谷忠次郎は、このころ所用のため中国辺へ出張していたが、急報によって京都へ引きかえし、兄―七之允と相談のうえ仇討ちを決定した。七月（慶応三）中ごろに二人は本圀寺を出ると町人を装い、伏見辺で心当りをさがしまわった。九月中ごろから七之允は摂州の広瀬村で水無瀬《みなせ》という家、そこの人足部屋へ肩入れして宮川町辺で働いていた。弟の忠次郎は土佐藩邸の掃除部屋へやとわれ、それとなく刺客のうわさに注意していた。

そして「大政奉還」「鳥羽伏見の戦」とはげしく時代がうつりかわり、明治一年（一八六八）の三月になった。この間の刺客追及もむなしく、ふたたび住谷兄弟は武士の姿にかえり、京都の内外をさまよっていた。やがて夏になり松原河原で納涼がはじまるのも近い五月中ごろである。住谷兄弟は顔見知りの宮川町住居、伊勢屋お熊という女から次の話をきいた。

「昨夜、鞘町の親戚で近江屋源三郎という人に会いましたら、近江屋によく出入りなさる土州藩の山本旗郎《はたろう》と申すお武家が、昨年、祇園祭の前夜、水戸人を斬ったのはおれだ、と申されたそうで――」

そこでさっそく近江屋をたずね、山本旗郎の風采をただすと、背丈、着衣、佩刀まで以前に非人―傘屋から耳にしたことと付合するのである。念のために、魚の棚の研師《とぎし》―松本定二郎という者にきくと、「去年の六月十四日、山本さんから急に刀を研《と》いでくれとのことで、拝見すると血のりがついている。それに切先《きっさき》は欠け、刃は引けているので、ただごとではないと思いました。その前年（慶応二）の十二月に拝見したときは、まったく無疵《むきず》でした」という答えである。

　山本旗郎が刺客の一人であったことは疑いない――そう判断した住谷兄弟はただちに京都土佐藩邸へ山本の在否を問うと、先だって下坂したという。すぐに大坂へ追いかけたところ、すでに帰国した後であった。しかし近日中にふたたび上京するとの話である。そこで兄の七之允は川口の人足部屋へ住込み、山本旗郎の下宿どなりの仏具屋と、土州寄宿―諸津屋へときどき出入りして、その消息をうかがっていた。また弟の忠次郎は京都にいて土佐藩邸を、さぐっていたのである。

　その年が明けて明治二年（一八六九）となったが、まだ山本旗郎の消息がつかめなかった。

「もしかすると、東京（明治一、江戸は東京と改称）へ出たのではないか」

と考え、兄弟は東京へ出る準備をしているうち、その二月から兄の七之允が病床にふせった。弟の忠次郎はその兄をおいて東京へ立つこともできず看病しているうちに、九月となった。このころ七之允の病気も軽くなったのを機に忠次郎は単身東京へ立った。

　あとに残った七之允は、いちおう土佐の方を調べたいと考え、手がかりを探っているうち、信州生まれの野口庄三郎という男が、土佐の材木伐出《きりだ》しをやっている。その男に頼み込み、手代《てだい》ということで明治二年十月に土佐入りができることになった。そして、ようやく高知表へついたのが同年十一月下旬である。さっそく山本旗郎の消息をさぐってみると、同月十一日に一足ちがいで東京へ向かったという。残念だが目ぼしはついたのであった。

住谷七之允は一日、山本旗郎の父、山本惣右衛門をたずねて、かねて京都においては旗郎と懇意だった者だと、それらしく話をもちだした。

「ついては私も所用を果たしたので、近々のうちに関東へまいります。何かご子息へお言伝でもあれば承っておきましょう」

と言い、旗郎あての一封の手紙を書かせた。

同年十二月十七日、土佐の野根浦から出帆して途中京都へ立ちより、翌年（明治三）正月十日に、七之允も東京へ出たのである。

そして同月二十九日、鍛冶《かじ》橋の土佐藩邸をたずねると山本旗郎がいた。父からの手紙を持っていたので山本も心をゆるし、誘われるままに外出したのである。仇敵を刺そうと突こうと、ふくろのねずみというところまでこぎつけた。しかし念のため、当人の口から実否をたしかめようと考え、かねて書いておいた近江屋源三郎差出しの偽手紙を山本に手わたした。

次のような内容である。


内々申上候。卯年祇園祭前夜、松原河原之一条、事六ケ敷相成、斬候事よりも紛失之品吟味有レ之候。被《きら》レ切《れ》候人の紙入の内に大坂加島作より金子取引之証文入置、其儘紛失致候趣にて加島作迷惑仕居候由、夫れに付切候人は旦那様故、紛失之品物も御存じ候はんと被レ申、私方迄手先両度も被二参糺一《まいりただされ》有レ之候次第、切候事は心配無レ之様に候へ共、万一紛失之品御手許に有レ之候様の事御座候へば此先心配に候間、右品有無御尋申上候。此段内々為ニ御知ニ申上度、態々《わざわざ》申上候。


右の文面によって山本旗郎の口を割ろうとしたのである。そして、

「お返事は二月四日に西京への便りがありますから、それまでにお認めおき願いたいもので――」

という七之允の催促に山本もうなずき、その日は何ごともなくわかれたのである。

次は二月四日であった。七之允は約束どおり山本を誘いだした。道々、山本の返事を受けとり読んでみると「文中の意味逐一承知致候間、心配致さゞる様」との文面である。これでは仇敵の真否がはっきりしない。

「旦那様、ぜひ一つ断った事実と品物の有無をはっきりお書きになっていただきたいのでございますが――」

と、かまをかけてみた。すると、

「いや、書中にはしたためかねるが、このさき、たとえ屋敷へ問い合せがこようとも、源三郎には迷惑はかけぬ。紛失の品は拙者の存ぜぬことゆえ、当方よりさわぎ立てぬよう、その方より伝えてくれ」

と山本も容易に七之允の望む、証拠となるような筆を取ろうとしない。そこで七之允は父―寅之介横死のうわさばなしを、それとなく持ち出してみた。

「あのせつ、お断りになったのは旦那様に相違ございませんか」

　山本は何気ないふうで、

「品物などまったく知らんが、松原河原で水戸人を斬ったことは覚えている」

というのであった。そこで七之允はさらに、

「そのせつ、お連れの方はどなた様で――」

と追及すると、

「もう、そのことは申すな」

と山本旗郎は、さすがに不快な顔をした。この次は九日に会って、一ぱい飲もうということにして別れている。

　九日になって山本旗郎をたずねると、

「ただいまは、一昨日国もとから父が病死との知らせがあったので、引きこもり中ゆえ、よんどころなく他出はできぬ」

というあいさつである。もっとも七之允は山本旗郎と初めて会ったときから野口庄三郎の手代になりすましていた。そこで山本が他出できぬとあっては仕方がないので、

「じつは今度、大坂から廻漕した材木の一件で、あれこれ内輪もめがして困っており、万一らちがあかないせつは、旦那様に、一度だけ口をきいていただきたいのですが――」

と申し込んで、その日は引きとった。その後にも三度ほどたずね、同月二十三日に会ったとき、

「先日お話し申しあげた材木が、きのう着船いたしました。ごめいわくでもございましょうが、明晩はぜひ野口庄三郎まで、ご足労をねがいたいので、外神田旅籠町三丁目の、蛇《じゃ》の目と申す料理屋、あすこでお待ちうけいたします」

と申し込んだ。山本は忌中で外出できない身分だったが、心安く引きうけた。

二十四日の朝になると、住谷兄弟は今夜こそと覚悟をきめた。念のため七之允は封書をもって「今晩の約束を必ず――」と、だめを押した。

さて、その夜の五つ時（午後八時）ごろ駕籠で山本旗郎が「蛇の目」に姿をみせた。

「見とがめられてはならんから、塀をこえてまいった」

と山本がくつろごうとするのを、とにかく急ぎの用だからと、その場で七之允と山本の二人は外へ出た。行先は筋違見付《すじちがいみつけ》外である。そこに弟の忠次郎が支度をととのえて待ちうけていたのである。くらやみから二人の姿が現われたのを見とどけると、

「松原河原の親の仇、山本旗郎――」

と呼びかけた。不意をつかれた山本も、

「おう――」

と、さすがに油断なく腰の刀を抜き合わす。数合打ち合わせているうちに、町人姿をよそおっていた七之允がふところから匕首《あいくち》をぬき、山本のすきを見て突き刺しながら組みついた。それにつづいて忠次郎が、さらに一太刀を加えたのである。

ちょうどその場へ通りかかった刑部省役人で、柳川藩出身の某氏が、

「何故だ、控えろ――」と制しかけるのを、
「父の仇討ちでござる。その場でお見届けを――」
と挨拶し、山本の首を落とした。(『住谷兄弟復讐届書』)

この住谷七之允、忠次郎は即日、弾正台《だんじょうだい》から水戸藩へ引きわたされている。山本旗郎の遺体と首級は土佐藩へ引きとり仮埋葬した。土佐出身の参議―佐々木高行、刑部大輔《ぎょうぶだゆう》―斎藤利行はじめ在京の面々は翌日、鍛冶橋の藩邸へ集まり合議したすえ、次の一書を水戸藩へ送ったのである。

我藩山本旗郎儀、御藩住谷兄弟にて仇討致候趣、尚取糺候処、父の讐《かたき》に相違無レ之、武士之道相立候儀本望之儀と被レ存候。弊藩に於て聊かの異議も無レ之、此段以二使者一申入候。

なお佐々木高行は、その日の日記に、「我藩士仇討に逢候儀甚以て不面目に候へども、天道の許さゞる所、致方無レ之候也。」と感想を記している。(『佐々木高行日記』)

一橋家用人　原市之進

十五代将軍―徳川慶喜は江戸幕府の最後の将軍である。かれは一橋を称していたころから英名を博していた。これは慶喜の天性にもよるだろうが、その影にあって補佐した人びとの功績は見のがせない。

江戸幕府の若年寄から大目付になった永井玄蕃頭（尚志）や外国奉行―平山図書頭（敬忠）らは幕閣の表面に立った人物であるが、裏面ではたらいた人物には、一橋家直臣の中根長十郎（方言）、同じく平岡円四郎（方中）、黒川嘉兵衛（雅敬）、梅沢孫太郎（亮）、新村平吉郎（猛雄）、原市之進（忠成）らがいた。また、侠客として名をなした新門辰五郎も黒川嘉兵衛の手のうちにあって立ちまわり、慶喜の信任を得ていたとさえ言われる。

これらのうち中根長十郎、平岡円四郎、原市之進の三人は暗殺されることになる。これは三人が慶喜の影にあって、もっとも重きをなしていたという証拠でもあろう。とくに原市之進は学識、手腕ともに他の者よりぬきんでていたと言われ、幕末の政治裏面にあって薩摩の大久保市蔵（利通）と、しのぎをけずったものであった。

最初に暗殺されたのは中根長十郎であった。かれは一橋はえぬきの用人であり、弘化四年（一八四七）九月に慶喜が御三家の水戸から一橋家をついだころから仕え、番頭用人から側用人にまで引き立てられ、幕府から五百俵、一橋家から五百俵、計千俵の禄を給されていた。老成な人物で慶喜の信用もあつく、文久三年（一八六三）十月に慶喜が二度めの上京のさい、それに供をすることになっていた。その出発前、同月二十三日に雉子橋《きじばし》門外において、攘夷派浪士によって殺害されたのである。

中根長十郎の性格から言って、私的な恨みによる暗殺は考えられなかった。したがって一橋慶喜が攘夷をためらうのが浪士の気に入らず、その除奸ということで暗殺されたとみるべきだろう。当時の風説の一つに、慶喜の態度はすべて中根の進言によっている、と同役の平岡円四郎が他にもらしたので、それが中根にとっては意外な遭難に見まわれたのだ、と一般に考えられた。

次に平岡円四郎（一八二二―六四）は旗本―岡本近江守（成）の四男として文政五年（一八二二）十月七日に江戸下谷練塀小路で生まれ、天保九年（一八三八）三月四日に、平岡家の養子となったものである。変り者で、他人との交際はなく、しかも、生まれながら非凡なところがあったと言われる。これに着目したのが、実父―近江守の親友、幕末の江戸幕閣のうち偉材と言われた川路左衛門尉《じょうとしあきら》聖謨である。そして円四郎を水戸の藤田東湖や戸田忠太夫へ紹介した。

そんな縁から藤田東湖らの推挙をうけ、嘉永六年（一八五三）十二月十三日に初めて一橋家に入り、百俵十人扶持《ぶち》の雇《やとい》小姓となった。動作は粗野であるが、生まれながらの英才の気質が一橋慶喜に気に入られ、その後、文久三年（一八六三）五月八日に一橋家用人となり二百俵のほか合力金若干を給され、その上に慶喜の斡旋によって幕府から本高百俵を給されることになった。

文久三年十月に上京したときは、同役の黒川嘉兵衛とともに隠然権力をにぎり、

「天下の権朝廷に在るべくして在らず幕府に在り。幕府に在るべくして在らず一橋に在り。一橋に在るべくして在らず平岡黒川に在り」

と評されたほどである。右のことから、一橋慶喜の攘夷因循の責任は、しぜんその補佐した人物にあるものと見られた。中根長十郎もそのために横死し、平岡円四郎も攘夷派の刺客からのがれることができなかった。もっとも、当初は平岡も水戸派の攘夷論者であり橋本左内らとは激論したこともあったが、のちには左内の開国説に服したのである。また渋沢栄一（のちに第一国立銀行経営）も平岡と親交があったらしく、ある日、江戸柳原の料亭で水戸の激派—三橋某と会談中に、三橋が、「平岡という奴はけしからん。これから押しかけて、ぶった斬るから貴公案内してくれ。たのむ」と言い出した。そこで渋沢もいろいろとなだめたが承知しない。仕方なく同道し外出したが、途中でまた別の料亭へ引っ張りこみ、酒をすすめた上で、渋沢は三橋をまいたということである。

この当時の狂詩に、小笠原明山（図書頭長行）、平岡円四郎、水野癡雲（忠徳）、一橋慶喜らを諷した次のようなものがある。

出没明山瞑色遥　前途日落更蕭条

平岡十里癡雲合　望断江門第一橋

元治一年（一八六四）五月には平岡円四郎は一橋家の家老並《なみ》となった。六月には諸大夫に栄進し近江守と称していたが、同月十六日の夜、京都で一橋家家老―渡辺甲斐守（孝綱）を訪問した帰りに、水戸藩の林忠五郎、江幡貞七郎に要撃されたのである。

刺客の初太刀で右肩から左の肋《あばら》まで斬りさげられて即死であった。このとき従者も二人ともに殺害され、同行の川村恵十郎（正平）は深手をうけながら刺客を追ったが、むだであった。このとき平岡円四郎は四十三歳であった。

刺客の林、江幡はその場から一時のがれたが、いずれも重傷をうけており、千本通りまでくると、たおれてしまった。

一説によれば、攘夷派の浪士は一橋慶喜の責めを原市之進へ向けた。ところが原は功弁にまかせ、その責任を平岡円四郎に向けたというのである。ちょうど平岡が中根長十郎に責めをなすり横死させたと同じ結果で、因果応報だとうわさされたのである。この一説の当否は判じがたいが、平岡ほどの才物を窮地におとし入れたとうわさをされるだけあって、原市之進もすごい才腕を持っていたと見える。

原市之進（一八三〇―六七）は、水戸藩士―原十左衛門（雅言）の二男として、文政十三年（一八三〇）正月六日に生まれている。（なお文政十三年十二月十日に改元され天保となる）

かれは藤田東湖の従弟であり、その指導をうけ、弘道館では会沢憩斎《けいさい》について経史をおさめ、文は青山延光にまなんでいる。嘉永五年（一八五二）十二月に江戸に出ると、羽倉簡堂、塩谷宕陰《とういん》、藤森恭助らについて昌平黌の門もくぐった。

同六年にはロシア使節プチャーチンの応接使—川路左衛門尉らにしたがって長崎へ向かっている。そして安政三年に水戸へかえると五軒町に「青莪塾」を開いた。主として経済、実学を教え、詩文は達意を目的としていたようである。この青莪塾は、藤田東湖、茅根伊予之助のあとをうけて水戸の学界を風靡《ふうび》したと言われ、塾生は五、六百余をくだらず伍軒《ごけん》先生の名で知られた。「伍軒」はかれの号であり、また別号を「不愧斎」字は「仲寧」であった。

この原市之進の志気と才腕は、かれを一学究者としておわらせなかった。安政五年（一八五八）四月の「密勅事件」のときには、水戸藩で同志十五人と結び、同年九月十五日に江戸へ出て、しきりに勅諚回達を主張した。また、万延一年（一八六〇）の春、還勅の催促があったときには、反対論十ヵ条を水戸藩府へ呈出した。こうした政治活動を通じて表面に出ることは少なかったが、攘夷派の志士とは密接な交渉をもっていたのである。

文久二年（一八六二）正月の「坂下門外の変」で安藤対馬守《つしまのかみ》（信正）が要撃されたとき、その刺客たちが所持していた斬奸状は、この原市之進が起草したものだという一説もある。

文久二年十二月に「奥祐筆頭取」となって大番に列し、翌年の春には水戸藩主—徳川慶篤《よしあつ》が、時の将軍家茂《いえもち》の上京にさいして従行を命ぜられたとき、原市之進も大場一心斎、中山与三左衛門らと先発して京都へ向かい、それ以来、京都本圀寺にとどまっていたのである。そして元治一年（一八六四）四月に、一橋慶喜が「禁裡守衛総督」になったとき、初めて一橋家に御雇の名義で入ったのである。

一橋慶喜と原市之進とは、それ以前から面識があった。それは慶喜がはじめて上京するとき、江戸小石川の水戸屋敷へ暇請《いとまご》いに出たとき、原が政治改革について私見をのべたといわれ、それがきっかけとなり、上京後もしばしば慶喜のもとへ出入りして、進言するようになった。この当時、一橋家においては平岡円四郎の時代であった。その平岡が元治一年六月に暗殺された後の一橋家で権勢をふるっていたのは黒川嘉兵衛だが、原市之進の登場で黒川も後退したのである。

慶応一年（一八六五）九月十四日、原市之進は一橋家「御側御用取扱」となり、同十一月九日には幕府から三十人扶持を給され、同十一日に慶喜の命で「御雇中席順本役御用人の通り」となっている。

翌慶応二年七月に十四代将軍家茂が死去すると、一橋慶喜が十五代将軍（徳川慶喜）となった。この年八月二十日に原市之進は「奥番格奥詰《おくづめ》」として五十俵を給され、布衣《ほい》の班にすすみ、また目付を命じられて百俵の加禄をうけた。このような栄進ぶりは他に類がないことで、慶喜の信任が、いかに大きいものであったかを示している。

原市之進は、眉目清秀、ものしずかな態度のうちに鋭いものを秘めており、事の大事に当っては、おどろくべき決断をもってのぞみ、どのような反対派でも押し切る男であった。慶応二年（一八六六）十二月に孝明天皇崩御のおり、慶喜の命をうけて山陵および葬祭のこと、いっさいを古式に復しておこない衆目をあつめたという。その賞として京都二条に屋敷を与えられた。

このころ兵庫開港と長州藩処分に関する問題が生じた。薩摩の大久保一蔵が幕府に反対してその権威をけずろうとこころみた。これに対し原市之進のとった画策は、二条関白、賀陽《かや》宮《みや》（中川宮）以下の宮、公卿を説いて、幕府側の主張を通し、ついに薩摩をおしきった。このために薩摩や長州の反撃をうけることになった。また、この原の手腕、名声には幕府側のうちにも水戸藩内にも、さまざまな嫉視、反感があつまり、ことに兵庫開港については攘夷派の浪士から狙われる結果をまねいたのである。

慶応三年（一八六七）八月十四日の朝、二人の刺客が京都二条にある原市之進の屋敷をたずね、「本圀寺のものだが、原先生の御意をえたい」と面会をもとめた。そのとき市之進は出仕まえで髪を結っていたという。本圀寺というのは水戸藩士の屯所である。そこで取次ぎの者も心得て二人の者を次の間へ通した。その直後に刺客二人は抜刀し、原市之進の部屋へおどり込んだのである。有無を言わせず背後から一刀のもとに原市之進の首を討ちおとした。そのとき原の家来—安達啓之助も刺客の凶刃に見まわれている。

二人の刺客は、原の首を持って屋敷をのがれ出たが、急をきいた若党の小原多三郎、宮原新吉らにすぐ追跡され、二条城近くの老中—板倉伊賀守（勝静）の屋敷の前で追手に斬り伏せられ、手にしていた首級をうばい返されたのである。

この二人の刺客は、ときの陸軍奉行—竹中丹後守（重固）の配下で、鈴木豊次郎（宜徳）

と依田《よだ》雄太郎（直守）であった。そして今ひとり豊次郎の兄、鈴木恒太郎（庸中）は、二人が目的をとげたのを見とどけると、ただちに月番老中―板倉伊賀守へ自首している。かれが持参していた斬奸状は原市之進、梅沢孫太郎らが補佐をあやまり将軍慶喜に兵庫開港を奏請させたことを非難したものであった。

原　市　之　進
梅　沢　孫　太　郎

此者共儀、元水藩にして源烈公に奉事し、先哲之間に交り、兼て尊攘之大儀を乍㆓講究㆒当時顕要之地位に居り、奸謀を逞《たくましゅう》し、剰《あまつさえ》今度兵庫開港之儀に付、恐多くも先帝之叡旨も不㆑顧、天徳を欺罔し奉り、我君をして勅許を要し奉るに至らしむ。源烈公の遺旨を奉じ、我君を輔弼《ほひつ》し、尊攘之盛挙あらしめてこそ至当之儀なるに、一死を惜み、己の栄利を貪り、苟安《こうあん》を旨とする件々不㆑少段は臣等之多言を待ず、国体を破壊し天倫を滅裂し共に不㆑戴《いただかざる》㆑天賊臣也、臣等衆庶之所㆑悪《にくむところ》者必誅㆑之義に原《もと》き、今身を以て当㆑之、上は先帝在天之霊に謝し奉り、中は君家之汚辱を雪《すす》ぎ、下は衆人の所望に答るなり。天下有識之士、幸に之を察せよ。

慶応三年丁卯八月

幕府小臣
鈴　木　恒　太　郎

同　豊次郎
依田雄太郎

右の斬奸状のほか一通の同主旨の訴願書を板倉伊賀守に呈出している。これによると背後関係による暗殺ではなく、自己の信奉する攘夷論から発した行為であったように思われる。同時に依田と鈴木恒太郎は、それぞれ次の辞世をのこした。(『丁卯雑拾録』)

闇の夜の死出の山路にかかる共
踏まよはしな日の本の道　依田雄太郎
二荒の神の御心しつめんと
朝な夕なの心つくしを　鈴木恒太郎

鈴木恒太郎、鈴木豊次郎ら三人の江戸の支配方からは、この原市之進暗殺の報をきくと、次のような伺書が出されている。

私共組鈴木恒太郎外二人、当地脱走京都へ罷越乱妨相働候段、奉㆓恐入㆒候。依㆑之差控之儀奉㆑伺候。以上。
八月廿三日

駒井甲斐守
藤沢志摩守
合原左衛門尉
戸田長門守

これを受けた幕府当局では「先不レ及二差控《さしひかえ》一候」との付札をはって、この伺書を却下した。これは一説には旗本の山岡鉄舟（鉄太郎）、中条金之助、松岡萬、榊原采女《うねめ》、小草滝三郎、関口艮輔《こんすけ》らが、原（市之進）を以て君側の奸となし、兵庫開港の非をあげて三人の刺客を同年七月十日に江戸から京都へ向かわせたものだという。

また同じ旗本の高橋伊勢守（泥舟）が目付になろうとしたところ、どういうわけかそれが果たされない。これは多分に原市之進のじゃまが入ったのだろうと推測し、兵庫開港にかこつけて衆人の前で高橋は原をののしった。これがうまく当たり、激昂した連中の中から、先の三人の刺客が出たものだとも伝えられる。それに今ひとつは、京都本圀寺詰めの水戸藩士のあいだにも、ひそかに原市之進を狙っていた者があったという説もある。手腕家であっただけに敵も多く、多方面から狙われていたとしてもふしぎではない。

以上を考えると、原市之進暗殺も単に刺客三人による単独犯行ではなく、糸をたぐれば背後関係があったことも、当時の状勢から判じると否定できなくなる。

原市之進の横死は三十八歳のときであった。遺体は京都東山長楽寺に埋葬された。夫人—

松本氏とのあいだに一女子があった。その娘を兄の子――那珂三郎（貞）とめあわせたのだが故あって離別し、その跡は絶えたという。

生前には他からの憎悪、敵視をあびた原市之進だったが多くは風説にあやまられたもので、その死後は、いくつかの真相も判明し、かれを愛惜する者もあった。刺客の一人であった鈴木恒太郎もその一人である。つまり兵庫開港についての事情、前後関係を説明されると、自分の非をさとって凶行を悔い斬刑に応じたと言われる。また刺客を放った一人とうわさされた山岡鉄舟も、後日その軽率さを歎じていたと、同志――薄井竜之（信州出身）が語りのこしている。なお明治になってから原市之進には従四位がおくられた。（『徳川慶喜公伝』）

坂本龍馬と中岡慎太郎

京都見廻組―佐々木唯三郎一派が、慶応三年（一八六七）十一月十五日の夜、坂本龍馬、中岡慎太郎の二人を暗殺した。これは幕府側として大きな収穫であった。

もっとも狙ったのは龍馬のほうであり、中岡はちょうどその下宿先へ来合わせていたところであり、側杖《そばづえ》を食ったわけである。もちろん当時としては中岡も、見廻組や新撰組のブラックリストにのせられていたのはいうまでもない。新撰組を脱して泉山の御陵衛士頭をつとめていた伊東甲子太郎《かしたろう》は、その辺の消息をつかんでいたらしく、坂本・中岡両士に注意をうながしていたようである。これに関して船越衛（芸州藩士、当時洋之助と称す）の談話がある。

〔船越衛・談話〕

慶応三年十一月中旬、石川清之助（中岡の変名）が近藤勇のために暗殺されました。その前月に伊東甲子太郎は石川清之助の旅寓に行って、石川に面会して、「私は新撰組の一人であるが、お前を殺すということになっておる。私が新撰組におって、お前にそう言うことをいえば、あるいはうそかと思うかもしれぬが、決してうそではない。新撰組はいろいろ変遷してきて、今日では甚だよくないことになっている。それでお前らは天下の名士であって、国家のためにつくすということは承知している。承知しておるので助けたい。今日、私はその方針に向かって天下の名士を助けようと思うから、どうかお前も私の言を用いて、なるべく危険をさけてもらいたい」

そこで、石川清之助はこれをきいて、これは自分の心を引きにきたのか、どういう趣意であるかわからぬから、一考して答えて言うには、

「そのご厚意はかたじけないが、私も天下のためにつくすのであって、身を惜しむという考えはない。万一のことがあらば天なり命なり、決して私は志を変えるようなことはせぬ」

と、よほど強く言って帰した。その夕刻、私どもの所に石川がきて、

「今朝、伊東甲子太郎がきて、このようなことを言ったが、あれはかならず我をこころみるのであろうと考えたから、強く言って別れたが、それはあるいは本当かもしれぬ。万一のことがあるかもしれぬから、しばらくあなたの宿に潜伏しよう」

ということで、その夜は私の宿に泊りました。しかるところ私は急に用事があって国へ参り、かれはまた自分の宿へ帰りました。それから私は十一月末に上京しますと、坂本龍馬と石川清之助の両人が、このあいだ暗殺されたということを聞きおどろきました。前に伊東甲子太郎が忠告したのは、まったく作意ではない。それが事実であったのでございます。(『温和会速記録　五』)

この〔船越衛・談話〕のなかで、坂本・中岡が近藤勇に殺されたというのは、まったく誤説である。また一説には、伊東甲子太郎は坂本龍馬にも忠告したが、さして気にとめないふうだったので、どうも残念だ、とこぼしていたとも言われている。

坂本龍馬は海援隊長、中岡慎太郎は陸援隊長として、それぞれ土佐藩の支持をうけ、浪士団を統卒し、倒幕運動にはたらいていたのである。当時この二人の京都における勢力は大きいものがあった。

同じ倒幕論をとりながら坂本は平和論、公武合体の力をもって旧勢力を駆逐する言論主義をすすめていた。いっぽう中岡は、そうした空論ではだめだ、どこまでも武力をもって旧勢力を根底から打ちくだかねばならない、という用兵主義の立場をゆずらなかった。この中岡の主張から一時は土佐藩の後藤象二郎を刺す、同じく福岡藤次（孝弟《たかちか》）を斬る、と言って公武合体派を憎悪したようである。

だが、「大政奉還」をみるに至って中岡も坂本の言論主義に耳をかたむけるようになっていた。暗殺される前には龍馬とともに近くの福岡藤次の下宿を二、三回にわたりたずねたが、そのつど福岡は祇園に入りびたりで不在のため会うことができなかった。これについて〔福岡孝弟・談話〕がある。次に引用してみよう。

〔福岡孝弟・談話〕

坂本は中岡と談合中のところをやられたものですが、龍馬は私のかえらぬ留守に二、三度きております。それはどうかと言うと、前にお話したように、中岡がどうしてもきかない、ところが、いろいろ折れおうたものであるから、そこで留守へきて言うには、私に安心させようと思うてきたものらしい。最後にきたときにそれをいうたようです。だいぶ中岡が折合いがついたということを、坂本が言うておったという話で、それで私に安心させようとしたことがわかりましたが、私がかえってみるとやられていた。

枝のお話になるが、私もほとんど中岡には刺されようとしたことがあります。その申し分によっては、私を刺すつもりでくると、私がそこにおらぬゆえ、止《や》んだというようなことが一度ありました。(『温知会速記録　一』)

当時、坂本は才谷《さいたに》梅太郎の変名をもちい、中岡は大山彦太郎、石川清之助などと称していたが、とくに陸援隊を組織してから横山勘蔵という変名も使っている。陸援隊の本部は洛外白川村にあった。坂本は初め河原町三条の材木商―酢屋《すや》(中川嘉兵衛)に居をかまえていたが、のちに同町の醤油商―近江屋(井口新助)に移ったのである。

主人―新助は坂本が刺客にねらわれているのを気づかい、裏庭の土蔵に密室をこしらえ、万一の場合には裏手のはしごをおりて、誓願寺の方へのがれるよう準備していた。これは家の者にも秘密としてあり、坂本の下男―藤吉が食事や寝具のせわを一人で受けもっていた。

この藤吉は大津鹿関町の生まれで、苗字は山田である。石灰の俵をあんでいた父が死去したのち、力士をこころざし「雲井竜」ととなえていた。力士をやめて先斗町《ぽんとちょう》の「魚卯」という料理屋で出前持ちをしているうちに、坂本の用人―長岡謙吉にかわいがられ、坂本のせわをするようになった男である。年齢は二十五、六歳であった。（「井口新助・談話」）

遭難の当日（慶応三年十一月十五日）、坂本は前日から風邪気味で用便などに不自由だからということで、主家の二階へ移っていた。真綿の胴着に船来絹の綿入れをかさね、黒羽二重の羽織をひっかけていた。

その日中岡は、前年に同志の宮川助五郎が三条大橋で制札をすて去ろうとして、新撰組に斬りかけられ、そのさい重傷をうけた上に投獄されていたのが放免されて出てきたので、その一件について相談をかね、坂本の下宿をたずねてきたのである。

ちょうどそこへ土佐藩下横目―岡本健三郎と本屋―菊屋のせがれ峰吉などが来合わせた。

そのときのもようを峰吉がくわしく語っている。

〔鹿野安兵衛・談話〕（すなわち峰吉――「大正五年・川田瑞穂氏聴取書」）

私は本年六十六歳ですから、慶応三年には十七歳です。前にも申しあげたとおり私の家は河原町四条上ル東側の書物屋で、ご近所でもあり、古くから土州屋敷へ出入りしていました。私が坂本さんに知られたのは中岡さんとの関係からです。中岡さんは初めて土佐を脱走してこられた時分、私の家に下宿しておられたので、しじゅう坂本さんと往来し、私はそのころ小僧でしたから、たびたび使い歩きを命ぜられ、しぜん坂本さんに会う機会ができたのです。

坂本さんが近江屋へ下宿したのは、前年（慶応二）の暮れごろか、あるいは当年の春ごろからでしょう。その前は河原町三条下ル東へ入ル北側の材木商—酢屋嘉兵衛方にしばらくいました。遭難当夜、私が近江屋へ行ったのは、その日の夕方、中岡さんが私の家へこられ、

「この書面を薩摩屋へ届け、返事は近江屋へ持ってこい」

とのことでしたから、夕飯後その返書を持って行ったのです。……薩摩屋というのは麩《ふ》屋町錦小路上ル所にあって、呉服屋か何か、ちょっと忘れましたが、たぶん薩摩人かあるいは薩摩藩の御用達でしょう。ある日、中岡さんが私をつれて、その薩摩屋へ金を借りに行き、一朱金ですか、一歩金ですか、大きな箱入りの金を私がかつがされて、重くて困ったことがありました。

私が行ったのは夕飯後ですから、今の時間で、まず七時ごろでしょうか、しばらくしてから岡本健三郎が来ました。（註・ここで遭難した部屋の間取りと主客の座を図で示す。東側河原町表通りから八畳六畳、四、五寸上がってまた六畳八畳つづきの長二階、藤吉が表の八畳に一人、奥の八畳には床の間を背に坂本がすわり、火鉢と行灯を中にして中岡と対座、そのわきに岡本と峰吉が控えて、物干台に向かい、中岡の背後には屏風が立ててある）

まず、こういうふうで浮世話をしておりましたが、坂本さんが、

「腹がへった。峰《みね》、軍鶏《しゃも》を買うてこんか」

とおっしゃる。

「おれもへった。いっしょに食おう。健三、お主《ぬし》も食って行け」

「私はまだほしくない。ちょっと行く所もある。峰といっしょに出よう」

と岡本が言う。

「また、亀田へ行くのだろう」

と中岡さんがひやかす。亀田というのは河原町四条下ル売薬商太兵衛のことで、その娘のお高というのは、岡本と関係があったからです。岡本は頭をかいて、「決してさようじゃない。べつに用事がある」などと言いながら、私と連れだって近江屋を出ました。このとき藤吉は表八畳の間で楊子《ようじ》か何かけずっていたようすで「おれが行こう」と言いましたが、「いや、私が行く」とそのまま表へ出て、岡本とは四条でわかれ、私は四条小橋の鳥新へまいりました。すぐ軍鶏をつぶすから、しばらく待ってくれとのことで、かれこれ二、三十分間もまちましたから、近江屋へ引っかえしたのは、五つ時《どき》（八時）です。


刺客が侵入したのは、その留守である。まだ宵のうちであった。そのときのもようは、いろいろな説がつたえられているが、坂本・中岡が斬られた後に、いちはやくかけつけてきた土佐藩士──谷守部《もりべ》（干城《かんじょう》）が、重傷の中岡から直接きいたという話など、その中ではまず信憑性があろう。

〔谷干城・談話〕

そこで、まあ一体どういう始末であったかと聞いてみると、じつは今夜お前（谷）の方へ行ったが、お前がるすであったから坂本の所へきて二人で話しおるうちに、

「十津川の者でござる。どうぞお目にかかりたい」

というてきた。そこで取次ぎのしもべが手札を持ってくる。中岡は手前におって、坂本はちょうど床をうしろにして前におった。それで二人で行灯《あんどん》へ頭を出して、その受取った手札を見おる。読むひまはありませぬ。見おるところに、しもべが上がってくるについて、すっと上がってきた。そしておいて、やにわに、

「コナクソ」

と言って斬った。それで前におったのが中岡である。行ってみると、おった位置もちがい、机などを並べておったというけれど、そんなわけではなかった。やにわに二人が手札を見ようとするところへ斬り込んで、中岡を先にやった。そのことばは、いわゆる「コナクソ」という一声、そして斬られた。

そのとき、はっと思ったときには、坂本はうしろの床に刀があるから、向かって刀を取ろうとするさまだけは覚えている。

自分もすぐに短刀を取ったけれども、いかんせむ、それを取ったなりで抜くことはできぬ。こう振りまわし、向こうは後ろへしさり、しさり、なぐられた。そこで、もう手はきかぬようになったから、ただ向こうに武者ぶりつこうとすると、両足をなぐられてしまっ

た。それで足が立たぬようになって、仕方がないから、そのまま斬らせておくより仕様がない。そのまま倒れておった。そうすると、

「もうよい、もうよい」

と言うて出て行った。

　賊の言うたことばは「コナクソ」ということばと「もうよい」ということばより、ほか聞きはしない。そこで坂本はどうしたであろうか、どうもわからないが、坂本はもとより斬られた。今の中岡が斬られて倒れて、しばらくしているうちに、坂本が倒れていたが、ずっと起き上がって、行灯をさげて、はしご段のそばまで行った。そしてそこで倒れて、

「石川、刀はないか、刀はないか」

と二声、三声言うて、それでもう音がないようになった。斬られておったところは八畳の間であったけれども、ともあれ、立ち上がったまま、はしご段のそばまで行灯を持って行って倒れたというのが、石川（中岡）の話。

　それで石川の言うに、なかなかどうも鋭いやり方で、自分らも、ずいぶん従来ゆだんはせぬが、何しろ非常な、いわゆる武辺場数《ぶへんばかず》の奴に相違ない。このくらい自分ら二人おって、不覚を取ることはせぬはずだが、どうするまもない。たった「コナクソ」という一声でやられた、こういう話であった。

　これは、中岡の話によったもので、そのとき近江屋一家はどうしていたか、ということに

ついて、近江屋（井口新助）の子―新之助の談話がある。（「大正五年十一月・川田瑞穂氏聴取書）」

父の話によりますと、みな家にいたようです。当時私は四歳、妹は二歳で、母は私らに乳をのませながら、奥の間で横になっていたと言いますが、最初客がきて藤吉が取次いだと思うまもなく、階段の上でバタバタという音がする。これは藤吉が斬られたのですが、坂本さんはそれを知らず、

「ホタエナ」

と言って叱ったそうです。すると、また坂本さんの居間でバタバタやりだす。父が表へ飛んで出ようとすると、刺客の一人が門口へ立っているので、引っかえしてくる。母や私どもはびっくりして起き上がったのでしょうか、父が「声を立ててはいかん。静かにせいせい」と言って私どもの頭上からふとんをかぶせ、押さえつけておいて、自身は裏口から裏寺町へ抜け、蛸薬子《たこやくし》の図子《ずし》から土佐屋敷へ注進したと言います。

ほんのちょっとの間で、刺客も夢中で二階をおりたのでしょう。下駄（註・土間にぬぎすててあったもの）には「瓢亭《ひさごてい》」の焼印がある。瓢亭といえば、南禅寺の瓢亭か、先斗町《ぽんと》の瓢亭か、二軒のうちだと、翌日まず先斗町の瓢亭へその下駄を持って行ってみせますと、

「いかにも手前の下駄で――」

昨夜、「新撰組のしわざに相違ない。仇討ちしよう」と言って、菊屋峰吉が餅屋にばけ

て新撰組の屋敷へ探偵に行ったのです。

父の話に、坂本さんは斬られてから、六畳の明り窓のらんかんまできて、

「新助、医者をよべ」

とおっしゃったそうです。たぶんその六畳にたおれていたのでしょう。そのときの血が、らんかんから下の座敷にまで落ちていたと言います。

藤吉は階段を上がったところを斬られたので、これは衆口一致です。中岡さんはむらさきの、ごくやわらかい六方打ちのひもで、短刀をぎりぎりまいていたので抜くひまがなく、たくさんな手傷を負い、頭部をもさんざんに刺され、ことに右の股は骨まで斬りこまれて、ぶらぶらになっていたそうです。が、坂本さんとちがい、急所をそれていたので気はたしかで、かわるがわる人のひざにもたれ、

「やきめしをくれ、やきめしをくれ」

と言って食べられたそうです――。（井口新之助・談話）

坂本・中岡の遭難現場を最初に見たのは、軍鶏を買いだしに出かけた峰吉（鹿野安兵衛）である。前にあげた〔鹿野安兵衛・談話〕のつづきを次に引用してみる。

門口までくると、戸が四、五寸あいて土間に見なれぬ下駄があるから「だれか、また客がきたな」と思いながら入ろうとして、ふと見ると入口のかべにそうて一人の男が抜刀で

立っている。私もじつはびっくりして、一間ばかり飛びのいたが、どうも見たことのある人だと、暗中にすかしてみると……十五日ですが月はありませぬ……土州屋敷にいる島田小作——これはもと足軽で当時、下横目をつとめていました。

「島田さんではないか」

と言うと、

「うむ、峰吉か、しずかにせい。いま龍馬がやられた。賊はまだ二階にいる。出てきたら斬ろうと思って待っているのじゃ」

と言います。島田は、坂本とも才谷とも言わず、龍馬々々と言いました。……

「冗談言っちゃいけない。石川さんもきている。お二人に頼まれて軍鶏を買ってきたところじゃ」

と言ううちに、二階から藤吉のうなる声がきこえる。私もはっと思って、持っていた軍鶏はどうしたか覚えませぬが、

「賊はもう去ったに相違ない。上がってみようか」

と言うと、島田が、

「まあ、お前が上がってみい」

と言う。私も向う見ずの乱暴者でしたから、一人そっと内へ入って、二階へ上がろうとすると、階段の所から血がたらたらと落ちてきました。これは藤吉の血です。いよいよやられたと思ってかけ上がってみると、階段上がりつけの六畳で、藤吉がうんうんもがいてい

ます。坂本さんは、と見ると、四、五寸高いしきいを上がった所にたおれて、そのそばに行灯が、ちゃんとついている。私はそこへ、べったりすわったことだけは覚えていますが、夢中です。

しかし中岡さんがいない。無事にのがれたのかと思っていると、北どなりの道具商―井筒屋善兵衛の屋根の上で、人の気配がする。見るとそれが中岡さんです。物干し台から近江屋を呼んだが返事がないので、屋根つづきの北どなりへ急をつげに行ったのですが、両足をひどく斬られているから、引っかえすことができなかったのです。

私もこれは大変だと思ったから、大声で、

「賊はもう一人もいない。早く上がってこい、早く上がってこい」

と呼び立てました。すると、まっさきに島田が上がってくる。近江屋の家族新助の弟―小三郎、妹の某、家内と子供二人、みな納屋にかくれていましたが、私の声で出てきました。そこで、ともども力をあわせ、中岡さんを八畳へかつぎ込み、土州屋敷から河村エイシン（盈進）が来て手当てをする。同時に曽和慎八郎がくる。つづいて谷干城、毛利恭助の二人がくる。早く白川屋敷へ知らさねばならぬというので、私が裸馬にのってかけつけました。白川屋敷というのは百万遍の東側で、京都大学の東側にあたります。（「鹿野安兵衛・談話」）

このときの菊屋峰吉の急報で、白川屋敷（陸援隊の詰所）からかけつけたのは、中岡慎太郎のもとで陸援隊の幹部をつとめていた田中顕助（光顕）であった。次のその談話を引用してみる。

〔田中光顕・談話〕

十五日の夜、自分は白河（川）の陸援隊にいたが、菊屋峰吉というのが急を報じてきたので、ただちに白河邸をかけだし、途中二本松の薩藩邸に立ちよって、吉井幸輔に知らし、それから河原町にかけつけ、醤油屋（近江屋）の二階へ上がってみると、しもべの藤吉は上がり口の間に横ざまにたおれ、奥の間に入ると、坂本と中岡が血に染んでたおれている。そのとき、坂本は眉間《みけん》を二太刀深くやられて脳漿がとびでて、はやこと切れていたが、中岡はまだ斬られながら、精神はたしかで刺客乱入のもようを語って言う。

「とつぜん二人の男が二階へかけ上がってきて斬りかかったので、僕はかねてきみからもらっていた短刀で受けたが、なにぶん手もとに刀がなかったものだから不覚を取った。そうして坂本に斬りかかったので、坂本は左の手で刀を鞘のまま取って受けたが、とうとうかなわないで頭をやられた。そのとき坂本は僕に向かって、もう頭をやられたから、だめだと言ったが、僕もこれぐらいやられたから、もう助かるまい」

と話をせられたのに対し、自分は中岡をはげまし、

「長州の井上聞多《もんた》は、あれほど斬られたけれど、なお生きているから、先生も気をたしかにお持ちなされ」

と言ったけれど、中岡もとうとう翌朝、絶命したのは返す返す残念なことであった。

かけつけた人びとの間には、まだ生き残っていた中岡を中心にいろいろな会話がある。薩摩の吉井幸輔（友実）が三藩（薩、長、土）の兵も不日上京、討幕も目前にあるから安心せよ、と言った話。また中岡が、一日も早く大事を決行せよと言い残し、香川敬三に伝えて岩倉具視に深く後事を依頼した話などである。

ところで坂本龍馬は、北辰一刀流―千葉定吉（千葉周作の弟）の高足であった。剣についての腕も十分にあったのだが、なにしろ、とっさの出来ごとである。二尺二寸の吉行の刀を抜くひまもなく鞘のまま受けた。その鐺《こじり》は天井を突きやぶり、刀は太刀打ちのところから鞘ごしにけずられたほどである。その勢いを持つ刺客の太刀で頭と背に重傷をうけて即死したのである。このとき龍馬は三十三歳であった。

中岡慎太郎は、鏡心明智流―武市瑞山の門弟として武芸を、間崎滄浪の私塾で学問をそれぞれ学んだ。とくに中岡の著作『時勢論』は、かれの頭脳の明晰《めいせき》さを示したものとして高く評価されている。刺客におそわれたときは、愛刀―国信の短刀を抜くまもなく、全身に十一ヵ所の重軽傷を受けていた。同志から手あつい介抱を受けたが、遭難の日から二日後の十一月十七日の夕刻、三十歳で絶命した。なお下男―藤吉は十六日に二十五歳で死んだ。

そのころ九州太宰府で坂本・中岡の横死を知った三条実美は、次の弔歌を詠じている。

世を思ひ身を思ひても誓ひてし
人のうせぬることそかなしき
武士《もののふ》のそのたましひやたまちはふ
神となりても国守るらむ
君かため世のため思ひ歎くには
悲しといふも悲しかりけり

この刺客については、当時もっぱら新撰組の近藤勇らであるように伝えられた。遺留品の下駄のほか現場に残されていた刀の鞘が、新撰組を脱隊した伊東甲子太郎の一味からのうわさで、近藤配下の原田左之助のものだ、と言われたためである。また紀州の三浦休太郎がその黒幕である、という説もあり、同年十二月七日の夜、陸援隊や海援隊の壮士が三浦のいる天満屋へ踏み込む騒動もあった。

ところが明治維新後に新撰組の大石鍬次郎、横倉甚五郎、相馬主殿《とのも》らが取調べを受けたが、新撰組は無関係であり、もと見廻組の今井信郎の口供から、佐々木唯《ただ》三郎ら見廻組の七人が刺客であることがあきらかになった。

それによると、見廻組頭─佐々木唯三郎は配下の今井信郎、渡辺吉太郎、高橋安次郎、桂隼《はや》之助、土肥仲蔵、桜井大三郎の六人を呼びよせ、

「土州藩の坂本龍馬、かねて不審のかどがあって先年、伏見で捕縛に向かったところ、短筒

をもって同心二人を打ちたおして逃げた。その男が河原町にいることがわかったから、こんどは取りにがさぬよう捕えよ、という〈御差図《おさしず》〉である。もっとも手に余ったらば斬り捨ててもよろしい」

と申し渡した。そこで手はずを定め、昼八つ時（午後二時）ごろ、桂隼之助が佐々木唯三郎の命令で近江屋へ在否をさぐりに行ったが、坂本はいないという返事である。仕方なく一同は東山辺をぶらついて夜の五つ時（午後八時）ふたたび近江屋の店先に立ち、佐々木が内に入って、

「先生に御意えたい」

と申し込んだ。今井信郎の口供には、そのとき出した名刺に「松代藩とかしたため」と、あいまいになっている。また重傷の中岡慎太郎の口から谷干城が耳にしたという説によると「十津川郷士」と称したとある。いずれにしろ下男―藤吉が心得て奥に入ったので「てっきり在宅だな」と見込みをつけ、手はずのとおり渡辺吉太郎、高橋安次郎、桂隼之助が二階へ上がる。

佐々木唯三郎は、上がり口にがんばって退路をふさいだ。今井信郎、土肥仲蔵、桜井大三郎らも付近をかためていると、家内の者たちがさわぎ立ったので奥の間へ行って取りしずめ、二階の上がり口まで引きかえすと、二階へ上がっていた三人（渡辺、高橋、桂）がどやどやと下りてきた。

「龍馬のほかに二人ばかりいたので、手に余って龍馬は討ちとめ、あとの二人は手負わせた

が、生死は見とどけない」

　こんな報告であり、佐々木も、

「そうか、では仕方がない。引きあげろ」

と言って、めいめい旅宿へ引きあげた。幕府では〈御差図〉というと老中《ろうじゅう》らの命令だから、その辺から出たものか、または見廻組は京都守護職──会津侯の配下であるから、松平肥後守(容保)の内命によったものか、その辺のところは新参の私には一向わからなかった──というのが〔今井信郎・口供〕である。

　また二階へ上がり込んだうちで、だれがだれを斬ったか、それはわからない。かつて「近畿評論」十七号に、今井信郎の実歴談として「今井(二十六歳)と桂(二十一歳)と渡辺(二十四歳)と今ひとり(名を秘す)都合四人で斬り込んだ」と言って、その状況がおもしろく伝えられたが、これにはずいぶん与太が多いと、谷干城はじめ他の実歴者から一蹴されたことがあった。

　今井信郎は旗本の生まれで慶応三年(一八六七)五月二十二日に見廻組となり、七十俵六人扶持《ぶち》を給されていた。そして明治一年(一八六八)の「戊辰戦争」が起こると、古屋作左衛門の手に付いて衝鋒隊軍監となり、箱館《はこだて》まで行って相当な羽振りをきかせていたが、五稜郭《ごりょうかく》が落ちたさいに捕虜となった。この後において上記の口供がおこなわれたのである。

　明治五年(一八七二)九月二十日付で、この今井信郎に対する禁錮刑の申渡書が出されている。それは宮崎少判事達、小島中解部、岡部少判事らの扱いとなっている。

申　渡

静岡藩
元見廻組　今井信郎

其方儀、京都見廻組在勤中、与頭《くみがしら》佐々木唯三郎差図を受け、同組の者共に、高知藩坂本龍馬捕縛に罷越、討果候節、手を下さずといへども右事件に関係致し、加之《しかのみならず》其後及㆓脱走㆒屢々官軍に抗撃、遂に降伏いたし候とは乍㆑申、右始末不届に付、屹度《きっと》可㆑処㆓厳科㆒処、先般被㆓仰出㆒之御趣意に基き、寛典を以禁錮申付る。
但、静岡藩へ引渡遣す。

この申し渡しのとおり今井信郎は、静岡藩士族高倉清太郎へ引きわたされることになった。そのほか見廻役――小笠原忍斎なども取調べを受けたが、坂本・中岡暗殺には無関係ということであった。

刺客のうち佐々木唯三郎、渡辺吉太郎、桂隼之助らは「鳥羽伏見の戦争」で討死したとあり、その他の消息は不明となっている。

明治二十四年（一八九一）四月に、特旨によって、坂本龍馬、中岡慎太郎は共に正四位を贈られた。

御陵衛士頭　伊東甲子太郎

はじめ京都壬生《みぶ》で新撰組が結成されたとき、局長にあげられたのは芹沢鴨、新見錦、近藤勇の三人であった。

芹沢鴨は神道無念流―戸ヶ崎熊太郎に取り立てられた師範役である。新見錦もこれと同流の岡田助右衛門の門人で免許皆伝であり、二人とも水戸脱藩の浪士であった。同じ水戸浪士の野口健司、平山五郎、平間重助と一つの勢力を組内で作っていた。

近藤勇は天念理心流の宗家で、土方歳三、藤堂平助、井上源三郎、山南敬助、沖田総司、永倉新八、原田左之助らの一門をもって団結していた。両派のあいだに対抗意識が生じたのも、しぜんのなりゆきかと思われる。

そのうち新見錦は乱行のかどで詰腹を切らされたし、芹沢鴨も同様の理由で文久三年（一八六三）九月十六日に、近藤勇派の手で殺害され、つづいで野口、平山、平間らも斬られる始末で、水戸派は新撰組から消え去り、近藤勇の試衛館一派で、組の基礎がかためられたのである。

今ひとつ、芹沢鴨派は近藤派にとっては異分子だったが、伊東甲子太郎の一党も近藤派に同化しきれない異分子だった。

伊東甲子太郎は、もと鈴木大蔵と言って、常陸志筑の交代寄合―本堂家（八千五百石）の家来であった。剣は水戸の金子健四郎について学んでいる。これは芹沢鴨と同じく神道無念流である。伊東は故あって江戸へ出ると、深川佐賀町の北辰一刀流―伊東精一につき師匠にみとめられた。伊東精一の死後その相続者となり、ここで「伊東」を称したものである。かれは腕もできるし、学問もあった。尊攘の志を抱いて水戸の「天狗騒動」に参加しようとしたが、友人の久留米藩士―古松簡二に止められ、これは果たさなかった。またかれの弟、鈴木三樹三郎も、この騒動のさい志筑まで出かけたが、形勢不利をさとり江戸へ引きかえしている。

元治一年（一八六四）十月ごろ、近藤勇が「兵は東国にかぎる」ということで、同志募集のため京都から江戸へ引き返したとき、伊東甲子太郎は、実弟の鈴木三樹三郎、伊東の道場で代稽古をつとめていた中西昇と内海二郎、それに同志の服部三郎兵衛、加納道之助、佐野七五三之助《しめのすけ》、篠原泰之進ら八人とともに応募して京都へのぼったのである。加納道之助はのち鷲雄《わしお》とも道広とも言って相州伊豆の出身である。かれがそのときのようすを次のように述べている。

〔加納道之助・談話〕

おりから京都より壬生浪士近藤勇と申す人、同志三、四名にて出府いたし、同志をつのるためにきたと聞きおよびおるうち、深川佐賀町に道場を出していた伊東大蔵（甲子太郎）という人は、もともと稽古にまいり、師匠目標にいたしおりましたことゆえ、同人より今般京都にて蛤《はまぐり》御門などの戦のようすなど委細聞いたが、今般近藤についてきた藤堂平助の寄《より》弟子なれば、かれより同志はもっぱら勤王の者たり、京都へ行く気はないかと申されましたから、それから近藤勇氏に面会いたすべしと、伊東まいり、ここにおらるる秦《はた》林親氏（註・秦林親は篠原泰之進のこと、加納道之助と共に神奈川奉行所で関門警衛詰をつとめていた）は四十四年来、兄弟同様にしております。よって秦および私へ相談になりましたところから、神奈川奉行所へお暇《いとま》ねがいを差出し、伊東甲子太郎と改名して深川の居住をたたみ、家庭を芝三田にうつし、ともかく京都へのぼる約束にいたしました。

しかし、あちら（京都）へ行ってよく事情をただした上で、同志になるかならぬか、まずもって旅費は八人の者は自費で行くべしと話を決して、会津藩軍事奉行―野村左兵衛と申す方に会津邸で会って別れをつげ、江戸を出発いたしました。近藤は引戸《ひきと》駕籠《かご》で箱根関所なども乗り通しいたし、盛んなことでありました。

ほどなく京都壬生屯所へ入る。ときに元治元年十二月一日にて、その後、伊東および同志のものは当分食客いたしまして、京坂あるいは近畿地方を奔走いたしまして、ひろく形勢を視察し、説くに勤王のことを以てし、無二の者をあつめたく存じましても、諸浪士にてまことの勤王の者はなく、糊口をうるおすためにて同志の申込む者はあるが、事をなそうという者がない。そのうち三、四ヵ月たつと、同盟せねばならぬようなことになって、新撰組にとうとう同盟いたしましたのです。（『史談会速記録　一〇四』）

ここで伊東甲子太郎らは名実ともに新撰組に参加したのである。そして翌慶応一年（一八六五）の初夏に組の職制が更新された。総長（隊長）—近藤勇、副長—土方歳三が決まり、新参の伊東甲子太郎が、その才をみとめられて参謀となったのである。

同年九月には将軍—家茂が上奏していた「長州征伐」の勅許が下った。このとき近藤勇、伊東甲子太郎、尾形俊太郎、武田観柳斎らは問罪使—永井主水正にしたがって、同年十月に芸州広島へ向かった。これはまもなく引き上げることになったが、さらに強硬な長州再征論がもち上がり、翌慶応二年（一八六六）の正月に、新撰組も大小監察方について広島へ向かった。

本来は、勤王派であった伊東は、むしろ、長州に同情する傾向があり、そのため佐幕派の近藤勇とは、そりの合わないところがあった。

広島へ行ったさいに伊東は、九州太宰府へも出かけ討幕派の水野溪雲斎、中岡慎太郎らと会談して時勢を論じ、この結果ついに新撰組脱隊を近藤に申し入れることになった。しかし、どのような理由にしろ脱隊は組の法度《はっと》であり、近藤も容易に承諾しない。そこで伊東は、京都泉山塔頭《たっちゅう》戒光寺の住職—湛念《たんねん》に依頼して、慶応三年（一八六七）三月に、孝明天皇の御陵—泉涌《せんにゅう》寺守衛をつとめることになったのである。

ここで伊東甲子太郎は「御陵衛《え》士頭《じかしら》」として「摂津《せっつ》」と改称している。同時に実弟の鈴木三樹三郎、篠原泰之進、中西昇、内海《うつみ》二郎、藤堂平助、新井忠雄、加納道之助、阿部十郎、橋本皆助《かいすけ》、富山弥兵衛、毛内監物《もうないけんもつ》（有之助）、清原清、服部三郎兵衛、佐原太郎、斎藤一ら十六人も山陵奉行—戸田大和守の配下となり、しぜんに近藤勇と手を切るという巧妙な手段をとったのである。

このとき伊東をしたっていながら、機会をはずして御陵衛士組に入れなかった佐野七五三之助、茨木司、岡田克見《かつみ》、中村三弥、中村五郎、富川十郎、木幡勝之進、松本俊蔵、高野良右衛門、松本主税らの十人も、新撰組からの脱隊をのぞんでいた。

このようなとき持ち上がったのが、新撰組浪士の待遇問題であった。それまでは一介の浪士であり資格はあたえられていなかったが、以後は功労によって相応の格式があたえられるということになったのである。

まず隊長は見廻組頭格、副長は同肝煎《きもいり》格、助勤は見廻組格、その他は見廻組並《なみ》として、旗本の二男三男で組織されていた「京都見廻組」に準じようというのである。これについて佐野七五三之助、茨木司らは反対した。かれらの言い分は「本来主君をすて浪士の分に安んじているのは、国家万一のおり身を以て働く便宜からである。寸功もないのにありがたい御沙汰ではあるが、二君に仕えるのはいやだ。今日かぎり離局させてくれ」と、会津藩公用人—小野権之丞ならびに、諏訪常吉にせまった。諏訪は当惑して、

「こちらの一存では計らいかねる。いちおう近藤へも相談の上、いずれなり挨拶するから明朝、出直してもらいたい」

というのである。

そこで翌朝――慶応三年六月十四日に、佐野ら一同はまた公用方へ押しかけた。そのうち代表の者ということで、佐野、茨木、富川、中村の四人が通された。しかし諏訪常吉が外出中というので夕刻まで待ちつづけたが、いっこう、その姿を見せない。じりじりしているところへ、うしろの障子ごしに、いきなり槍の穂が四人に向かって突き出された。不意のことであり刀をとるまも身を引くすきもない。四人は芋刺《いもざ》し同様になり、その場で絶命した。

そのとき佐野だけは急所をはずれたのか、調役―大石鍬次郎がはいってくるのを見て抜打ちに一刀をあびせたが、相手のひざをかすめただけで、二の太刀を加えるまもなく絶命したと言われる。かれのふところには、かねて覚悟していたらしく、次の辞世があった。

　二張の弓引かましと武士《もののふ》の
　　ただ一筋に思ひ切るなり

この新撰組を脱隊しようとした十人のうち、残りの六人は、生かしておいても碌《ろく》なことはないというので、京都七条の本陣へ引きつれ、即刻追放となり、また殺害された佐野七五三之助ら四人は自殺として、まず近藤らの手で仏光寺通りの浄在寺へ埋葬したが、のちに明治一年三月、同志の手によって泉涌寺内戒光寺へ改葬されたそうである。

この脱隊騒動のうらでは、伊東甲子太郎が手をひいていたと言われる。そのころ伊東は東山高台寺内月心院に「禁裡御陵衛士屯所」の標札をかかげ、菊の紋の提灯などをゆるされていた。そして薩摩、土佐の志士とまじわり勤王派に傾いていたのである。これらの内情は、衛士にまぎれこんでいた近藤勇の腹心、斎藤一によってことごとく新撰組へ通じていた。

「いまいましい、禍根を断《た》とうではないか」

と、伊東甲子太郎に対する手段が決められた。そこで土方歳三は、高台寺の裏山から大砲を打ち込み、逃げだしてくるやつらを銃殺するという策を提案したが、近藤はそれをおさえて、

「万事は拙者にまかせてくれ」

ということであった。その後まもなく十一月十八日(慶応三)に、近藤は用談にことよせて伊東を、七条の「醒ケ井」の妾宅へまねいた。

この招きに多少の不安を伊東も感じたであろうが、ことさらにことわる理由もなかったのか出向いたのである。土方はじめ原田左之助らの旧友も居合わせ、にぎやかな酒食となった。それから夜まで飲みつづけ、伊東がその家を出たのは亥刻《いのこく》(午後十時ごろ)過ぎであった。月の美しい夜であった。よい心もちで酔歩をはこび、七条から木津屋橋を渡ると、当時その南側は火災後で板囲いがしてあった。そこへ先まわりしていた大石鍬次郎ら数人が待ちぶせしていたのである。

伊東が通りかかるのを見定め、板囲いのあいだから、手練の槍が突き出たのである。腕に心得のある伊東でも、その槍をかわすことができず、肩から咽へ突き刺され、そのはずみによろめくところへ大石が飛びだした。もと伊東の馬丁《ばてい》で侍分に取立てられている勝蔵も飛び

だしてくる。抜打ちに勝蔵を斬り伏せたが、これらが一度に斬りかかったのでは伊東もかなわなかった。

伊東は迫ってくる刺客の影によろめきながら、かたわらにあった法華寺門前の石碑、その台石に腰をおとし、

「奸賊め！」

と口から吹き出す血をおさえて一喝し、そのままうつ伏してしまった。なお、その伊東に対し、大石鍬次郎、宮川信吉、横倉甚五郎らが近より一太刀を左足へ斬りつけたが、息は絶えていた。そのあと死体は七条油小路の四辻まで引きずって行き、町役人を叩きおこして、

「伊東甲子太郎が斬られている。すぐ高台寺へ知らせてやれ」

と命じた。

高台寺にいる伊東の手の者たちをおびき出し、みな殺しにする手段だったのである。

その高台寺の月心院でも、鈴木三樹三郎、篠原泰之進、藤堂平助、服部三郎兵衛、毛内有之助、富山弥兵衛、加納道之助らが居合わせ、伊東の帰りがおそいのを心配していたところであった。そこへ、

「御衛士隊長が、菊桐の提灯を持ったまま殺されている。見廻り方が番しているから、一刻も早く引取りを――」

と町役人の知らせがあった。

相手は新撰組にちがいない、と予測はしても捨てておくわけにはいかない。高台寺にいた

さきの七人のほか、小者の岡本武兵衛と人足二人に駕籠をかつがせ、現場へ向かったのである。そのころすでに新撰組のほうでは、油小路付近に手配りをし、原田左之助、永倉新八らが近くのそば屋にかくれていたほか、四十人余の隊士を要所に伏せていたのである。

そこへ高台寺からかけつけた伊東の手のものたちが死体を駕籠におさめようとするところを、どっと取りかこんだのである。このような事態があるかもしれぬと覚悟はしていたのであろう。服部三郎兵衛と毛内有之助は正面の敵を、篠原泰之進と富山弥兵衛は東側の敵を、鈴木三樹三郎と加納道之助は西側の敵を防ぎ、いま一人の藤堂平助も必死に防戦したが、相手方の人数には勝てなかった。

その場で斬殺されたのは服部、毛内、藤堂であった。相手方にくらべ、はるかに少人数ながら服部のはたらきが、きわだっていた。かれは相手の策略を察していたらしく、鎖に厚くまわたをかぶせた胴着をつけ、しかもそのまわたには差しぬいがしてあった。この武装ができていたばかりでなく腕も気性も抜群であったと言われる。

このときの状況を当時、京都千本通り西周の学塾にいて見聞した小山正武という人の談話がある。

〔小山正武・談話〕

伊東甲子太郎氏の同志者たる服部三郎兵衛ら諸士が慶応三年丁卯《ひのとう》十七日夜半か、十八日の暁天か、京都七条油小路において闘死した。そのときの状況というものは大したものである。服部氏の剣術には新撰組が五人や十人で向こうてもこれに敵せぬことは、近藤もよくこれを知っている。服部の剣術は非常に練達してつよい。近藤部下のうちにては飛道具でやろうかという説もあったが、それでは近藤自身、並びに新撰組の名誉がおちる故に、やはり剣でやらねばならぬ。当時、新撰組多しといえども、剣術においては服部三郎兵衛氏によく敵するほどのものはない。敵の伏兵大約四、五十人が前後左右から、たちまち起って攻撃してきたところが、服部両刀をふるい斬っ付け、斬っ付けやったが、服部三郎兵衛の勇猛なる剣術の妙手には、敵もみなおどろいてしもうたということを、当時、新撰組の一、二の人士から私がのちにたしかに聞きえたるところである。

服部の勇猛なるかくのごとしといえども、多勢の敵に前後左右から取りかこまれ、味方七人のうちにおいて、藤堂平助は奮戦しまずたおれ、毛内監物これについでたおれ、他の四人はおのおの一方を斬りぬけ、かこみをやぶって逃がれたる故に、服部一人ふみとどまり、奮戦力闘して敵を殺傷すること十余人。しかれどもその身にもまた二十余創をこうむって、ついにたおれたりという。

小山正武は、その朝、伊東の遺体を見たが駕籠の中にうずくまって、両刀はそのそばにあり、服部は面部から肩先に二十余ヵ所の傷をうけ、あお向けに大の字になって左右の手に刀をにぎったままの格好で、悲壮のきわみだった、という。

このとき伊東は三十二歳、服部が三十六歳、藤堂が二十四歳、毛内が三十三歳であった。

いっぽう新撰組の包囲から脱出した鈴木、篠原、富山、加納ら四人は二本松の薩摩藩邸へ逃げ込んだ。そこで中村半次郎らの保護をうけ、さらに伏見の屋敷へかくまわれていたが、その間に伊東甲子太郎ら同志の復讐のために近藤勇をねらったのである。そして同年十二月十八日墨染《すみぞめ》でかれを待ち伏せ狙撃したが、丸《たま》は急所をそれ射殺することはできなかったのである。

なお伊東甲子太郎は、大正七年（一九一八）に従五位を追贈されている。

秋月藩士 臼井亘理

明治の仇討ちとしてひところ世に喧伝された臼井六郎がいる。かれの父―臼井亘理《わたり》が中島衡平《こうへい》と共に暗殺されたのは明治一年（一八六八）五月二十三日である。

臼井亘理も中島衡平も筑前秋月藩士であった。暗殺された原因は藩内における党争にもとづいている。かれら二人とも陽明学派であり、かつ当時としては西洋の知識にも深い理解をもっていた。長崎あたりから教師をやとい、藩兵に洋式訓練をほどこしたりしている。とくに中島は自分で製紙業をいとなむなど、その文明開化ぶりが藩内の攘夷派にとってゆるせなかった。そこで臼井をさして「西洋亘理」と言い、中島は武士にあるまじき町人のまねをして利をむさぼる、と非難する始末であった。

そのうちでも激論をもってきこえた干城隊、かれらは城下から十五、六町はなれた上秋月村の、前藩主―黒田長元の隠居所に屯集していたが、この連中が勢いにかられて暗殺をくわだてたのである。その上に、中島衡平、臼井亘理の進歩派に対抗して勢力をきそっていた吉田悟助という人物が、干城隊をかげで煽動していたのである。

秋月藩の前々藩主―黒田甲斐守長元は、土佐の山内家から婿入りしたものであった。長元は、山内容堂の叔父に当たり、佐藤一斎派の陽明学者でもあり、また臼井亘理を重く用いていたようである。この長元が隠居したあと、嫡子《ちゃくし》―順丸が藩主をついで甲斐守長義と称した。ところが、この長義がまもなく他界したのである。

あとはみな妾腹であった。その一人の繁太郎豊福《とよよし》は土佐藩の分家である麻布山内家をついでいたし、その次は延丸《のぶまる》と言って丹波柏原の織田家（二万石）の養子となっている。さらにその次の国之進は、武州忍《おし》藩の松平家（十万石）へ養子となっていた。あとの二人は娘であり、末子―長徳が相続することも考えられたが、あまりにも幼年であったために、けっきょく忍藩へ養子に行っている国之進を呼びもどして、あとをつがせるという話がもちあがった。これを臼井亘理が出府して隠居の長元に相談したところ、

「いったん他家へつかわしたものを、我方の勝手で取りもどすということができるか」

と、理を通した一喝に、臼井は一言もなく退出したのである。

そこで末子―長徳が秋月藩主となったのであるが、腹に一物あった吉田悟助が幼少の長徳に向かって、

「臼井はお上を排して他家へ養子と定っている国之進様を、ご家督におしたそうで――」

ということを耳に入れたのである。こうした中傷は、いずれにしても、藩内のいざこざに結びついてゆく。しぜん吉田悟助の立場が力関係において有利になるし、臼井一派にとってはおもしろくない。しかし臼井亘理もできた人物だったと見え、公用人という資格で、同役の吉田彦太夫、周旋人の神吉小介、阿部伝兵衛、上野四郎兵衛、手塚弘らと京都へのぼり、役目をまもっていたのである。

明治一年四月になって、藩主―黒田長徳が上京することになり、これと入れちがいに臼井は帰国を命ぜられた。

臼井亘理が帰国したのは同年五月二十三日である。その夜ふけに干城隊の連中五十余人が二手にわかれ、一手は臼井宅へ、一手は中島衡平宅へ向かったのである。

このとき臼井家では、亘理が久しぶりの帰国であり、妻子や親戚の者たちが寄りあつまって夜ふけまで酒宴をはり、一同が退散してまもなく、刺客らに踏み込まれた。このとき亘理夫妻は共に斬殺されたのである。そのときのもようを後日、仇討ちを果たした一子―臼井六郎が次のように語っている。

〔臼井六郎・談話〕

親父は一太刀はじめにやられたのが、ちょうど夜着の襟に打ちかけたとみえます。父はそれに目をさまして起き上がらんとするところを、二の太刀で首を落としたようす、そのさわぎに母が目をさましたと存じます。しかるに父は一太刀に目をさまし、起き上がらんとしたものでありますから、右のひざを少しちぢめておりました。左の足は長くのばして、左の手で夜着の下の短刀をつかんだときに、二の太刀にてやられたに相違ございませぬ。母が飛びかかってじゃまをするものでありますから、一瀬（直久）でなく荻谷伝之進という者が、横から足でけったが、弱い女の身でありますから倒れました。起き上がらんとしたところを殺害したというように、私の方ではみな思っております。

ちょうど私がみましたが、寝床よりわきに出て斜めになって、うつむきになって、後頭部をゾクゾク斬られておりました。親父が斬られた物音に目をさまして飛びついたので横合から「じゃまをするな」と蹴たおした。蹴たおすと共に斬られたというように聞いております。ちょうど私が起きて縁《えん》をみましたところ、縁に長い髪の毛がバラバラ落ちておりました。その髪に骨や肉などがついておりました。なかなか一太刀や二太刀ではない。何十太刀も下したとみえまして、ちょうど祖父が父の寝間にまいります前、なんでも二、三十間ばかり寝間にまいります前に、たいそうせつない声をして一声よんだそうで、それがつまり息のきれるところであったろう、という話をきいております。

父母の寝所へ入りし祖父は、いましがたせつない声をきいたから、多少息のないことはなかろうと手を胸の辺りに当ててみたところ、もう冷たくなっていたということを、祖父が話しておりました。

臼井家では刺客におそわれたとき、長女のつゆは四歳であり、母のふところに眠っていたが、彼女も七ヵ所ほどの負傷をうけ泣きわめいていたのを、暁方に下女が気づいて寝間にかけこみ、はじめて惨事を発見したのである。長男の六郎は当時十歳であり、その恐るべき出来ごとを知らずに眠っていたという。

この暗殺事件は、前後の関係から、反臼井派の吉田悟助が主謀であろうということは、あきらかであった。そこで臼井派の吉村宇石ら五、六人は、さっそく善後策を講じ、本藩—福岡黒田家に出向き、参政の松浦格に事の顚末《てんまつ》を訴えた。

「では一体、どうすればよいか」

という松浦の問い返しに対して、

「首謀の吉田悟助を斬罪に処していただきたい。さもなくば一藩が鎮定いたしませぬ」

と答えた。すると松浦は首をふった。

「同人は勤王という名義をとなえておる。勤王という名義で佐幕派の臼井を斬ったという以上は、そのような処分はできぬ」

と松浦格は応じない。

いっぽう久留米藩からも干城隊擁護のために使者が秋月藩へ乗り込むという始末になって、本藩へ訴え出た吉村宇石らは、かえって幽囚されることになった。そして名分上、吉田悟助の一味もその後に拘囚謹慎を命じられてはいるが、きわめて寛大な処分であった。

臼井亘理が暗殺されたことによって、同家は三百石を五十石にけずられ、亘理の弟——助太夫（のち慕）がそのあとをついだ。明治一年七月に出された同藩庁の沙汰書は次のようなものである。


亘理儀己ノ才力ニ慢ジ、我意ヲ募リ他ノ存意ヲ防ギ、衆人ノ憎ヲ受ケ、人望ニ相戻リ、且《かつ》此度於㆓京都表㆒御差下シノ儀モ被㆓仰付㆒候ニ付テハ、速ニ可㆓罷下㆒之処、罪ヲ遁《のが》レンガ為メ奸智ヲ廻《めぐ》ラシ、国情ヲ他ニ洩シ奉《かけたてまつり》㆑懸㆓御配慮㆒候段、身ヲ思フニ厚ク、国ヲ思フニ薄キ訳ニ相当、終ニ此節非命ノ死ヲ遂《とげ》候段自ラ招クノ禍ニテ、無㆓是非㆒事ニ思召候。依テ家名断絶ヲモ可㆓申付㆒筈ノ処、旧家ニテ御用達ヲモ致ス家筋ニ付、格別寛大ノ思召ヲ以テ、跡式無㆓異議㆒被㆓仰付㆒候。

七月

この沙汰書は久留米藩同志のあとおしによって、吉田悟助が藩の参政にひざづめ談判した結果に出されたものと見られ、干城隊の面々は、いっさいお構いなしであった。

父―亘理を暗殺された臼井六郎は、その後は叔父の助太夫の家族として成長していったのである。ときにかれが父母のことをたずねると「いずれはわかる。今は学問にはげめ」ということで真相を知ることができなかった。また同年輩の子弟から「西洋亘理」の子だと冷笑されることもあった。それが六郎にとって口惜しくあったことは想像できよう。

そのうちに一瀬道之助という者が友人に向かって「亘理を斬ったのは拙者の兄貴だ」と得意気に話しているのを耳にした。この一瀬道之助の兄は、もと干城隊の山本克己、すなわち後の一瀬直久である。六郎はこのことを義父―助太夫に話し、復讐の希望を訴えると、「仇討ちは国禁になっている。よく文武にはげみ考えてみるがよかろう」ということだった。さらにそれから「お前の父を殺したのは一瀬直久、母を殺したのは荻野静夫」と投書で知らせてくれた者があった。そこで腕をみがき敵討ちしようと思っているうち、明治五年（一八七二）ごろ、一瀬直久は東京へ出てしまったのである。

臼井六郎が考えも定かになり、腕に自信をつけて復讐のため東京へ出たのが明治九年（一八七六）であり、かれが十九歳のときであった。東京につくと、同行した木村篤という者とわかれ、芝西久保明船町の叔父、上野月下のもとに住み、一瀬直久の消息をさぐった。すると名古屋裁判所につとめていることがわかった。

そこでとりあえず山岡鉄舟の道場に寄食しながら、なおいっそうの腕をみがくかたわら、父が暗殺された原因についても調べた。その非はやはり敵にあるように思える。その後、一瀬直久は静岡裁判所へ転任になり、甲府支庁へつとめていることを聞き、明治十一年（一八七八）四月に、撃剣で胸部を痛めたということを理由にして、武州小河内村の温泉へ行くといつわり、じつは甲府へ立ったのである。すると一瀬直久は東京へ行ったということをきいて引き返したが、それが誤報だと知って、同年六月ふたたび甲府へ行き、たえず支庁付近で機会をねらったが、目的を果たすことができず、東京へ引きあげてきた。

臼井六郎も復讐のためとは言え、遊んでいて生活できるほどの身分ではなかった。そこで上州熊ケ谷裁判所の雇員となったが、落ちつけなかった。翌七年にまた東京に出て探っているうち同年七月ごろ、もと秋月藩士—手塚祐から、一瀬直久は上等裁判所に転任となり東京に住んでいるという話を得た。それから裁判所付近にたたずみ、相手をもとめたが容易にその機会がなかった。

そして明治十三年（一八八〇）十二月十三日に、いちどだけ銀座鍋町で一瀬の姿を見かけたが追跡しているうち、見失ってしまった。その後、

「一瀬は、旧藩主黒田長徳方へ、囲碁を打ちに行く」
ということを聞き込んだ。その年も押しつまった同年十二月二十七日、午前中は上等裁判所門前にはり込んでいたが姿を見ることができず、さきに噂に聞いていたのを思い出し「旧藩主御機嫌伺い」にかこつけて、京橋区三十間堀三丁目十番地の黒田邸内に住む家扶―鵜沼不見人《みずと》の家へ出向いて行ったのである。

たずねたとき鵜沼は不在であったが、同藩出身の藤野戻次郎が来合わせ話しているうちに、鵜沼も帰ってきた。二階へ上がって話しているうち、

「鵜沼さんいるか――」

と上がってきたのが、長年のあいだ探しもとめていた一瀬直久である。臼井六郎はすぐにも飛びかかりたい欲望を自制した。同席の者から留《と》めだてされては失敗すると考えたからであろう。そのうち、さらに白石真忠、原田雅忠などという者たちもやってきたので、手を下す機会が失われると危惧しているうちに、鵜沼と密談していた一瀬が、

「家人に申し残したことがある。ちょっと筆墨を拝借――」

と言って一書をしたためた。それを鵜沼や他の者たちが届けようというのを一瀬は辞退して二階を下りた。

これは絶好のチャンスである――そう臼井六郎は考えたが、あわてては怪しまれると思い、わざとタバコを吸ってから便所に立つふうをして下りて行ったのである。

入口に屏風があって、外からは内がわが見えないようになっている。そこにかくれ亡父が

臨終に手にしていた関物の短刀を腰にさし、一瀬が引き返してくるのを待った。やがて手紙を小者にたのみ引き返してきた一瀬が、二階の階段へ足をかけたところを、

「父の仇、覚悟」

と背から浴びせた。振り向いた一瀬が、

「小癪な――」

と言い放ち、さらに階段を上がろうとするのに飛びかかり、引きずり下ろした。

「乱暴な――」

と一瀬が重ねてののしるのを、六郎は逆手にもった短刀を相手ののどもとへ刺したが、白ネルの首まきにさえぎられてそれた。あせって二の突きを胸に向けたが、一瀬が身をすさらせたので浅い。三度めには襟元をつかんでいた左手を、後頸部の襟に持ちかえると、のしかかるように背を刺しぬいた。これがきいてぐったりなりながらもつかみかかってくる一瀬を、投げ飛ばし馬乗りになって左手でひたいを押さえ、右手の短刀を逆さにして首を掻きおとした。わずかの時間であった。

　この階下のさわぎにおどろき、二階の者たちは、はしごをはずしていたので、いちおう挨拶するつもりの六郎も、それができない。血によごれた白足袋、羽織をぬぎその家を出ると、上から鵜沼が「どうしたというのだ」と声をかけた。

「亡父の敵で止むをえず席をけがしました。お上へはよろしくおとりなしを――」

と六郎は言いすてて、通りに出ると人力車をやとい幸橋警察署へ自首したが、管轄《かんかつ》がちがう

ということで京橋警察署へ送致されたのである。そして取調べの結果、明治十四年（一八八一）九月二十二日、終身禁固に処せられた。次がその宣告文である。

宣告

其方儀明治元年五月廿三日夜、父母ノ寝所へ忍入、父亘理及ビ母ヲモ殺害シ、嬰孩《えいがい》ノ妹マデ傷ヲ負ハセ立去者アリ、其場ニ至リ視ルニ、其惨情見ルニ忍ビズ、此暗殺ヲ為シタル者ハ干城隊士数名ニシテ、父母ニハ其罪ナシト聞キ、幼年ナガラモ痛念ニ堪ヘズ、必ズ復讎セザルベカラズト思ヒ、後チ父亘理ヲ殺害シタル者ハ、右隊長一瀬直久ニシテ、又右暗殺ヲ為シタル者ニハ罪ナク却テ父亘理ハ死後冤枉ニ陥レラレシト聞キ、之ヲ事実ト認ムルヨリ、益々痛忿激切、父讎ヲ手刃スルヨリ外ナシト決シ、明治十三年十二月十七日、鵜沼不見人宅ニ於テ、一瀬直久ニ出遇ヒ、父ノ仇覚悟セヨト声掛ケ、予テ携フル短刀ヲ以テ闘ヒ、遂ニ殺害ニ及ビ直ニ警察署ニ至リ自訴ス。右科《とが》、改定律令二百三十二条ニ依リ謀殺ヲ以テ論ジ、士族ナルニ付、改正閏刑律ニ照シ、自首スルト雖モ首免ヲ与フル限アラザルニ依リ、禁獄終身申付ル

明治十四年九月二十二日

この判決の後に臼井六郎は石川島の監獄から小菅へ移され、明治二十三年に減刑された。つまり禁獄十年をもって放免されたのである。

パークス要撃事件

イギリスの公使、ハリー・パークスが明治一年（一八六八）二月晦日《みそか》、朝見式参列の途上で京都四条畷《なわて》においてで刺客におそわれ、重大な国際問題を引きおこそうとした事件がある。また、そのパークスの通訳として流暢な日本語を身につけ、佐藤愛之助という日本名まで使用していたアーネスト・サトウも、かつて刺客におそわれ、あやうく命拾いしたことがあった。

このアーネスト・サトウがおそわれたのは慶応三年（一八六七）四月二十五日、同じ英国人のチャールス・ウイグルマン（諷刺画家、絵入ロンドン新聞の記者として安政四年〈一八五七〉清国へ派遣後に日本へ渡り明治五年〈一八七二〉から本国の新聞に画を以て日本を紹介し好評を博した）と東海道を西上する途中、その日は遠州掛川宿の旅宿—甚右衛門方で泊り込んでいるとき、白刃、木刀をもった数名の刺客におそわれ、蚊帳を切っておとされ、あわやというところをサトウ、ウイグルマンの二人は逃がれたのである。

このときの刺客は京都から派遣された。日光例幣使者—武者小路公香の下で、臨時雇いだった青侍で、もと櫛家家来—林式部、今城家家来—山田主殿、三室家家来—永瀬衛門、清閑寺家来—植田内記、冷泉家来—加田野隼人、武者小路家来—清水右近、田宮主膳らで、いずれも主家暇の浪士たちであり、それに江戸浅草の者で打物持ちにやとわれた金八という男が加わっていた。これらのうち武者小路家来—田宮主膳と清水右近は姿をくらまし行方不明となったほか、他の者たちは捕縛された。

逮捕された者の白状によると、同年四月二十五日に例幣使の供で掛川までくると異人が泊っているという噂をきき、金子《きんす》をゆするつもりで押し込んだのだという。しかし白刃をたずさえていたところから、殺意があったことは否定できない。そこで首謀の林式部、山田主殿は死罪となった。もっとも林式部はその前に病死している。その他は同意しただけで現場へ踏み込まなかったというので「遠島」の刑となった。金八は巻きぞえをくった者ということで「急度《きっと》叱《しか》り」の刑である。この始末を同年十二月十八日に老中、小笠原壱岐《いき》守からパークスへ報告して、この一件は落着したのである。

ハリー・パークスが要撃されたのは、その翌年（明治二）二月晦日のことで、「大政奉還」によって新しく諸外国との国交を結ぶため、議定建白にもとづいて各国公使の朝見の式がおこなわれたときである。

議定—松平春嶽、参与—後藤象二郎、大久保一蔵（利通）、木戸準一郎（孝允）、広沢兵助（真臣）、中根雪江（靭負《ゆきえ》）らが同年二月十六日に朝見式の御用係として命じられた。接待準備も完了し、その当日にはフランス全権公使レオン・ロッシュと船将二名（相国寺に止宿）およびオランダ公使代理、総領事ド・クラフ・ファン・ボルスブロックと書記官（南禅寺に止宿）らが相ついで参内した。朝廷側では明治天皇が紫宸殿に延見して、国交と友誼をのぞむ詔が発せられた。

　これは日本史上はじめての盛事であった。最初に午後一時、英、仏、蘭三国公使が同時に謁見の予定であったが、三時すぎても英国公使があらわれない。そのうちにパークス遭難が知らされたので、とりあえず仏、蘭の二国公使のみで式は終了した。（『復古記』）

　この朝見式にあたって、ハリー・パークスは同月二十七日に京都に入り、智恩院へ滞在していたのである。参内の当日は、万一にそなえて朝廷までの道の警備には、十分に注意がはらわれていた。この途中の警衛については、新橋通り付近を本多肥後守の配下、三条通り堺町の辺は池田丹波守の配下、押小路通り堺町辺は木下備中守の配下、堺町御門辺は池田相模守の配下、故院近辺は一柳因幡守の配下、日の御門辺は京極飛騨守の配下が、それぞれ参内途上の警備に当てられた。

　いっぽう退朝の途は、清和院御門辺は前田飛騨守の配下、丸太通り寺町辺は加藤出雲守の配下、押小路通り寺町辺は本荘伯耆《ほうき》守の配下、三条大橋辺は稲葉右京亮の配下、縄手新門前は紀伊中納言の配下というように十八藩からの警備兵が動員されていたのである。

　その日の正午すぎに智恩院を出たパークスの一行は、公使館衛士監督―某氏および薩摩の中井弘蔵（桜洲）が前駆して、その次に騎兵十二騎、ついでパークス、御用係の後藤象二郎が馬上でこれにつぎ、そのあとを通訳のアーネスト・サトウ、ブラッドショウ、ブリュースの両佐官が、第九連隊の歩兵を指揮して従い、ミッドフォードは駕籠で、公使館付医官ウィルス、海軍軍医ポルスとライディンクスも随行するという総勢七十余人の行列であった。

この行列が四条縄手通りにかかると、前衛がさわぎだしたのである。二人の浪士が行列に向かって斬り込みをかけてきたのであった。その人は十津川郷士三枝蓊《さえぐさしげる》、一人は山城桂村の朱雀操であった。この二人が必死のかまえで斬り込んでくるので、行列のなかから重軽傷者が出る。前駆の中井弘蔵がまず朱雀によって負傷し、あぶないところを後藤象二郎がかけつけ、斬り伏せたので危地を脱した。つづいて三枝もつかまったが、行列は二人の斬り込みをうけたことによって乱れ、参内中止となったのである。

このときの状況が、次の〔後藤象二郎・談話〕の筆記にくわしく述べられている。

明治元年二月晦日、王政復古の賀を奏せんため英公使パークス参内あり。しかるに当時攘夷の余波なお未だおさまらず、人心の動静つまびらかならず、故に道中の往返危険にたえず、もし公使等にあやまちあらば内憂にかさぬる外患を以てするがごときものにして、じつにこの一挙は大切の次第なり、当日、小松帯刀《たてわき》氏と予といずれか随行すべしとの命あり、ついては両人いっしょに行くべきにあらず。また今回の随行は命がけのことなれば万一変あり、一時両人の命をうしなうことありては不可なりとの説にて、予はくじ引きをなして、その任を定む。予、くじに当たれり。よって定刻（午前八時）に至り、英公使の旅館智恩院に至る。行列は騎兵先駆し、つぎに公使馬上なり。後は歩兵なり。予および中井（弘蔵）は公使の後にしたがえり。途上は道の両がわ諸藩兵これをかためたり。そのとき守兵は多く肥後兵なりき。同院を出て予は馬をつらねて行けり。しかるに寺町通り筋角

（四条縄手町）に至りしに、にわかに先駆の騎兵なだれて後へさがりたり。それがため予は人馬とともに店がわへ押しつけられたり。予は何事ならんと透しみるに、先途に斬り合う人あり。よくよく見るに中井なり。はじめて暴士あるを知れり。よって予は下馬して騎兵のあいだをくぐり至るに、中井は地上にひざをつき、受け太刀になりおりたり。よって予も刀を抜きて声をかけしに、敵は中井をすて予に向かい、二三合斬りかけたり。予もこれをうけて斬り合いしに、ついに、かれの口辺を斬りさけり。かれ倒れて自から自害せんとせしに果たされず斃れたり。予はただちに中井をたすけ起こしたりしに、やや心づき「彼なりしか」とて、両人にてさらに斬りて首級をあげたり（これは林田貞堅すなわち朱雀操である）。

しかるに通弁吉田某、

「また一人あり、これに来れり」

と叫べり。予、はしり返りてみるに一人あり。ひざがしらを斬られて地上に坐しおれり。よって予は飛びかかりて面上をけってこれを倒したり。警固兵これを捕縛したり。（これは三枝蓊である）この混雑いうばかりなし。町側の見物人はさわぎて散乱し、守衛兵ら一人も見えず、みな逃散せり。予は首級をたずさえて公使の面前に至り、

「暴人ありてさまたげをなせり。よって打ち果たしたり」

とて首を公使に示せり。

「ついては、もはや暴人もなかるべし。またありとも予ら身をもってこれを保護して、あ

やまちなからしむべし。ただちに参内あらんことを請《こ》う」と。

公使大いにその挙動の健なるを称し、こころよく承諾せり。しかし騎兵も数人の負傷者（騎兵九人重傷、馬四頭負傷）ありて見ぐるしきをもって改めて参朝に及ぶべし。まず一旦は引きかえすべしと言えり。予はこの挙により、再び参朝に及ばざるなどの難題おこらんことを恐れしをもって、ぜひとも今日の参内を果たさざれば、後日の面倒はなはだしかるべしと思い込みしより、せつにこれを請うもまず一旦引きかえすべしとのことなれば、また強《し》うるを得ず、しからば再び参内に及ぶことはたがわざるべしとて、固く再度の期を約し、同じく智恩院へ引きもどしたり。

中井は負傷もあれば、予より先に同院へもどし、治療に及ぶべしと申せり。その場にて如何ともなしがたし。別当の三尺帯をとかしめて傷を縛せり。傷は鬢《びん》をかすり切られたるなり。故に出血多し。予は大傷ならんと思いしも、同人まったく弱りたる容体もなければ、不審に思いたりしに、改め見るに浅かりし。院にかえりしも医師なし、ようやく英医に托して治療をなせり。翌日朝廷により賞金百円をたまえり。

このときに事変あるを聞きつたえ、人民四方より群集し、ほとんど制すること能《あた》わず。守兵は早く逃げさりてこれを制するものなし。万一混雑にまぎれ、再び暴士の出るあれば、ますます面倒なるべしと思えり。しかるに随行に諸藩兵二十余人あり、銃器を持てり。よって予は同人らに説くに、大義名分をもってし「じつに今日のごときことあらば、朝廷のご失体に帰し、ひいて国難をかもすの源なれば、返す返すも残念なり。ついては予の今日申すところは、まったく朝廷の御為をはかるものにして、いわゆる朝廷のご趣意なり。しかれども予の言なりとて応ぜざれば致し方なし。後日勅命にたがうの罪に問わん。応否如何」と説きつけ、かつ藩名を問いしに「沼田藩、かつ予の命にしたがい違心なかるべし」と答う。予、大いに安心せり。

よって令していわく「かく混雑をきわむるときは、またなんら事変おこるも知るべからず。故に一旦、見物人を去らしめざれば、いたずらに混雑を招かん。その多人数を制しがたければ、屋上に向かって空砲を発すべし」と。隊兵ただちに命に応じて二三発ずつ打ち放てり。その響き、はなはだ高し。見物の人大いに驚愕《きょうがく》し、狂奔、みな四方へ離散して一人も傍へ近づくものなし。わずかに混乱を制するに至れり。

即夜、談判あり。三条、岩倉、徳大寺に、小松、五代、予三人付属して外国人との談判はじめてなりしにより、小松は三条公へ、予は岩倉公へ、五代は徳大寺公へ付属し、かげとなりて申し口をのべる次第なり。公使らはなかなか聞き入れず、かれこれ余程むずかしかりしも、乱暴人を刑して謝することは事済みたり。暴士は二人のみ。一人は僧の上がりにて、同党は十余人もありしも漸次に減少して、ついに二人になれりと言う。中井の説に、

「はじめ町角に来りしに、質屋の側に一人あり、しきりに刀柄に手をかけ、抜きこころみいたりしが、騎兵の行列来るにさいし、とつぜん躍《おど》り出て斬りかかれり。騎兵はしきりに槍をもって防ぎしも、かれは馬腹をもぐりもぐり、あっちこっちとかけまわりて斬りまわ

り、騎兵は足部を切られたり。一人の浪士は歩兵に斬りかかりたり。このとき英兵二十名ばかり、はじめ発砲したるも、ただ飾りばかりにて銃装なかりしをもって、銃剣にてかれこれと防ぎしのみなり。故に多少傷をもこうむれり。もし銃装ありしものにて二十名発砲せしならば、多人数群集のうちなれば幾多の人をそこなうに至りしや知るべからざりしならん」と。

予はこのとき誤って危険にさいせり。かれこれとかけまわるときに、公使「サトウ」（通訳の誤り）は予を浪士と見誤るや、短銃を向け、すでに放たんとせり。はなはだ危うかりし。仏公使「レオン・ロッシュ」は、この変動をきくや、ただちにただ一人馬上にて智恩院へ来り、訪問をなせり。今、暴人あり、乱暴をなせしと聞きながら馬上一人かけ来たりて訪問するとは、その挙動じつに勇しと申すべし。（『史談会速記録 一七一』）

以上が後藤象二郎の実歴談である。多少は見聞にあやまりもあると思われるが、これが当時の事情をつくしているようである。なおパークスは斬りつけられたが、帯革を切られただけで逃がれ、馬丁が負傷、サトウは乗馬を二ヵ所までやられた。

三枝蓊（市川三郎と変名）は大和十津川の郷士であり、朱雀操は山城桂村の生まれで、もと小堀右膳の家来であり、林田英太郎貞堅《さだかた》というのが本名である。二人とも生粋の攘夷家で前年（慶応三）十二月に侍従―鷲尾隆聚《たかつむ》が高野山で挙兵をこころみたとき、これに参加し、翌年正月に大坂落城と同時に京都へ引き上げ「親兵」に編入されたものである。

朱雀操は現場において、ただちに斬首され、また三枝は同年三月四日に斬罪となった。二人とも処刑後は三日間さらし首になった。次がその罪状である。

二月晦日、英国公使参内の砌、於二途中一同類申合せ、白刃を以て公使に従ふ英兵へ為二手負一候に付、参内をも被二差延一、御交際を妨げ乱行の始末、重畳不届者に付、帯刀を奪ひ、士籍を削り、来る四日刑戮斬罪の上、三日の間令梟首事。

三枝蓊は日本政府の意向では、最初切腹させるはずだったが、パークスが「日本武士は、切腹を名誉としているから、それでは刑罰にならない」と申し立てたため、右のような始末になったそうである。

ミッドフォードの書翰によると、三枝は摂津平栗郡定蓮寺の僧侶であったのが還俗《げんぞく》し、髪をのばしていたのであるという。まだ十分にのびきらないので、斬髪のように見えたのだろう。

かれが行列へ斬り込んだときは「虎のごとくかがみて一行のうちに飛び込み、電光のごとく刀を振りまわし、むやみに左右を斬り立てたり。その状況あたかも利刃を所持したる『マレー人』の凶殺者に似たり」と形容している。

捕縛された後は、わりあいに厚遇されたので、三枝はかえって英人に親しみを感じていたようで、ミッドフォードは凶猛な野獣をならすときのような感情がおこって、三枝の心情をあわれむ、変な気持だったと言っている。数回の審問中に、かれはすっかり後悔の情を示して、朱雀が死んだ以上は早く自分も処刑してほしいと、希望したようである。またかれの自供で同謀の川上某、松原某、大村貞助（のち中島貞五郎）も逮捕されたが、かれらはその事実を否定したのである。

この「パークス要撃事件」は、重大な国際問題を引きおこすところであったが、後藤象二郎らの立ちまわりによって英国公使側も気持がやわらいだらしい。政府では即日、善後策について会議を開き、とりあえず外国事務局から、山階宮《やましな》はじめ東久世通禧《ひがしくぜみちとみ》、伊達宗城《だてむねなり》（宇和島藩主）それに内国事務局から徳大寺実則、松平春嶽（越前藩主）らの大官が、パークスの止宿先―智恩院へ見舞いにおもむいたのである。

翌三月一日には三条実美、岩倉具視らも共に智恩院をたずねて陳謝の上で、次の大官連名の謝状をおくった。

昨二月晦日、閣下参朝之中途、大和之産三枝蓊、城州桂村之産朱雀操、意外之暴行に及び貴国之兵士数人に手を負せ候次第に相運び候処、幸、付添之者より一人は打留、一人は貴国兵士、召捕候段申出候。尤我政府に於ては専ら外国交際を重んじ、普《あまね》く親睦を厚うせんがため、参朝之儀も申入候は、兼て御諒知之通に候処、頃日に至り右様之所業数々有レ之候は、畢竟我之政令不行届より生候次第、各国へ対し実以て汗背心外之至に候。勿論右之者余類之有無、精々探索を尽し、何処迄も根を可レ断候。又召捕候三枝蓊は、両国政府之重大之礼式を妨げ、不届至極に付、厳科に可レ処は勿論之事に候。且又貴国之兵士手負之者治療不二相届一、終に及二死亡一候歟《か》、又は是よりして職掌に離れ活計を失ふ者は、我政府より至当之養育料を与へて忿恚《ふんい》之一端を慰し申度は、我政府之実意に候間、此段貴下兵士は勿論、本国政府へも厚意貫徹候様、以二書面一申入べく旨、朝命有レ之候に付、此段如レ是御座候。以上。

辰　三月一日

三条大納言
岩倉右兵衛督
徳大寺大納言
越前宰相

英国公使
サー・ハリー・パークス・ケシビ閣下

パークスも、これに対して復書を出し、後藤象二郎、中井弘蔵らの献身的な行動に感謝と讃嘆の辞をのべている。そして同月三日には改めて参朝し、フランス、オランダと同様に謁見の儀をおえたのであった。

この事件で英兵負傷者八人のうち、二人は深手を受け生命に別条はなかったが、廃兵となっている。他の六人は軽傷であった。明治政府はこれらの慰謝料として同年八月二十七日に洋銀で一万四千ドルを支払うことにし、それをパークスに通告した。九月一日パークスは請書と同時に、その分配の内訳について知らせてきた。それによると一万四千ドルのうち一万ドルは廃兵となった二名に等分し、あと八百ドルはこの二名を帰国させる旅費、残金の三千二百ドルについては五百ドルを負傷者六名に与え、さらに残りの二百ドルは微傷の者に百ドルずつ配分したことになっている。(『復古記』)

同年九月二十二日、英国政府は、後藤象二郎の労にむくいるため、とくに剣一振りをおくり、パークスの次の添状をよこしている。

我去る西洋第三月二十三日、皇帝陛下に入勤の途中暴撃を受けし節、足下の挙動胆勇讃嘆すべきを、我政府深く記識せんと欲し、足下に一振の剣を贈る。これ足下の卓たる所為を我政府の記念に備へんとなり。今其品を足下に伝寄せよとの命を受け、予に於て欣喜の至なり。依て予又足下の国家に報ずる純忠なるにより、武運の長く久しきを懇願する詞を茲に表するなり。

千八百六十八年第十一月六日

横浜貌利太尼使臣館に於て

ハリー・パークス

後藤象二郎様

この剣は長さ三尺、柄は象牙作りであり、縁額には獅子の頭を彫ってあった。鞘は銀製で黄金の装飾である。刀身に「紀元千八百六十八年三月二十三日の記念として後藤象二郎に贈る」と英文が彫り込んであった。この三月二十三日というのは旧暦の二月晦日《みそか》にあたり、つまりパークス遭難の日をさしている。

なお、これは英国でも武勇抜群の将官に対して、女王自らが授与する勲剣として至高の名誉とされている。また中井弘蔵に対して出されたパークスの謝状には、この剣を号令用に使っていただきたい旨がのべられていた。

奥羽鎮撫使参謀　世良修蔵

奥羽鎮撫使参謀となった世良修蔵は長州藩士であった。詳しくは毛利家の家老―浦靱負《ゆきえ》(元襄)の家来であり言わば陪臣ということになる。天保六年(一八三五)に周防国大島郡椋野《むくの》(蒲野村)に生まれ、明治一年(一八六八)に暗殺されたときは三十四歳であった。名を砥徳、号は周陽と称し、在藩時代は高杉晋作、桂小五郎(木戸孝允)らのようなきわだった働きはなかった。だが「鳥羽伏見の戦」に端を発した討幕戦争のなかにあって奥羽鎮撫使参謀にあげられた人物である。

奥羽鎮撫総督は九条道孝、副総督は沢為量《ためかず》、上参謀は醍醐《だいご》忠敬《ただよし》といずれも公卿方であった。世良修蔵は下参謀であり、その相役に薩摩の大山格之助(綱良のち鹿児島県知事、西南の役では西郷隆盛に組みして死刑)とともに、鎮撫総督府の実権をにぎっていたのである。この鎮撫使の任務は、仙台、米沢二藩を押えて会津討伐、あわせて秋田、南部はじめ奥羽列藩にも、この応援をさせるところにあった。そこで、明治一年三月二日に京都を出発し、同十一日大坂から海路をへて、同十八日に奥羽寒風沢に着いている。これに従行した藩兵は薩摩、長州、筑前、仙台の各藩士たちであった。同十九日に東名浜に上陸し、仙台藩士―三好監物らの出迎えをうけ、その翌日、松島の観瀾亭に入った。そして同月二十三日に仙台藩主伊達慶邦が家老の但木土佐《ただきとさ》らをしたがえて伺候している。その日に一行は塩釜へうつり、翌日はさらに仙台へうつり、同地の養賢堂を、しばらく総督府本陣とした。

総督府からは仙台、米沢の二藩に対して会津への出兵をうながしたが、二藩には戦意がなかった。隣藩ということから、事を穏便《おんびん》におさめようと考えたのである。そして会津藩に恭順をすすめた。

「鳥羽伏見の戦」以来、会津がわにすれば薩長に対するうらみは深い。しかしそれを理由に抵抗する表立った動きもなかった。仙、米二藩のすすめに応じ家老―梶原平馬ら数人が関宿まで出向き「鳥羽伏見の戦」の主謀者の首級をあげて恭順をちかい、仙、米二藩に周旋をたのんだ。二藩からその旨を総督府に届けると、

「今日になって謝罪歎願では名が立たぬ。真にその意があるなら白川口の官軍へ、その手続きをとれ」

と、つっぱねた。そこで米沢から大滝新蔵、山田八郎らが出向き、さらに歎願した。すると参謀―世良修蔵は威丈高《いたけだか》に、

「其藩に異議があるなら、会津と同罪、いずれ問罪の兵をつかわす、さよう心得ろ」

という。このため、詮方《せんかた》なく米沢藩では会津の国境へ兵を出したが、いつも八百長戦であった。かたわら仙、米二藩は会津を救うために、さらに奥羽二十余藩の藩主に檄をとばし、歎願の協力をもとめていたのである。

この結果、閏《うるう》四月十一日（明治一）に白石において諸藩代表の会議をもち、後から来会し

たものを合わせ二十七藩の後援で、伊達、上杉の両家から総督府への歎願をかさねたのである。だが同月十五日に「御沙汰には及ばれ難し、早々討入り、追討の功を奏すべし」と、これも突き返された。

このころ総督府は仙台から岩沼にうつり、さらに白河へ転陣するはずであったが、このとき羽州庄内藩が立ち上がり天童藩をおびやかしていた。参謀―大山格之助は副総督―沢為量とともに薩長の藩兵をひきいて、その方面へ出張中だったので、ひとり世良修蔵が主戦論をとなえ、剛慢ぶりを発揮していた。この機会に奥羽諸藩のあいだでは世良修蔵暗殺をくわだて、会津を救解しようとする動きが生じたのである。

また一説によると、総督以下従兵の乱行はひどく、次のような歌を酒間にしてはばからなかったと言われる。

竹に雀を袋に入れて
後においらのものにする

「竹に雀」は仙台藩主伊達家の紋所《もんどころ》である。これでは仙台藩士の怒りをかうのも当然である。朝廷を笠に着ている総督府だから表面には出さないが、怨恨をいだくのはやむをえまい。

そのころ仙台の細谷十太夫が、ひそかに同志を集め「からす組」を結成し、総督府への抵抗をもくろみ動きはじめたのである。そして伊達家の家老―但木土佐、大隊長佐藤宮内、福島へ出張していた部将―瀬上主膳、監察―姉歯武之進らも世良修蔵暗殺をくわだてた。それは会津兵にすすめて世良修蔵がいる白河城を襲撃させる。その混乱にまぎれ込み会津兵を装うた仙台兵が世良以下を討つという策であった。しかし、これは実行できなかった。

世良修蔵暗殺の直接のきっかけとなったのは、世良が羽州新庄にいる大山格之助にあてた手紙が途中で開封されたことによる。その手紙の内容は、奥羽諸藩の動きを報じ、これによって自分（世良）はひとまず上京して新たに精兵をひきいて奥羽全土を席捲しようとの計画である、というものであった。そこでかれは閏四月十八日に白河を立って十九日に福島に到着、福島藩用人鈴木六太郎に大山格之助あての手紙の伝送を依頼したのであった。そのとき「密事だから、仙台の者に気づかれぬよう」と念を押したのである。

この言葉に気をひかれた鈴木六太郎は藩府の指示をえて、ちょうど土湯口の守備をとき福島に滞陣していた仙台の瀬上主膳、姉歯武之進らにその手紙を渡したのである。それを開封した結果上記の内容を知り「世良修蔵を斬るべし」との決意をかためたのである。

同四月十九日、世良は従士―勝見善太郎とともに、福島城下北町の妓楼―金沢屋に泊り込んでいた。金沢屋の主人―斎藤浅之助の談話（『二本松藩史』所収）によると、世良は往復の途次、いつもこの妓楼に泊っていたようであり、四月上旬、白河へ行くときも十日ほど、ここに滞在したのである。

世良修蔵の容貌は角顔、年のわりにふけて見え、身長は普通だが肥満体、酒は強いほうであった。頭は惣髪で、髻《たぶさ》は打ちひもで一束に結び、外へ出るときは韮山笠《にらやま》をかむり、洋服に靴である。従者は勝見善太郎のほかに松野儀助、二人とも二十歳前後の青年であり、他に馬丁に繁蔵というのがいた。

遭難の当日、世良は、勝見ひとりを伴って午後二時ごろ駕籠でやってきた。すぐ部屋に入ると料紙、すずりを取りよせ一通をしたため、それを油紙につつみ、紺糸で厳重にくるんだ上、おりから来訪していた鈴木六太郎に渡した。鈴木は主人（金沢屋）に向かって、

「なんでも、お口に合うものをたくさん上げるがよろしい」

と言って出かけた。それが今の時刻にすると午後の五時ごろである。（〔斎藤浅之助・談話〕）

世良暗殺を決意した連中は、福島藩の遠藤条之助、杉沢覚右衛門、鈴木六太郎、仙台藩の姉歯武之進、田辺賢吉、赤坂幸太夫、松川豊之進、末永縫殿之允《ぬいのすけ》、大槻定之進。それに福島の目明し浅草屋宇一郎がその手先をしたがえて先導し、夜半（閏四月二十日午前二時前後）に金沢屋へふみ込んだのである。

世良修蔵は、宵から酒を飲み歓をつくして熟睡していた。目明し宇一郎は、あらかじめ世良の相方の女をだき込んで、その大小をかくさせていた。そこへ遠藤条之助、赤坂幸太夫がまっさきに世良の寝室へ飛び込んだ。世良がおどろき刀を探したが見当たらない。止むをえず短刀を抜いて防戦したが、大槻定之進の振りまわす棍棒のために腰をなぐられ、体がくずれると同時に短刀をうばいとられた。さらに部屋の隅へ走りピストルを取り打ちがねを上げたが発射しない。狼狽するすきに赤坂幸太夫が、世良の手からピストルをうばい、折りかさ

なって、ついに縛りあげたのである。(『奥羽蝦夷戦乱史』)

　このとき世良の従士―勝見善太郎も、裸体にふんどし一つで大刀を振りまわして戦ったが、ついに力つきて縛りあげられた。金沢屋は妓楼だから、この騒動に、しどけない姿で大勢の男女がさわぐ中を世良修蔵、勝見善太郎の二人は縛りあげられたまま同家の裏門から筋向うの各自軒(現紅葉館)という瀬上主善の宿所へ引き立てられた。そして訊問に当たった姉歯武之進と小島勇記が、大山格之助あての密書を突きつけて、

「覚えがあるか?」

と問うと、世良は観念したらしく、

「いかにも拙者の筆に相違ない」

と応じ、ひときわ声をあげて奥羽諸藩の因循《いんじゅん》、名分のあやまりを責めたてた。

　こうなった上は世良を生かしておくわけにはゆかず、その場から福島の東端、阿武隈川畔に引き立て、そこで首をはねた。斬首される前に、世良は筆紙を所望したが、

「ばかを申すな」

と、かえりみられなかったという。(『二本松藩史』)

　そのころ会津藩から来合わせた中根監物、辰野勇の二人は、この世良修蔵の斬首をきいて、藩へのみやげにかれの首級がほしいと申し込んだが、姉歯武之進が承知しない。その代りに髻《たぶさ》を切って渡したところ「またと得がたいみやげができた」と、よろこび引きあげたと言われる。そして首級はこの世良暗殺の裏面ではたらいた大越文五郎の添書とともに、白石

在城の仙台藩家老―但木土佐のもとへ届けられた。但木は、

「無名匹夫の首ではないか、子捨川へ捨ててしまえ」

と吐きすてるように言った。だが同藩の軍制係―今村鷲之助は思慮の深い人物であった。

「たとえ無名匹夫の首級でも、和漢とも埋葬の古例がござる。まして天下の参謀の首級と知りながら、無名の首として打ちすつべき理がありましょうや」

と論じたので、但木も、

「それでは、よろしいように処置せよ」

ということになった。そこで今村鷲之助は真田喜平治と相談した上で、白石の傑山寺へ葬ろうということになった。傑山寺は仙台の家老―片倉家の菩提寺である。ところが、

「さような首を埋められては困る」

と住僧が承知しないので、その末寺の月心院へ埋葬したのである。遺体は斬首した現場近くの土手に埋めたが、その後、洪水のために土手が押しながされ、現在の稲荷境内の墓所には何も埋っていないそうである。

ところで世良修蔵のもう一人の従士―松野儀助は遭難の夜の翌日の昼前に駕籠で金沢屋へやってきた。まだ世良や同僚の勝見の一件については知らないようすであった。

「世良殿は、いつものお座敷か？」

と炉《ろ》の前にすわり何気なく主人にたずねた。ところがそこには仙台、福島の藩士が十数人いた。そのために、金沢屋の主人はうかつに事のてんまつを告げられず躊躇していた。すると

仙台の侠客で今助という大男が、ふっと立ち上がりざま松野儀助の大小をけとばし、そのまま背後から羽交《はがい》じめにした。不意をつかれてもがく松野を縛りあげ、世良らが斬首された河原へ引き立てようとした。松野はこれにさからい「人違いするな」と連呼し、あばれだす。そこで金沢屋を出て、そのとなりまで連行すると、めんどうと見たのか、一人の男が抜打ちに松野を斬ってしまった。馬丁の繁蔵も同所で殺されている。（「斎藤浅之助・談話」）

鎮撫使上参謀—醍醐忠敬は白河へ向かう途中、つまり世良修蔵が斬首された閏四月二十日に、会津兵が白河をおそったというので二本松から引きかえし、同二十一日に福島へ向かった。従士の奥田栄久、水谷主膳、三浦才助ら三人のほかに白河で防戦した長州の野村十郎が一行にくわわっている。

福島須川の関門に通りかかると、そこの守備に当たっていた仙台藩兵が敵方にまわり、一行の通行をゆるさないばかりでなく、また「世良参謀はいかがいたされた」と、たずねたが答えはない。暫時のあいだ待たされ、隊長の命令だということで従士の奥田ら三人を抑留し、醍醐と野村十郎の二人をみちびいて行った。そして関門を数歩すぎたところで異様なひびきを耳にした醍醐が振りかえると、野村を斬りたおした壮士が血刀を手にして迫ってきた。これは仙台藩の監察方—姉歯武之進の内命をうけた同藩士—山田蘭吉という者である。あわや醍醐も凶刃に消えるかと思われたが、その寸前に、そこの守備隊長—高橋純蔵がかけつけてきて、山田を制した。

そこで高橋純蔵は、急を長楽寺内の軍事係—泉田志摩に知らせ、醍醐を福島城内の書院にかくしたが、二十五日になって福島の藩兵に守らせ阿武隈川を舟で岩沼の総督府本陣へ送らせたのである。

これをきっかけとして、総督府付きの薩摩、長州出身者は次々に暗殺のうきめをみることになった。たとえば中村小治郎は閏四月二十日の白河戦で負傷し、いったん二本松へ逃がれたが、同二十二日駕籠で福島へ向かう途中で仙台藩の士に殺害された。(「斎藤浅之助・談話」によると二十一日、福島の南一里半、清水町で仙台藩士岡崎賢治に斬殺されたとある)

また薩摩藩の内山伊右衛門は部下とともに弾薬を羽州地へ運搬中に、同月二十二日に暗殺され、鮫島金兵衛は南部兵とともに桑折を出立し羽州へ向かう途中、宮城郡七北田宿で仙台藩兵にさえぎられ、南部兵とわかれて仙台へ引きかえすうちに同藩士のために殺害された。さらに総督府会計方―平阪信八郎も所用のため岩沼の本陣から白河へ出かけたまま行方不明となっている。なお平阪信八郎は宇都宮藩士だったために凶刃をまぬがれ投獄されていたのである。これはのちに釈放された。(『防長回天史』)

世良修蔵暗殺は、奥州諸藩が薩長を主とした明治政府に対してこころみた抵抗の宣言であった。これによって奥羽の諸藩は一時的ではあったにしろ連合をかため、九条道孝総督以下が仙台に滞在することに不安をあたえたのである。

閏四月下旬には、佐賀藩士―前山清一郎が佐賀、小倉二藩の兵をひきいて助勢に向かったが、とうてい兵力がたりなかった。そのために羽州地に出動していた副総督―沢為量の一行と合体しようとこころみたのだが、仙台側がそれを承知しなかった。そこで前山清一郎が巧弁をふるい、仙台藩家老の但木土佐を説得して五月十八日に、ようやく九条総督以下、佐賀、小倉兵とともに仙台を立ち南部辺をまわり、秋田へたどりついたのが七月一日であった。

ここで秋田、津軽の二藩が総督府を擁護して白河路、越後路から侵入してくる官軍に策応したために、東北一円にかけて維新政府軍と奥州諸藩との激しい攻防戦が展開されることになったのである。

参与 横井小楠

明治政府が成立した当初に暗殺された功臣が三人いる。横死の順にあげれば、参与—横井小楠、兵部大輔—大村益次郎、参議—広沢真臣である。

横井小楠は肥後熊本藩士であり、名は平四郎時存《ときより》と言った。実学派の人物として佐幕開港説をとったために攘夷派浪士から狙われていた。水戸の藤田東湖と面識があったところから、水戸藩主徳川斉昭の招聘をうけたこともあったが、水戸の尊攘派の排撃を感知していたので「出処進退自から道あり」と称して、これを辞退している。またかれの名声を耳にしていた越前福井藩主—松平春嶽も、安政四年（一八五七）に家臣の村田巳三郎を熊本城東沼山津までつかわし、小楠の招請をこころみた。このときには、

「二君に仕うるは士のとる道でない」

と論ずる者があったが、熊本にいては自己の生かされる機会はないと考えたのか、小楠は藩主の許可を得て福井へおもむいた。安政五年（一八五八）の三月のことで松平春嶽の顧問となって藩政改革につくしている。

このころ松平春嶽は「安政戊午の大獄」によって隠退させられたのであるが、まもなく文久二年（一八六二）に幕府の政事総裁職に抜てきされたので、同年六月に小楠は春嶽に同行

して江戸に向かった。このため横井小楠の論策は、しぜん幕末の政治面に表われるようになってくる。そして大久保一翁（忠寛）などにも認められ、幕府へも推挽せられたが、かれの開国説に対する尊攘派の攻撃もはげしくなっていた。京都において島田左近、宇郷玄蕃、本間精一郎らが次々に暗殺されたころであり、肥後の堤松左衛門らが、横井小楠を狙っていた。

その当時、横井小楠は江戸お玉ケ池に住んでいた。文久二年十二月十九日、その住まいへ同藩の吉田平之助、都築四郎がたずねたとき、かれらと連れだって檜物町の某料亭へ出かけ酒を汲んでいた。そこへ三人の刺客が踏み込んできたのである。それと感知した同席の吉田平之助が、声をはり上げ注意したので、小楠はそばの燭台を倒し明りを消した。そして吉田が刺客と抜き合わせているすきに、他の刺客の袖をくぐり屋外に飛び出したのである。うしろから「待て——」と呼びとめるのに対して「ご苦労——」と捨てぜりふを残して姿をくらましたという。あとに残り応戦していた吉田平之助は重傷をうけ、それがもとで死亡したのである。（『明治暗殺史』）

このとき踏み込んだ刺客は、肥後藩の勤王派で堤松左衛門、安田喜助、黒瀬市郎助の三人であった。このとき目的の横井小楠をのがし吉田平之助を殺害したことを、堤松左衛門は後悔し、脱走後に京都南禅寺の後山で自刃したと言われる。安田喜助は明治一年正月、伊予の松山城下で病死している。黒瀬市郎助は、明治二年（一八六九）二月三日、吉田平之助の一子—吉田伝太によって豊後《ぶんご》鶴崎町竜興寺で討ちはたされたのである。最初の刺客の襲撃から逃がれた小楠は、翌十二月二十日に次の届書を越前藩邸へ出している。

私儀、昨十九日夜、都築四郎、吉田平之助近〻此表出足に付、檜物町々家において離杯相催候処、五時《どき》過狼藉者両人白刃を提、楼上へ登候を見懸候得共、其節私儀腰物近く無レ之に付、直様階下へ走下り候節、又々一人に行逢ひ申候。夫より松平越前守様御屋敷へ馳帰り、両刀追取り同所へ馳付け候得共、事散候後に相成候。右に付尚又家来共へ承紏《うけただし》候処、最私迎に罷越候節、檜物町河岸に致二覆面一候者十三、四人罷居、跡を慕ひ罷越候様子に御座候。其節都築四郎、吉田平之助手疵を負申候。私儀狼藉者可二相留一処、腰刀身近く不二指置一、機に後れ奉二恐入一候。右之趣即夜不二取敢一御達申上候得共、尚又篤と承紏候次第奉二申上一候。以上。

横井平四郎

この届出によって、越前邸から中根雪江、肥後藩から沼田勘解由《かげゆ》らが小楠の旅宿に出向き、善後策について話し合ったが、何分にも肥後藩士のあいだでは横井小楠に対する非難の声が高い。つまり「吉田平之助、都築四郎が共に刺客と闘っているのに、ひとり横井のみがその場から逃がれ、命びろいしたとあっては士道を欠いたものとして、肥後藩の恥辱である」というのである。そこで竜ノ口の肥後藩邸へ小楠を引きとるというのを、松平春嶽の口入れで同月二十三日に、ひとまず越前へ立ちのかせることになった。(中根雪江『続再夢記事』）

そこで越前に引きあげた横井小楠は、翌文久三年（一八六三）八月に、松平春嶽の許可をえて熊本へ帰国した。帰国後まもなく食禄は召上げになり、その翌元治一年には沼山津へ引きこもった。それ以後は政治上の問題からしばらく手を引き、読書講学に年月を送った。次にあげるのが小楠の「丁卯八月十五夜」の作詩である。

神気霊覚湧如レ泉　不レ用二作意一付二自然一
前世当世更後世　貫通三世対二昊天一

もちろんその間には、小楠のもとを訪問する者もすくなくなかった。ことに、大政奉還の前には坂本龍馬の来訪をうけている。このとき龍馬は、

「私は京都で一仕事します。あとのところは邪魔せぬよう何分よろしく――」

と別れぎわに言ったと伝えられる。


王政復古を機として、横井小楠も京都へ呼びだされた。そして薩摩の岩下佐次右衛門に会ったとき、小楠は、

「おどろきました。こんなに早く幕府が倒れようとは思いもかけなかった」

と、先見の至らなかった点を述懐したという。横井小楠は開国説を説きながらも、佐幕論者であった。（『川辺御楯・談話』）

横井小楠は明治一年三月に「徴士」として明治政府に迎えられ、やがて参与、制度局判事となる。ここで小楠に進歩的な論策を発揮する機会が到来したのである。だが、排外攘夷派の動きは明治政府の成立後も絶えなかった。ことに西洋主義者と見られた横井小楠に対して、耶蘇《やそ》を尊奉するとか、共和論を主張するとかの流言が伝えられ「生かしておいては国家の前途を危くする」と見て、ふたたび刺客が付けねらうことになった。

上京後の横井小楠は、腸を病み臥床がちであった。明治二年一月五日は、吉例によって参内の当日である。からだが衰弱しているために、家人たちは参内をさしとめたが、承知せず、御所へ出仕する駕籠には門人の横山助之丞、下津鹿之助、若党の上野友次郎、草履取りの村松金三郎らが付きそっていた。

刺客におそわれたのは、その午後、御所からの帰途である。寺町の御霊社付近にさしかかったとき、銃声を合図にして刺客数人が小楠の駕籠を取りまいたのである。随従の者が抜き合わせたが、しだいに受け太刀となった。衰弱した身体で駕籠から出てくる小楠に刺客の一人が斬りかかった。小楠も小刀を抜き防戦したが、六十歳の病体であり、すぐに小刀を叩き落とされ、同時に鋭い一太刀をあびて顚倒した。それに乗りかかった刺客が首を搔き落としたのである。

刺客たちは首級を高く差し上げると、ただちに四散した。小楠の従士たちがそれを追いかけると刺客の一人は首級を投げだして逃げ去った。この暗殺の現場へ通り合わせた小楠の知人——川辺御楯《みたて》の次のような話がある。

〔川辺御楯・談話〕

横井が京都で殺されたときに、私はそこを通りかかったが、一歩おそかったので間に合わなかった。ちょうど首を取ってさげた奴に出会った。けれども持ちたえられぬので道へ捨てました。

横井の護衛は駕籠脇《わき》二人、前後二人ずつ都合六人いた。向こう（刺客）も五、六人以上いた。横井は即死で、二十いくつの太刀あとがある。頭を斬られたので髷《まげ》が下へ落ちた。そこで私と宮沢とほか二、三人で追いかけた。ところが丸太町（姓名不詳）という者がありました。そこへかけ込んだから、行って談判したところが、ちょうど正月のことで松の内でありますから次上下《つぎかみしも》で酒盛りをしていた。見ると町人風の道具屋が、ふろしきに掛物をつつんで持って行くところで、その男が斬ったのでわからぬことには、それと談判して取りにがした。これは十津川の奴です。（『史談会速記録　一五九』）

横井小楠横死が上聞に達すると、朝廷からの侍臣がつかわされ、翌日には旧藩主細川韶邦《あきくに》へ祭粢料《さいし》として金三百両が下賜された。小楠は朝廷側でも長老として推重されており、後年に正三位が追贈された。

また小楠の横死後、京都市中に次のような貼紙がみられた。これは刺客を弁解したもので、当時、小楠がどのように見られていたか、世論の一端がうかがわれよう。

去五日、徴士横井平四郎を寺町に於て白日斬殺に及びし者あり、一人は縛に就、余党は厳しく追捕せらるゝと云。右斬奸の徒、我未だ其人を雖レ不レ知、全く憂国の至誠より出たることを察せらる。夫れ平四郎が姦邪、天下所ニ皆知一也。初め旧幕に阿諛《あゆ》し、恐多くも廃帝の説を唱へ、万古一統の天日嗣を危うせんとす。且憂国の正士を構陥讒戮《ざんりく》し、此頃外夷に内通し、耶蘇《やそ》教を皇国に漫布することを約す。又朝廷の急務とする所の兵権を屏棄せんとす。其余の罪悪、不遑ニ枚挙一、今王政一新、四海属目之時に当りて、如レ此大奸要路に横り、朝典を廃壊し、朝権を棄損し、朝士を惑乱し、堂々たる我神州をして、犬羊に斉《ひと》しき醜夷の属国たらしめんとす。彼徒は之を寛仮すること能はず、不レ得レ已斬殺に及びしものなり。其壮烈果敢、桜田の挙にも可ニ此較一。是故に苟《いやし》くも有ニ義気一者、愉快と称せざるはなし。抑々《そもそも》如レ此事変は下情の壅塞《ようそく》せるより起る。前には言路洞開を命ぜらると雖、空名のみにして其実なし。忠誠鯁直《こうちょく》の者は固陋なりとして擯斥せられ、平四郎の如き朝廷を誣《ぶ》罔《もう》する大奸賊登雇せられ、類を以て集まり、政体を頽壊し、外夷愈〻《いよいよ》跋扈《ばっこ》せり。有志之士不レ堪ニ杞憂《きゆう》一、屢〻正論討議すと雖、雲霧濛々、毫も接用せられず、乃ち断然奸魁《かんかい》を斃して朝廷の反省を促す。下情壅塞《ようそく》せるより起ると云ふは即ち是也。切に願ふ。朝廷此情実を諒とし給ひ、詔を下して朝野の直言を求め、奸佞を駆逐し、忠正を登庸し、邪説を破り大体を明らかにし給はむことを。

若夫《もしそれ》、斬奸の徒は其情を嘉《よみ》し、其罪を不レ論、其実を推し、其名を不レ問、速に之を放赦せられよ。果して然らば啻《ただ》に国体を維持し、外夷の軽侮を断つのみならず、天下之士、朝廷改過の速なるを悦服し、斬奸の挙も亦跡を断たむ。然らずんば奸臣朝に満ち、乾綱紐を解き、内憂外患交《こもごも》至り、彼衰亡の幕府と択ぶなきに至らむ。於レ是乎、憂国之士奮然蹶起《けっき》して、奸邪を芟夷《さんい》し、孑遺《けつい》なきを期すべし。是れ朝廷の信を繋ぐ道にあらず。皇祖天神、照鑒《かん》在レ上、吾説の是非、豈《あに》論ずるを用ゐんや。吾に左袒《たん》する者は、檄の至るを待ち叡山に来会せよ。共に回天之大策を可レ議者也。

明治二年春王　正月　　大日本憂世子

当局のきびしい捜索によって刺客は捕縛されたが、その処刑については問題があった。横井小楠の思想を嫌悪していた弾正台《だんじょうだい》の役人のうちには寛典論を主張する者がいた。筑前藩からは刺客の助命歎願書が出されるなど、それらの紛糾の末に翌明治三年十月十日、左のような処分が決定した。

石州邑智郡上田村百姓丈右衛門二男ニテ　当時無籍　上田立夫（年三十一歳）
笠松県貫属石川太郎家来善次二男ニテ
備前国上道郡沼村名主三郎右衛門倅ニテ　当時無籍　鹿島又之丞（年二十四歳）

当時無籍　土　屋　延　雄（年二十四歳）

和州十津川郷大原村
郷士要人弟ニテ
当時無籍　前　田　力　雄（年二十七歳）

此者共儀、参与横井平四郎邪説ヲ唱ルトノ演説を信シ擅《ほしいまま》ニ及二殺害一、其場ヲ立遁ルル段不届至極ニ付梟首ニ行フモノ也。

庚午　十月

これは刑部省で宣告され、囚獄司の警戒のもとに刑場へ護送されたが、その間にも故障が生じたりして、刑の執行が終わったのは当日の午後四時に近かった。

右のうち土屋延雄は津下四郎左衛門の変名である。このほかに終身流刑に処せられた者には大和十津川野尻村郷士—上平主税、備中国小田郡笠岡村の大木主水、広幡正二位家来—谷口豹斎の三人がある。また大和郡山の榊田又之丞、十津川の中井刀禰雄の二人は禁獄に処せられて、事件は落着したのである。（『佐々木高行日記』『明治政覧』）

兵部大輔　大村益次郎

大村益次郎は、もと蘭医《らんい》であった。生まれは周防（山口県）吉敷郡鋳銭司村であり、代々が医者である。かれは初め村田亮安と称し、梅田幽斎から蘭学を、広瀬淡窓から漢学を学んだ。そののち大坂に出て緒方洪庵について西洋の兵書、航海術などの研究によって眼を開いている。

嘉永年間（一八四八―一八五三）には伊予の宇和島藩主―伊達宗城《むねなり》にみとめられ同藩に召しかかえられ亮安を蔵六と改めた。このとき疲労から眼を病み、治療のため大坂へおもむいた。治療がおわると江戸に出て、番町で私塾―鳩居《きゅうきょ》堂を開き蘭学を教えている。塾生の数がふえ名声が高まると、幕府にまねかれて蕃書調所《ばんしょしらべどころ》、講武所などの教授に任じられた。

尊王攘夷をかかげながら、当時においても西洋の知識、兵学の必要性は無視できなかった。そういうときにあって、長州藩内では村田（大村）ほどの人材を手放しておく法はないという意見が出て、文久初年に同藩へ呼びもどし、兵学教授に引き立てたのである。これが後に、長州の軍制改革に大きく役立っており、慶応二年（一八六六）におこった幕府の「長州征伐」のさいは、幕府軍に四境をかこまれながら防長二国の土を一歩も踏ませなかったのである。このころに、それまで村田蔵六と称していたのを、大村益次郎とあらためた。

「戊辰戦争」のさいには軍防局判事となり、江戸城攻略後は江戸府判事をかね、各方面における戦略について大村の果たした役割は大きかった。そのうちでも上野の「彰義隊」攻略があげられる。五月十五日（明治二）の作戦が的中し、湯島天神の境内から観戦中に、上野の吉祥閣に大砲が命中し黒煙が上がるのをみて「もう、よい」と大きな眉宇に自信の色を浮かべたという。そのときの容姿が後に靖国神社の銅像のモデルになった、という話もある。「戊辰戦争」がおわり、明治二年（一八六九）に大村益次郎は兵部大輔《ひょうぶだゆう》となり、明治政府の陸軍の実権をにぎるようになる。時の兵部卿は嘉彰親王（小松宮）であったが、じっさいには大村の計画によるものであったから、また他からの嫉妬や抵抗もあった。因習と門閥の明治政府内にあって、かれが実現をくわだてたのは、まず「徴兵令」であり「国民皆兵」の実施であった。

大村の説くところは「チョンマゲや刀では国防の用には立たない。これらをいっさい廃して洋式に改造しなければならぬ」ということであった。維新後の新政府が成立してまもないときだけに、士族の階級意識は盛んである。したがってこの大村の政策に強く不平不満をいだく者があった。これが大村暗殺の動機と考えられる。

だが、これらの不平分子にかまわず、大村は明治二年八月には京都に出かけ、兵学寮、機器局の設立のため八幡（京都・久世郡）方面へ土地をもとめ、その計画をすすめていたのである。

そのころ大村は、京都木屋町二条下ル路次にある長州藩の控屋敷に泊っていた。同年九月四日、暮六ツごろ同藩の大隊司令—静間彦太郎、同じく兵部省作事取締—吉富音次郎、加賀藩出身の英学教授方—安達幸之助らが来合わせ、二階の四畳半で話し中に、とつぜん数人の壮士がたずねてきた。灯火の仕度をしていた若党の山田善次郎が取次ぎに玄関へ出ると、

「先生にお目にかかりたい。ご在居か——」

と問う。山田は何気なく、

「お二階です——」と答えて取次ごうとする背後から、抜打ちに切られて即死した。

刺客はその勢いに乗じて二階へかけ上がると大村益次郎めがけて斬りかかった。初太刀は眉間をかすめ、つぎは左の指、つづいて右ひざの関節という具合に、大村に刀を取るすきをあたえない。あやうく、よりかかった襖がたおれたのを機会に、大村は階下へ逃がれたのである。同席の静間彦太郎と安達幸之助とは、暗がりにまぎれ、刺客のすきを見て鴨居《かもい》ぞいに往来へ飛びおりた。これが運のつきであった。外にも刺客が待ちうけていたのである。飛びおりた二人は無残に斬られた。ことに安達は大村と顔立ちが似ていたので、刺客は大村と見あやまったらしく「しめた、しめた——」と、歓声を上げて引きあげた。同席していたもう一人の吉富音次郎は強気に刺客を追いかけ、その一人を斬りたおしたが、自らも重傷をうけた。吉富に斬られた刺客は後になって三河の浪士宇和田進とわかった。宇和田の首級は、その同志の者がはねて引きあげたと伝えられる。(『大村益次郎先生事蹟』)

二階から逃がれた大村益次郎は、浴室の風呂の中にかくれていたのである。刺客たちが引きあげたあと、他の者たちがかけつけたころに風呂のふたをあけて、

「いや、ご心配をかけた。私はサザエのまねをしておりました」
と割に元気な顔で出てきたが、受けた傷は意外に重かった。そのころ京都には、これという医者もなく、仮手当てしたうえ戸板にのせて大坂へ行き、蘭医ボードインの手術を受けたのである。この結果、顔の傷はまもなくいえたが脚部のほうは重傷で、切断までしたが経過がわるく、同年十一月五日の夜七時ごろ、四十七歳で絶命した。当時、東京にいた木戸孝允は、次のような手記によって、大村の死をおしんでいる。

〔木戸孝允・手記〕
十一月十一日　大村の容体を聞、実に死生不レ可レ知、不レ覚大歎す。大村は春来尤共に力を尽し、昨年も前途之大策を論定する事多し。彼剛腸にして且心切、毫も表裏なし。実に此際に当尤益友たるを知り、交情甚厚し。尚前途之助も共に相憂ひ、大に後来之策を約せし事少からず、今日此左右《そう》を聞、実に浩歎失レ力、不レ覚潸然たり。今夜夢寐之間、屢大村に対して相語る。覚て又愀然、言ふべからざる心事なり。
同十二日、山田市之允《すけ》、船越洋之助、河田佐久馬等より書翰到来、大村遂に過る五日之夜七時絶命之由、実に痛歎残意、悲極て涙下らず、茫然気を失ふが如し。

同年十二月十三日、大村益次郎は従三位をおくられ、さらに大正八年（一九一九）十一月には、従二位を追贈されている。

刺客の数については、七、八人であったと言われる。だが、じっさいに関連した者はさらに多く、長州、土佐、越後などの士族十九名に達した。当局の追及によって、順次捕縛されていったが、神代直人（長州）、関島金十郎（信州）、岡崎恭輔（土佐）ら五人は、久しく行方をくらましていた。かれらが所持していた斬奸状は次のような趣意であった。

王政復古に付、人材御登庸被レ為レ在候趣旨を恭しく按し奉るに、神州を外国に光輝し賢愚各ゝ其処を得、万民安堵、列聖在天の威霊を奉レ安らんとの朝旨に候処、此者任職以来、内外本末之分を不レ弁、専洋風を模擬し、神州の国体を汚し、朝憲を蔑し、漫りに蛮夷の俗に変し、万民塗炭の疾苦を醸し成す故に人心日に浮薄、廉恥心地を払て空、終に知レ有二外夷一、不レ知レ有二皇朝一しむる極に至る。数レ之、其罪状不レ勝二枚挙一、依レ之天神地祇其怒に不レ被レ為レ勝、手を我等有志の手に借て加二天誅一、致二梟首一、後鑑となさしむる者也。

大村益次郎の政策については、かなり反感および敵意をもつものが当局にあったのである。ことに弾正台では大忠—海江田信義（薩摩出身）を筆頭に、刺客を庇護しようとする向きがあって、「刺客の行為はよろしくないが、その憂国の至誠を買い生命は助けてやってもよい」という寛刑論さえ出た。そのために処刑は延期されたが、まだ大村が存命中であったために、これを耳にした大村は兵部卿から曽我祐準の見舞いをうけたさいに、

「凶徒は厳罰に処してほしい。でないと朝威が立たぬ。自分一身のために申すのではない」

と主張した。このために嘉彰親王から意見書が出て刺客の厳刑処分が決定した。

ところが同年十二月二十日の処刑当日になって故障が生じた。さきの海江田信義が、

「処刑の手続きに不服がある。死刑の執行は見合わせよ」

と京都府に対し抗議を持ち込んだのである。そのころの規定として死刑執行には天裁をへた上、しかも執行には弾正台から立会うことになっていた。京都府に対しては太政官指令は出ていたが、京都の弾正台出張所にはまだ本台からの連絡がないという理由で立会いも拒否し、また執行に異議あり、というのである。

海江田信義は薩摩藩士上がりだけに、大村益次郎の開化主義とは本来ともに相容れないところがあった。そのために大村暗殺のかげには海江田の手が動いているのではないか、とうわさされたほどである。海江田が死刑執行に抗議したことについて、同藩出身の大久保利通らは、

「弾例は如何にもあれ、すでに天裁をへたものを中止するのは恐れ多い」

と論じ立てたが、海江田の態度も強硬であるために、急飛脚を東京へ差し立てて、手続きをおえ死刑執行となった。後日このときの海江田の態度を非難する声が出て、東京に召喚された。そして本台において訊問にかけられ、行政処分として薩摩藩へ海江田の身柄をあずけようとした。しかし刑部大卿—斎藤利行、同大丞—水本成美らが海江田を弁護して謹慎処分にとどまった。これに関連して弾正尹《いん》—九条道孝、同大弼—池田章政、同大忠—安岡良亮、同少忠—山田信道らも謹慎となったし、職務上の責任として副島種臣、広沢真臣の両参議、弾

正少忠―足立正声、同大忠―門脇重綾、京都府知事―長谷信篤、大参事―松田道之らの処分もあった。

大村益次郎暗殺の刺客として逮捕され、処刑されたのは次の者である。

信州伊奈産　関島金一郎

久保田藩渋谷内膳家来　変名　佐藤武雄　金輪五郎

越後国府兵隊中軍曹　変名　斎東習作　五十嵐伊織

山口藩脱走毛利筑前家来　変名　太田瑞穂　太田光太郎

山口藩脱走児玉若狭家来　団伸二郎

明治二年十二月二十九日、京都府権大参事―槙村正直の指揮のもとに粟田口刑場で右の五名に対する斬罪および梟首がおこなわれた。槙村正直は長州出身であり、大村益次郎に師事したこともあって、これは最初から厳刑論者であった。次に受刑者の一人である五十嵐伊織についての罰文を引用してみる。

越後国府之隊中
変名　斎藤習作事　五十嵐伊織

其方儀大村兵部大輔旅寓へ乱入の始末、憂国の至情及ニ切迫一候より同志八人義を以て会し、右の所行に及候旨雖レ申、国家興廃之見込相立候はゞ、言論洞開の御政体に付、幾重も事情建言いたし、如何様共取計方可レ有レ之処、無ニ其儀一、猥に御登庸之重職を斬殺之企いたし、終に当九月四日夜、大村兵部大輔へ死に至候程の為ニ疵負一、加レ之、右旅宿へ来客同家々来等及ニ斬害一候段、不レ憚ニ朝憲一致方にて、其罪不レ軽候。且又国家の御為と見込右の始末におよび候儀に候はゞ、速に其筋へ届出、可レ待レ罪の処、其場逃去《のがれさり》、終に被ニ捕縛一追々吟味の上にて事実及ニ白状一候者、全く士道をも失ひ候所行にて、重々不届に付、身分を下し梟首申付者也。

巳十二月二十九日

元凶のひとり神代直人はいちじ豊後姫島にのがれ、同年十月になって生国の長州周防小郡《おごおり》にかえったところを捕えられた。そのとき刀を腹に突き立てたので、とても永らえないと見た長州藩では、かれを処刑したそうである。（『明治文化』『防長回天史』）

参議 広沢真臣

明治四年（一八七一）一月九日の深夜、時の参議―広沢真臣は東京九段上の自邸で暗殺された。このとき三十九歳であった。この事件は横井小楠、大村益次郎などの大官が相次いで横死したときでもあり、内外に衝撃をあたえた。当時の英国公使館書記官アダムスが、その著書『日本史』に次のように事件の概要をのべている。

当時日本では度々暗殺の事あり、一八七一年二月廿六日にも又政治的暗殺の一事件が起こつた。被害者は長州出身で維新政変の殊勲者の一人たる参議広沢兵助であつた。其前観兵式があり、広沢も亦出席して居たが、其時江戸にある数輩が、政府に対して反逆を企て居る疑ありとの報を得た。依て広沢は九州なる柳河藩士某を捕縛せよとの命を下した。恰も其夜、婦人と共に畳の上に就寝中殺害せられたが、賊は此時縁側の戸を開いて押入り、障子の紙を穿《うが》つて、中に広沢が熟睡し居るを窺ひ、其寝所に忍び込み、直ちに刀を揮つて参議に切付け之を殺し、次に婦人を捕へ、之を縛して金銭を強要したが、無しと聞いて、終に縄を解き、人に知られる前に逃げ去つた。政府、此報を得て有らん限りの手段を尽して暗殺者を捕縛せんとしたけれども効がなかつた。其驚愕の甚しかつた事は、翌日令を下して城郭各門に日夜番兵四人づつを屯留せしめ、夜中門鑑を携へぬ者は何人も出入を禁じ、年末に至つて薩摩の大兵到着し、東京管内の警察を行ふ事となつて、始めて右番兵を撤廃した。(『明治文化』渡辺修二郎訳述)

明治政府成立後、薩摩では西郷隆盛が割拠しており、土佐では板垣退助が虎視していたのである。地方各地で不平士族の擾乱が相次いで起こったが、東京もその例外ではなかった。広沢真臣が暗殺される前年の明治三年(一八七〇)十二月五日に、当の広沢は木戸孝允宛の手紙に「兎角、当東京にても浮浪徒、又は不平徒、頭を出し候気味少なからず」と述べているし、東京府御用掛りを兼務していた広沢の職責は軽くなかったのである。その広沢が暗殺されたのだから反響も大きく、ただちに府下および地方官に対して刺客捜索の令が出された。次がそれである。

今九日暁、何者共不レ知、広沢参議邸へ忍入同人へ深手ヲ為レ負逃去候趣、達二天聴一深ク御深怒被レ為在候。就テハ府下ハ勿論、近傍地方官ニ於テ、厳密遂二捜索一、捕縛可レ致旨御沙汰候事。但、諸官員、宮、華族家人陪従ノ者、竝府藩県士族、卒、及、私塾生徒其他末々迄一々遂二吟味一昨夜ヨリ外出ノ者、刻限行先等委細取糺シ、早々可二申出一候。万一隠シ置、後日露顕ニ及候ハヾ主宰ノ可レ為二越度《おちど》一事。

右の達しにより兵部省から諸門へ戒厳の兵が手配されたし、また刺客についての追及もつづけられたが、ついに逮捕できなかった。

暗殺がおこった当夜、広沢と同衾していた妾―福井かね、という女は事件発生後に告訴もせず、逃走したのである。それに広沢家に仕えていた家令の起田正一とも関係があったということがわかり、容疑者として福井かね、起田正一の二人があげられ、すぐに捕まった。その二人はおよそ五ヵ年の間、くり返し拷問にかけられたが、証拠不十分として明治八年（一八七五）七月十三日に放免された。その日は時の内務卿大久保利通以下が列席して次の言渡しがおこなわれた。

申　渡

山口県長門国大津郡三隅村豊原住居

起　田　正　一

其方儀故参議広沢真臣枉死一件ニ付相糺候処、無罪ニ決スルヲ以テ解放候事

東京第一大区十一小区神田鍋町二十七番地

借地　福井長吉娘

か　　ね

其方儀故参議広沢真臣枉死一件ニ付相糺候処、無罪ニ決スルヲ以テ解放候事

明治八年七月十三日

このほか広沢暗殺の容疑者としてあげられた者は、八十余名もあった。そのなかのひとり熊本の中村六蔵は、嫌疑をうけたまま二十年も牢獄に入れられていた。

広沢真臣は木戸孝允とならんで長州を代表し、明治政府に立った人物である。その祖は相州波多野の庄にいたところから、長州の毛利家に仕えてからも代々「波多野」と称し、かれも波多野金吾、波多野藤右衛門と称していた。それが慶応の末年ごろからは広沢兵助の名を用いるようになっている。

文武ともに秀で、かつ温篤なうちにも強気な性格の持主であったし、また熱心な討幕論者でもあった。「蛤《はまぐり》御門の戦」後は、佐幕派からいちじ投獄されたこともあった。だが、すぐに放免となり長州藩の政務役に任じられた。また「長州征討」時代（元治一―慶応一）にあっては、幕府側の訊問使と応待し、たくみな交渉ぶりをしめしている。

「討幕密勅」が下った慶応三年十月には、薩摩の大久保一蔵（利通）と長州の広沢真臣がこれを受け、その翌年（明治一）には総督付参謀として、徳川慶喜に対する厳刑論を主張し、西郷隆盛をてこずらせたこともある。

明治一年一月には木戸孝允とともに参与となり、のち山口藩へかえり藩政の改革にあたっていたが、翌二年七月に参議となった。

広沢の強気、硬骨な性格は、同僚の木戸孝允、また薩摩藩出身の者からも好感はもたれていなかったようである。したがって広沢暗殺の裏には、この方からの使嗾《しそう》があったのではないか、という推測もあった。坂本龍馬のひきいた「海援隊」の出身で岡崎恭輔というのがいた。この岡崎は大村益次郎暗殺に関係があったのではないかと見られた男である。かれに対し、一代の名判官と称された玉乃世履《たまのせいり》が次のような質問をしたという話がある。

「広沢参議を殺したのは、だれだと思うか」

という玉乃世履の問いに、むろん岡崎は知らないと答えた。

「きみが知らぬということはなさそうだが、まあ知らなければよいとして、きみはだれだと想像するか」

これに答えて岡崎は、

「追及しなければお答えするが、拙者は木戸参議と想像する」

これを耳にした玉乃は無言でうなずいたと言われる。

木戸孝允は広沢が暗殺されたころ、西郷隆盛、大久保利通らと献兵問題のことで四国の高知へ出張中であった。広沢横死を知ったのはずっと後であったと言われるし、そのころ米国にいた伊藤博文のほうが、それを先に知っていたという。つまり、当時の日本国内での通信機関が不備であり、かえって米国への電信が早かったというのである。

広沢真臣は暗殺された即日付で、正三位に叙せられ、祭粢料《さいし》三千円がおくられた。そして同年（明治四）二月二十五日には刺客逮捕の件について次の詔勅が出された。

故参議広沢真臣ノ変ニ遭ヤ、朕既ニ大臣ヲ保庇スルコト能ハス、又其賊ヲ逃逸ス。抑《そも》モ維新ヨリ以来大臣ノ害ニ罹《かか》ルモノ三人ニ及ヘリ。是レ朕カ不逮ニシテ朝憲ノ立タス綱紀ノ粛ナラサルノ所レ致、朕甚タ焉《コレ》ヲ憾《うら》ム。其《それ》天下ニ令シ厳捜索セシメ、賊ヲ必獲ニ期セヨ。

次は時の右大臣三条実美の副書である。

詔書之通被二仰出一候。今日朝憲ノ不立、綱紀ノ不粛ハ全ク実美等其職ヲ不レ尽ニ由レリ、苟《いやし》クモ大臣ヲ残害ニ及ヒ候賊徒ヲ逃逸シ既ニ五旬ニ及ヒ未タ捕獲ニ至ラス、実ニ恐懼《きょうく》ノ事ニ候条、篤ク詔書ノ旨ヲ体シ、厳密探索ヲ遂ケ、速ニ捕獲シ可レ奉レ安二宸襟一様可レ致二尽力一候也。

辛未　二月　　　　　　右大臣　実　美

前掲の詔勅に「害ニ罹ルモノ三人ニ及ヘリ」とあるのは、もちろん横井小楠、大村益次郎、広沢真臣をあげているのである。横井、大村の刺客は事件後まもなく逮捕された。しかし広沢暗殺に関しては、当時の権大警視—安藤則命らは、詔勅の写しをふところにして奔走したが、刺客の証跡、動機、目的などに決定的なものをつかみえず、事件は永久のなぞになっている。

維新暗殺史年表

和暦（西暦）	暗殺事項	参考事項
安政四　丁巳　（一八五七）	○十二月三日　水戸藩士―堀江克之助ら三人、ハリス（米国駐日総領事）を刺殺せんとして未然に発覚、投獄される。	○四月十一日　幕府は築地講武所内に軍艦教授所を設置す。○十月二十一日ハリス、将軍に謁見、米国大統領ピアースの親書を呈出す。
安政六　己未　（一八五九）	○七月二十七日　ロシア人三名、横浜で斬られる。水戸藩士―清水弁之進らの仕業と言われる。	○五月二十六日　英駐日総領事オールコック着任。○七月「安政戊午の大獄」はじまる。○十月七日　橋本左内、頼三樹三郎ら処刑。○同二十七日　吉田松陰処刑される。
		※安政七年三月改元され万延一年となる
万延一　庚申　（一八六〇）	○二月五日　イギリス人、オランダ人、各一名横浜で殺害される。○三月三日　大老―井伊直弼、江戸城桜田門外で水戸浪士らに殺害される。○十二月五日　米国公使館通訳ヒュースケン、江戸三田で薩摩藩士―伊牟田尚平、神田橋直	○一月十八日　幕府は条約批准書交換のため外国奉行―新見正興らを米国へ派遣す。○同月　勝海舟ら、咸臨丸に乗り太平洋を横断す。○十一月一日　皇妹和宮の将軍家茂への降嫁決定す。

	助らに殺害される。	※万延二年二月改元され文久一年となる
文久一　辛酉　（一八六一）	○五月二十八日　水戸浪士―有賀半弥ら十四人が江戸高輪の英国公使館（東禅寺）に公使オールコックを襲う。そのさいの闘争で公使館の衛士と浪士側双方に死傷者が多数でる。	○二月三日　ロシア軍艦ポサドニック号、対馬を占領せんと企てる。 ○八月　武市瑞山「土佐勤王党」を結成する。 ○十月二十日　皇妹和宮降嫁のため江戸へ向かう。
文久二　壬戌　（一八六二）	○一月十五日　老中―安藤信睦（信正）江戸坂下門外で水戸、宇都宮浪士に襲われ負傷す。 ○四月八日　土佐藩参政―吉田東洋、土佐勤王党の那須信吾、大石団蔵、安岡嘉助らによって暗殺される。 ○七月二十日　九条家家臣―島田左近、暗殺される。 ○八月二十二日　土佐藩偵吏―井上佐市郎、大坂で殺害される。 ○八月二十二日　薩摩藩士、英国人リチャードソンら数名を武州生麦で殺傷する。 ○八月二十五日　対州藩家老―佐須伊織、宗氏継嗣問題で同藩士のため江戸で殺害される。 ○閏八月二十日　越後浪士―本間精一郎、京都	○二月十一日　皇妹和宮と将軍家茂との婚儀なる。 ○四月二十四日　薩摩藩主―島津久光の命で「寺田屋の変」おこる。 ○七月六日　一橋慶喜、将軍後見職となる。同九日　松平慶永、政事総裁職となる。同二十七日　京都守護職設置を決定す。 ○閏八月一日　会津藩主―松平容保、京都守護職となる。 ○十二月十二日　高杉晋作ら、品川御殿山に建築中の英国公使館を襲撃する。

で殺害される。
○閏八月二十二日　九条家家臣―宇郷玄蕃、京都で殺害される。
○閏八月二十九日　目明し文吉、絞殺される。
○九月二十三日　京都町奉行付―渡辺金三郎、大河原十蔵、森孫六、上田助之丞ら、近江の石部宿で殺害される。
○十月九日　京都の商人平野屋寿三郎、煎餅屋半兵衛、二条河原で面縛される。
○十月十四日　徳山藩士―井上唯一郎、殺害される。
○十一月二日　土佐藩偵吏―広田章次、伏見で殺害される。
○十一月十六日　金閣寺寺侍―多田帯刀、斬殺される。その前夜、村山加寿江（帯刀の母）、三条大橋で生きさらしになる。
○十二月九日　赤穂藩家老―森主税、用人村山真輔、同藩士十三名によって暗殺される。
○十二月十八日　知恩院宮家臣―深尾式部、暗殺される。
○十二月十九日　肥後藩士―横井小楠、江戸で襲われる。同席の吉田平之助殺害される。
○十二月二十一日　国学者―塙次郎、歌人―加藤一周、江戸において暗殺される。
○十二月二十二日 壬生藩家老―鳥居志摩、同藩反対派の壮士十六人に斬殺される。鳥居千葉之助も詰腹を切らされる。

文久三 癸亥 （一八六三）

○一月十三日 高槻藩士―宇野八郎、江戸で横死する。
○一月二十二日 儒者―池内大学、大坂で暗殺される。
○一月二十八日 千種家家臣―賀川肇、殺害される。
○二月八日 洛外唐橋村里正―惣助、斬首の上、さらし首にされる。
○二月二十二日 等持院内足利氏三代木像の首、三条河原にさらされる。
○三月十八日 僧―正惇、光惇、京都で殺害される。
○四月十三日 清河八郎、江戸麻布赤羽橋付近で殺害される。
○五月二十日 姉小路公知、朔平門外で暗殺される。
処士家里新太郎、三条河原に断頭の上さらし首（あるいは十日ともいわれる）。

○二月十三日 朝廷に国事参政・国事寄人設置される。
○三月四日 将軍家茂上京、二条城に入る。
○四月十一日 孝明天皇、石清水八幡宮に攘夷祈願。
○四月二十日 幕府、五月十日付を攘夷期限として上奏。
○五月九日 幕府は英国に対し、東禅寺事件・生麦事件の賠償金を支払う。
○五月十日 長州藩、下関で米、仏、蘭艦を砲撃す。
○六月六日 高杉晋作らの長州「奇兵隊」成る。
○六月十日 仏、英、米、蘭の4国代表、長州藩攻撃を決定す。
○七月二日 薩英戦おこる。

○六月二十六日　徳島藩士―安芸田面、開港説をとなえ京都二条新地で暗殺される。
○七月二日　浪士石塚岩雄、暗殺される。
○七月十九日　徳大寺家家臣―滋賀右馬允、二条家家臣―北小路治部権少輔ともに浪士に襲撃される。
○七月二十三日　京都商人―八幡屋卯兵衛、外国との貿易を理由に殺害され、三条大橋に首をさらされる。
○七月二十五日　京都本願寺用人―大藤幽叟、暗殺される。
○八月二日　越前用達―矢島藤十郎、大津宿で殺害される。
○同日　生野銀山元締―安福大次郎、浪士のため伏見に殺害され、東洞院でさらし首にされる。
○八月十二日　京都織物商―大和屋庄兵衛、壬生浪士新撰組に家を焼かれる。
○同日　京都西本願寺付―松井中務、殺害され、三条大橋に首をさらされる。
○八月十五日　国学者―鈴木重胤父子、江戸で殺害される。
○八月十七日　五条代官―鈴木源内ら天誅組に

○八月十三日　攘夷親征の詔勅出る。
○八月十七日　大和で「天誅組の挙兵」おこる。
○八月十八日「八・一八の政変」おこる。公武合体派のクーデターで大和行幸中止、三条実美らの「七卿都落ち」
○十月十二日　沢宣嘉、平野国臣らによる「但馬・生野の挙兵」おこる。
○十一月一日　薩摩藩十万ドルを英代理公使に支払い、生麦事件解決す。
○十二月三十日　徳川（一橋）慶喜、松平容保、松平慶永、伊達宗城、山内容堂ら朝議参与に。

	元治一　甲子　（一八六四）
殺害される。 ○同日　因州藩士―黒部権之助ら四名、同藩士河田左久馬ら二十二人に殺害される。 ○八月十九日　幕府使―中根市之丞、鈴木八五郎ら馬関で長州藩士に殺害される。 ○八月二十一日　儒者―中村敬宇襲われ、まぬがれる。 ○九月二日　フランス人一名、武州井戸谷村で殺害される。 ○九月十六日　新撰組局長―芹沢鴨、同志に殺害される。 ○九月二十五日　雙樹院僧―如雲、殺害される。 ○十月二十三日　一橋家側用人―中根長十郎、江戸雉子橋で殺害される。	○二月十二日　薩摩藩の大谷仲之進、外国との貿易を理由に長州藩士によって殺害され、同月二十六日に大坂道頓堀でさらし首にされる。 ○二月十七日　岡田次郎、京都で殺害される。 ○二月二十四日　横浜商人―伊勢屋半兵衛、大坂大和橋上で梟首にされる。
※文久四年二月二十日、改元され元治一年となる。	○一月十五日　将軍家茂、再度入京する。 ○二月二十一日　松平容保は軍事総裁職、松平慶永は京都守護職となる。 ○三月九日　参与会議解散。 ○四月二十五日　英、仏、米、蘭の4国、下関通航、横浜鎖港の覚書を幕

○三月十八日　大坂東町奉行組与力北角源兵衛が斬殺され、西横堀助右衛門橋で梟首にされる。
○三月二十三日　筑前福岡藩用人―牧市内、同藩士十余人に殺害される。
○三月三十日　水戸藩の久貝悦之進主従、同藩の激派によって牛久で殺害される。
○四月四日　建仁寺幸助、京都で殺害される。
○四月十八日　中川宮家臣―武田相模守、浪士に襲撃され、幼児殺害される。
○五月五日　前禁裡付絵師―岡田式部（冷泉為恭）、大和丹波市で殺害され、翌日大坂本願寺で梟首にされる。
○五月十五日　肥後藩の田中彦右衛門、斬殺される。
○五月二十日　大坂西町奉行与力―内山彦次郎新撰組に殺害される。
○五月二十二日　会津藩士―松田鼎、斬殺の上洛東大仏で梟首にされる。
○五月二十六日　元紀州藩士―高橋健之丞、斬殺の上、京都本願寺南堂前に梟首にされる。
○六月五日　三条池田屋で新撰組により長、土藩士ら七人斬殺、四人負傷、二十三人捕縛され府に出す。
○六月五日　「池田屋の変」おこる。
○七月十九日　「禁門の変」おこる。
○七月二十四日　幕府、長州藩征討を諸藩に令す。（第一次長州征伐）
○八月五日　4国（英仏米蘭）艦隊、下関攻撃はじめる。
○八月十四日　長州藩、4国と講和条約を結ぶ。
○九月七日　4国公使、幕府に対して下関事件の償金、条約勅許の要求を出す。
○十月二十一日　長州藩、幕府に恭順謝罪のため奇兵隊等に解散を命ず。
○十一月二十一日　幕府、4国と横浜居留地覚書十二ヵ条に調印す。

れる。

○六月十六日　一橋家用人―平岡円四郎、京都で殺害される。

○七月一日　富山藩家老―山田嘉膳、同藩の島田勝摩に斬殺される。

○七月十一日　松代藩士―佐久間象山、京都三条木屋町で殺害される。

○七月十九日　「禁門の変」おこる。

○九月五日　因州藩大目付―堀庄次郎、同藩士に殺害される。

○十月二十二日　英国人バートワイン少佐、ボールド中尉、鎌倉で殺害される。刺客の浪士―清水清次らは同年十一月末横浜で斬罪梟首となる。

○十一月十五日　前侍従―中山忠光、長州で俗論党に暗殺される。

※元治二年四月七日　改元され慶応一年となる。

慶応一　乙丑　（一八六五）

○二月十四日　久留米藩士―真木菊四郎、遭害する。

○六月二十四日　筑前福岡藩士―喜多岡勇平、同志に殺害される。

○八月九日　紀州藩志士―岩橋半三郎（里見二郎）捕縛され、後に赦放となり、慶応三年に

○一月二日　高杉晋作らによる「馬関の挙兵」おこる。

○三月十日　幕府、4国公使に償金支払の延期を求む。

○三月十二日　幕府、神戸海軍操練所を廃止す。

幕吏に暗殺される。
○九月十三日　島原藩家老―松坂文右衛門、同藩志士に斬殺される。
○十月十日　因州藩士―村河与一右衛門、殺害される。
○十二月十二日　幕府方の永島直之允、新徴組に斬殺される。同二十八日に刺客―羽賀軍太郎、中村常右衛門、千葉雄太郎ら江戸飯田町の屯所で自刃す。

○三月十五日　長州藩、諸隊を再編成す。
○閏五月十一日　土佐藩（山内容堂）、武市瑞山ら土佐勤王党を処刑す。
○同五月十六日　英国公使パークス着任す。
○九月十六日　4国公使、条約勅許、兵庫開港を要求し、軍艦を兵庫へ向ける。
○九月二十一日　将軍家茂、征長を上奏し、勅許をうる。

慶応二　丙寅　（一八六六）

○一月二十一日　坂本龍馬、中岡慎太郎らの斡旋により「薩長同盟」成立す。
○四月四日　長州藩、第二奇兵隊の挙兵おこる。
○六月七日　「第二次長州征伐」はじまる。
○七月二十日　将軍家茂（二一）死去。
○八月二十一日　長州征伐の停止の勅命、幕府に下る。

○十二月二十五日　孝明天皇（三六）死去。（翌三年一月九日、睦仁親王践祚）

慶応三　丁卯　（一八六七）

○七月六日　英艦イカレス号水夫二名、長崎で斬殺される。○同八日　刺客の筑前福岡藩士―金子才吉自刃す。

○八月十四日　一橋家用人―原市之進、京都二条で鈴木豊次郎ら三人に斬殺される。

○九月三日　信州上田藩士―赤松小三郎、京都で暗殺される。翌日、三条大橋に罪状貼紙さる。

○十月十八日　伝通院内所祥院住職―細井祥瑞江戸小石川で暗殺される。

○十月二十二日　福知山藩の飯田節、京都円山で幕兵に殺害される。

○十一月十二日　紀州藩の田中善蔵、同藩士堀田遜ら六名に殺害される。刺客六名は刑死となる。

○十一月十五日　海援隊長―坂本龍馬、陸援隊長―中岡慎太郎、京都近江屋で幕府見廻組に暗殺される。

○十一月十八日　禁裡御陵衛士頭―伊東甲子太

○四月　坂本龍馬、海援隊長となる。

○六月二十九日　「薩土同盟」成立す。

○同月　坂本龍馬「船中八策」を表す。

○七月二十九日　中岡慎太郎、京都白川で「陸援隊」を組織し隊長となる。

○十月三日　土佐藩（山内容堂）、幕府に対し「大政奉還」を建白す。

○十月十三日　薩摩藩に討幕密勅下る。

○十月十四日　長州藩に討幕密勅下る。

○同日　徳川慶喜「大政奉還」を上奏する。

○十月二十四日　慶喜、将軍職辞職を請う。

○十一月十三日　薩摩藩主―島津茂久兵をひきいて上京す。

	郎ら、新撰組に殺害される。 ○十二月七日　紀州藩士―三浦休太郎、京都天満屋で海援隊に襲撃される。このさい両者に死傷者が出る。 ○十二月十八日　新撰組の近藤勇、伏見墨染で要撃され負傷する。	○十一月十五日　京都近江屋の変。 ○十二月七日　兵庫開港。 ○十二月九日　「王政復古」の令下る。 ※慶応四年九月八日、改元され明治一年となる。
明治一　戊辰　（一八六八）	○一月二十三日　「暗殺禁止令」出る。 ○一月二十六日　久留米藩参政―不破美作、同藩士二十四名により退城の途に殺害される。 ○二月十五日　泉州「堺事件」おこる。 ○二月晦日　英国公使パークス、京都で襲われる。刺客―三枝蓊、朱雀操、三月四日に斬罪、梟首にされる。 ○閏四月二十日　奥羽鎮撫使参謀―世良修蔵、暗殺される。 ○五月二十三日　筑前秋月藩参政―臼井亘理、中島衡平、同藩士によって斬殺される。 ○八月七日　加賀藩執政―本多播磨守政均、藩政改革にあたり反対派の山辺沖太郎らによって斬殺される。	○一月三日　鳥羽・伏見の戦（戊辰戦争）おこる。 ○一月六日　徳川慶喜、海路江戸へ帰る。 ○一月十五日　新政府、王政復古を各国に通告す。 ○二月十五日　土佐藩兵、仏軍艦水兵を殺傷（堺事件）。 ○三月十三日　西郷隆盛、勝海舟の会談、江戸開城約す。 ○四月十一日　討幕軍、江戸入城す。慶喜水戸へ退去す。 ○五月三日　奥羽越列藩同盟成る。 ○五月十五日　上野の彰義隊敗走す。 ○五月二十四日　徳川家、駿府七十万石に封ぜられる。

		○七月十七日　江戸を東京と称す。 ○九月二十日　天皇、京都を発し翌十月十三日東京着。（十二月二十二日京都へ帰る） ○十月十三日　江戸城を皇居とし、東京城と改む。
明治二　己巳　（一八六九）	○一月五日　横井小楠、刺客に襲われ斬殺される。 ○四月九日　紀州藩の寺内藤次郎、藩政改革にあたり同藩士十八名に殺害される。 ○六月二十日　越後村上藩執政—江坂与兵衛、反対派に殺害される。刺客—島田鉄弥、翌明治三年一月十九日に自殺す。 ○九月四日　大村益次郎、京都の旅宿で刺客に襲撃され重傷、十一月五日に絶命。 ○九月八日　讃州高松藩家老—松崎渋右衛門佐敏暗殺される。	○一月二十日　薩、長、土、肥の四藩主、版籍奉還を上奏す。 ○三月二十八日　天皇、東京着。 ○六月十七日　薩、長、土、肥ほか諸藩主の版籍奉還により各知藩事となる。公卿諸侯を華族と改称す。
明治三　庚午　（一八七〇）	○十一月二十三日　大学南校雇教師英人リングとダラス、薩摩、杵築、関宿各藩の壮士三人に斬られ負傷す。翌四年三月二十七日、刺客は死罪および流刑となる。	○二月二日　兵部省に造兵司を設ける。 ○十一月四日　東京に海軍兵学寮、大阪に陸軍兵学寮を設ける。

明治四　辛未　（一八七一）	○一月九日　参議―広沢真臣、斬殺される。 ○二月二十九日　赤穂藩の西川邦治ら、文久二年十二月に殺害した村上真輔の遺族によって紀州高野山で討たれる。 ○三月二十九日　長州藩の大楽源太郎、筑後久留米藩の小河吉右衛門らに殺害される。 ○八月十三日　津山県権大参事―鞍懸吉寅、刺客に襲撃される。 ○十一月二十三日　元加賀藩士―菅野輔吉・岡野悌五郎・多賀賢三郎、本多政均の従臣らに復讐をうける。このうち多賀は同二十四日近江長浜で殺害される。このときの刺客十二人は翌五年十一月四日に県命により自刃す。	○二月十三日　薩、長、土の三藩から親兵を編成す。 ○三月二十七日　各藩に贋札改所を設け、取締りを強化す。 ○四月五日　戸籍法を定める。 ○五月十日　円を単位とする新貨条例を定める。 ○七月九日　刑部省、弾正台を廃し司法省を設ける。 ○七月十四日　「廃藩置県令」発せられる。 ○十月二十三日　東京府に邏卒三千人をおく。 ○十一月二十二日　府県の廃合により、三府、七十二県となる。

〔付記〕維新という時期を、日本の封建制が諸外国の攻勢によってゆらぎはじめた安政年間（一八五四～五九）から、王政復古令による明治政府が誕生した直後の明治四年（一八七一）ごろまでに区切り、この十数年間に起きた暗殺およびその未遂事件を史籍からあさって組み立てた。これが右の年表「暗殺事項」である。ここでは「暗殺」という字句に必ずしもこだわらず、これに類した殺害事件、騒動なども参考までに併記しておいた。（著　者）

解説

一坂太郎

（1）

幕末維新期のわずか十数年の間に、二百数十件もの暗殺事件が記録されている（小西四郎監修『幕末維新史事典』昭和五十八年）。日本はまさに物騒な「テロの国」だったわけだが、その中からピックアップした事件を時系列で三十項にまとめたのが、平尾道雄『維新暗殺秘録』である。

民友社から初版が出版されたのは、昭和五年（一九三〇）五月のこと。国内では不況が続き、国民の暮らしは疲弊の一途を辿っていた。

昭和四年三月には治安維持法改変に反対した社会運動家の山本宣治《せんじ》が、右翼の凶刃に斃《たお》れている。昭和五年十一月には首相浜口雄幸《おさち》が東京駅で、やはり右翼に襲われた。国家主義者の井上日召《にっしょう》が「昭和維新」を目指し、軍部と接触を始めたのもこの頃で、その動きは昭和七年の「血盟団《けつめいだん》事件」となる。同年には「五・一五事件」、昭和十一年には「二・二六事件」といった、軍部による要人暗殺事件も起こった。「テロの国」の再来である。

こうした殺伐とした社会の中で、『維新暗殺秘録』は生まれるべくして、生まれた。本書の現代における価値のひとつは、昭和初期の不穏な空気を吸った、「時代の産物」という点にあると思う。

著者の平尾道雄は出版時は、二十九歳。高知から上京して代々木の旧土佐藩主・山内家家史編輯所に勤務していた。沼田頼輔《よりすけ》や田岡正枝の薫陶《くんとう》を受け、すでに『新撰組史』（昭和三年）、『坂本龍馬　海援隊始末』（昭和四年）の著作があった。平尾の自叙伝『歴史の森』（昭和五十一年）では、当時平尾が進めていた浪人問題の研究の中に、本書を位置づけている。

文部省内に事務局が置かれた維新史料編纂会がスタートしたのは明治四十四年（一九一一）五月で、前後して藩や組織別の幕末維新史、関係人物の伝記などの出版が相次いでいた。だが、暗殺という切り口で幕末維新史に迫ろうとする書籍は、本書登場までは見当たらない。誰の企画だったのかは分からないが、ユニークなこころみだったのは確かだろう。

以後、本書は版を変えながら、読み継がれてゆく。昭和四十二年五月に白竜社から再版されたのは、翌年の「明治百年」ブームに便乗しようとした、出版社の思惑が感じられる。もっとも、時の政府（佐藤榮作内閣）は明治維新に始まる近代化を礼讃していたから、暗部の歴史とも言える本書は、図らずも冷水を浴びせる効果があったのかも知れない。その後『維新暗殺秘録』は昭和五十三年一月に新人物往来社が、平成二年（一九九〇）八月には河出書房新社（文庫）が出したが、いずれも底本は白竜社版である。

ちなみに白竜社は同じ頃『坂本龍馬　海援隊始末記』『中岡慎太郎　新訂陸援隊始末記』

『新撰組史録』といった、戦前・戦中の平尾著作をリニューアルして出版した。平尾が息の長い歴史家になれたのは、いわゆる「皇国史観」にあまり影響されていなかったからである。史料に基づき、誠実に史実を追おうとする姿勢で書き進められているから、社会の価値観が一変しても、需要があったのだろう。

（２）

ただし、本書の全三十項で語られる事件のチョイスが、「幕末維新暗殺史」を語るため、必ずしも的確だったのかは疑問が湧かないわけではない。

万延元年（一八六〇）三月の大老井伊直弼暗殺「桜田門外の変」が第一項で、つづく第二項は文久二年（一八六二）四月の土佐藩参政吉田東洋暗殺まで飛ぶ。この間に起こった米国公使館通訳ヒュースケン暗殺や、英国公使館（東禅寺）襲撃など、開国直後の外国人に対するテロは立項されていない。あるいは、日本史の教科書などにも登場する老中安藤信正が襲撃された「坂下門外の変」も、立項されていない。これは、不思議と言えば不思議な構成だ。

武市半平太率いる土佐勤王党は足かせだった吉田東洋を葬り去り、京都に上って次々と暗殺事件を引き起こす。中央政局への参加が薩摩・長州につづく三番手だった土佐は、暗殺によってその存在を、世間にアピールする。このため、京都は殺戮の都と化した。

例外はあるものの、三項目の「島田左近と宇郷玄蕃」から二十四項目の「御陵衛士頭―伊東甲子太郎」までは、尊王攘夷の旗印の下に京都を中心に繰り広げられた暗殺がほとんどである。そして、その多くに土佐勤王党が直接、間接的に係わっていた。

かつて大老井伊や老中安藤といった政権トップをターゲットにした浪士たちは、みずからも生還出来ないとの決意で襲撃し、そして大半が死んだ。だが、武市らが行った暗殺は、そうした覚悟が希薄に見える。複数で、政権の手先になっていた弱者をなぶり殺しにして晒し、人目を引いて喜んだりした。「目明し─猿《ましら》の文吉」の項には「斬りに行くという人が多くて仕方がない。そこでくじ取りをしてきめますと」云々といった当事者の回顧談が引用されているが、ゲーム感覚の人殺しだったことがうかがえる。

執筆時の平尾の関心が「浪人問題」とともに、「土佐史」にあったのは確かであろう。だから本書は、「浪人」と「土佐」を主軸にした、平尾の個性を強く反映した「幕末維新暗殺史」として読む必要がある。

本書の惜しいところは、大半が誰が、どこで、どのように殺したか、殺されたか、といった事件の再現にとどまっていることであろう。事件がどのように政局に影響したかについては、あまり言及されていない。「姉小路公知」の項の最後には、暗殺犯の嫌疑をかけられた薩摩藩が中央政局での地位を失い、「この一挙によって長州はほとんど京都における勢力を独占するにいたった」との記述があるのだが、こうした論説をもう少し読みたいところである。それは、当時の平尾の限界だったのかも知れない。

（3）

戦後、故郷である高知に帰った平尾道雄は著述や講演の他、土佐史談会を復活させたり、高知新聞社嘱託、高知大学・高知女子大学講師を務めたりと、地方史研究の活性化に寄与して昭和五十四年（一九七九）五月十七日、七十八歳で他界した。

土佐史を題材にした作品を手掛ける作家などは、まずは平尾を訪ねて協力を得ることがステータスになっていたようである。インターネットが出現する前の社会では、時代小説・歴史小説を書こうとする作家は、最新の情報を得るためにも郷土史家との間にパイプを築く必要があった。

『歴史の森』には、平尾と交流のあった多くの学者や作家との思い出が語られているが、その中に「国民的作家」と呼ばれた司馬遼太郎が登場する。

『竜馬がゆく』の執筆にかかろうとして高知を訪れた司馬と、はじめて会った平尾は「龍馬のばあい、あまりにもドラマチックな資料がそろいすぎていますね。だから資料に食われて創作ができにくい、ということになりそうですね」と話した。昭和三十年代後半のことだろう。

『竜馬がゆく』はもちろんだが、『功名が辻』『夏草の賦』『酔って候』など、司馬の土佐史を題材とした作品には、平尾の研究を参考にした形跡がある。あるいは桜田門外の変から英国公使パークス襲撃までの暗殺事件（未遂も含む）を、全十二話のオムニバス形式で描いた

『幕末』などは、本書『維新暗殺秘録』を下敷きにしていたことが、チョイスされている事件からも察せられる。

平尾没後、司馬が書いた哀悼文「平尾史学の普遍性」の中に、次の一節がある。

「一地方の歴史が日本史そのものになるというのは学問の力であり、政治や運動の力でも何でもない。それをただ一人の人がやったというのは、言いようもなく偉大である」（『平尾道雄選集第1巻　土佐・維新回顧録』昭和五十四年）

私も山口県という「一地方」で長年歴史を研究しているが、「政治や運動の力」で都合よく歴史をねじ曲げようとしたり、売り出そうとしたケースを、いやというほど見てきたから、よく分かる。おそらく司馬も、思うところがあったのだろう。

平尾が他界する直前の昭和五十四年に出た『土佐史談』一五〇号は「平尾道雄先生喜寿記念特集号」で、翌五十五年には高知県知事公室編『平尾道雄　その人と史業』と高知市民図書館報・別冊『平尾道雄追悼記念論文集』が、それぞれ官の出版物として出ている。同じく五十五年には、公益財団法人高知新聞厚生文化事業団が「平尾学術奨励賞」を設けており、それは今日まで続く。

私事にわたることで恐縮だが、四十年近く前、二十歳頃の私は龍馬研究家の土居晴夫と宮地佐一郎の仕事を、少しばかり手伝ったことがある。二人とも、平尾に師事したことを、自慢げによく話してくれた。むろん、私は平尾に会ったことは無いのだが、土居から「キミはワシの弟子や。だから平尾先生の孫弟子や」と言われ、妙に誇らしい気分になって、高知市久万山にある平尾の墓に参ったこともある。墓碑には「郷土史を修む」と一行、刻まれていた。高知新聞社が出した『なんたって龍馬ジョイフルマップ』（昭和六十二年）には、没後十年も経っていない平尾の墓が、龍馬関係の「史跡」として紹介されている。
昭和末期の「歴史少年」だった私にとり、平尾は確かに凄い存在で、大いなる憧れだったのは事実だ。しかし、地元高知の郷土史家を中心とするアバタもエクボ式の平尾崇拝には、辟易することが無かったと言えば、嘘になる。桂浜にそびえ建つ龍馬銅像に象徴されるように、土佐人は英雄・偉人を仰ぎ見るのを好むようだ。そしてひとたび祭り上げると、極端なところまで突っ走ってゆくような印象もある。平尾の謦咳《けいがい》に接した方たちも、ずいぶんと鬼籍に入られた。ようやくその「史業」を冷静に分析、評価する時が来ているのかも知れない。

（歴史学者）

KODANSHA

本書は、一九六七年に白竜社から、一九七八年に新人物往来社から、一九九〇年に河出書房新社から刊行されました。なお、本文中に現在の感覚では差別的な表現が含まれていますが、著者が故人であることと、本書が執筆された時代環境、および史料に即した記述であり差別の意図はないことから、そのままとしました。

平尾道雄（ひらお　みちお）

1900年生まれ。日本大学で宗教哲学を学び，山内家家史編輯所に勤務の後，高知新聞社嘱託，四国学院大学教授等を歴任。1979年没。著書に，『坂本龍馬のすべて』『奇兵隊史録』『坂本龍馬 海援隊始末記』『中岡慎太郎 陸援隊始末記』『定本 新撰組史録』『武市瑞山と土佐勤王党』『吉田東洋』『図説 土佐の歴史』『子爵谷干城傳』ほか。

講談社学術文庫

定価はカバーに表示してあります。

維《い》新《しん》暗《あん》殺《さつ》秘《ひ》録《ろく》

平《ひら》尾《お》道《みち》雄《お》

2025年３月11日　第１刷発行

発行者　篠木和久
発行所　株式会社講談社
東京都文京区音羽 2-12-21 〒112-8001
電話　編集（03）5395-3512
販売（03）5395-5817
業務（03）5395-3615
装　幀　蟹江征治
印　刷　株式会社広済堂ネクスト
製　本　株式会社国宝社
本文データ制作　講談社デジタル製作

ISBN978-4-06-539006-1

「講談社学術文庫」の刊行に当たって

これは、学術をポケットに入れることをモットーとして生まれた文庫である。学術は少年の心を養い、成年の心を満たす。その学術がポケットにはいる形で、万人のものになることは、生涯教育をうたう現代の理想である。

こうした考え方は、学術を巨大な城のように見る世間の常識に反するかもしれない。また、一部の人たちからは、学術の権威をおとすものと非難されるかもしれない。しかし、それはいずれも学術の新しい在り方を解しないものといわざるをえない。

学術は、まず魔術への挑戦から始まった。やがて、いわゆる常識をつぎつぎに改めていった。学術の権威は、幾百年、幾千年にわたる、苦しい戦いの成果である。こうしてきずきあげられた城が、一見して近づきがたいものにうつるのは、そのためである。しかし、学術の権威を、その形の上だけで判断してはならない。その生成のあとをかえりみれば、その根は常に人々の生活の中にあった。学術が大きな力たりうるのはそのためであって、生活をはなれた学術は、どこにもない。

開かれた社会といわれる現代にとって、これはまったく自明である。生活と学術との間に、もし距離があるとすれば、何をおいてもこれを埋めねばならない。もしこの距離が形の上の迷信からきているとすれば、その迷信をうち破らねばならぬ。

学術文庫は、内外の迷信を打破し、学術のために新しい天地をひらく意図をもって生まれた。文庫という小さい形と、学術という壮大な城とが、完全に両立するためには、なおいくらかの時を必要とするであろう。しかし、学術をポケットにした社会が、人間の生活にとってより豊かな社会であることは、たしかである。そうした社会の実現のために、文庫の世界に新しいジャンルを加えることができれば幸いである。

野間省一

一九七六年六月